本书是国家社会科学基金项目（15BJY003）的最终成果

本书的出版得到青海师范大学数学与统计学院学科建设经费资助

基于承载力评价的
区域经济发展战略研究

Research on Regional Economic Development
Strategy Based on Carrying Capacity Evaluation

王晓鹏　著

中国社会科学出版社

图书在版编目(CIP)数据

基于承载力评价的区域经济发展战略研究/王晓鹏著. —北京：中国社会科学出版社，2022.6
ISBN 978 – 7 – 5227 – 0500 – 2

Ⅰ.①基⋯ Ⅱ.①王⋯ Ⅲ.①区域经济发展—经济发展战略—研究—中国 Ⅳ.①F127

中国版本图书馆 CIP 数据核字（2022）第 125470 号

出 版 人	赵剑英
责任编辑	王　曦　李斯佳
责任校对	李　莉
责任印制	戴　宽

出　　版	中国社会科学出版社
社　　址	北京鼓楼西大街甲 158 号
邮　　编	100720
网　　址	http://www.csspw.cn
发 行 部	010 – 84083685
门 市 部	010 – 84029450
经　　销	新华书店及其他书店
印　　刷	北京君升印刷有限公司
装　　订	廊坊市广阳区广增装订厂
版　　次	2022 年 6 月第 1 版
印　　次	2022 年 6 月第 1 次印刷
开　　本	710 × 1000　1/16
印　　张	16.5
插　　页	2
字　　数	263 千字
定　　价	88.00 元

凡购买中国社会科学出版社图书，如有质量问题请与本社营销中心联系调换
电话：010 – 84083683
版权所有　侵权必究

前　言

　　本书综合运用统计学与区域发展战略学、区域经济学、生态经济学和资源环境经济学等学科理论，遵循系统工程中的构建数学模型以实现定量评价的思路和方法，借鉴国内外已有的研究成果，建立青海省重点开发区域人口资源环境承载力评价指标体系。运用因子分析法对青海省2000—2019年的人口资源环境综合承载力水平进行总体测度。

　　针对青海省重点开发区域包含的26个县、市（区）2000—2015年的人口资源环境承载力状况，建立评价指标体系，基于分层构权全局主成分分析（GPCA）模型，进行青海省重点开发区域人口资源环境综合承载力以及人口经济活动支撑力、资源供给支持力和生态环境承载力三个子系统的动态评价，揭示西部大开发以来青海省重点开发区域人口资源环境承载力的变动情况与区域差异性，并运用时间序列分析方法，进行综合承载力变动趋势预测。

　　选取果洛州为三江源典型区域，运用GPCA方法对果洛州2001—2015年人口资源环境承载力水平进行定量评价。计算各县生态足迹和生态承载力，用熵值法计算人口资源环境综合承载力指标体系各项指标的权重和综合承载力水平，计算结果与GPCA方法基本一致。并将果洛州与青海省重点开发区域的人口资源环境承载力变动情况进行对比，发现两类区域存在明显差距。

　　围绕提升青海省人口资源环境承载力，实证研究并提出以人为核心的新型城镇化战略、主导产业创新发展战略、绿色经济发展战略和信息化与区域经济协调发展战略。分析提出提升青海省人口资源环境综合承载力的对策建议：一是积极融入"一带一路"倡议，提高经济发展质量。二是坚持以人为核心的新型城镇化发展战略，提高人口经济承载力。三是重视人力资本和科技创新，提升科技资源支撑力。四是通过信息化提升区域经济承载力基础。五是保护绿水青山，发展绿色经济。并分别提出东部重点开发区域、柴达木重点开发区域和果洛州人口资源环境承载力提升的对策措施。

本书可以作为应用经济学类专业参考教材，也可作为区域经济发展战略制定、区域规划分析相关人员的参考材料。

本书是基于作者主持完成的国家社会科学基金项目"基于人口资源环境承载力评价的'十三五'时期青海省区域经济发展战略研究"（15BJY003）研究报告的基础上补充完善形成的。在此，特向参与完成本课题研究的课题组成员青海大学丁生喜教授、诸宁扬同学，青海师范大学曹广超教授和赵小葵教授表示感谢，尤其感谢他们对本书出版的相关学术授权行为。在书稿出版过程中，中国社会科学出版社经济与管理出版中心王曦主任、李斯佳编辑等提供了无私的帮助和指导，他们认真负责、耐心细致、高效敬业的工作态度令人感动，在此表示真诚的感谢！

书稿出版之际，十分感谢那些在承载力评价、区域经济发展战略理论与实践研究等领域内潜心探索的诸多前辈、专家学者，是你们花费诸多心血完成的各具特色、博大高深的论著等研究成果奠定了本书研究的理论基础，本书所参考的文献与资料和本课题已发表的成果均在各章节详细标注，特向所有文献作者致以诚挚的谢意。由于时间紧张和水平有限，文献引用难免有所疏漏，也向相关文献作者致以深深的歉意。

本书的出版得到青海师范大学数学与统计学院学科建设经费资助。由于水平有限，本书难免有疏漏与不足，恳请读者批评指正。

王晓鹏
2021年6月于青海西宁

目　录

第一章　引言 …………………………………………………………（1）
　　第一节　研究背景与选题依据 …………………………………（1）
　　第二节　相关理论与研究现状综述 ……………………………（3）
　　第三节　本书研究意义与价值 …………………………………（7）
　　第四节　研究思路、研究方法、实施情况与创新之处 ………（9）

第二章　青海省人口资源环境承载力初步评价 ……………………（13）
　　第一节　青海省人口发展与城镇化进程现状 …………………（13）
　　第二节　青海省经济社会发展状况 ……………………………（19）
　　第三节　青海省资源环境状况 …………………………………（23）
　　第四节　青海省各行政区域经济社会发展现状对比 …………（26）
　　第五节　青海省人口资源环境综合发展水平初步评价 ………（34）

第三章　青海省重点开发区域人口资源环境承载力评价 …………（41）
　　第一节　青海省重点开发区域人口资源环境现状 ……………（42）
　　第二节　青海省重点开发区域人口资源环境承载力
　　　　　　定量分析评价 …………………………………………（46）
　　第三节　基于GIS的重点开发区域人口资源环境
　　　　　　承载力可视化分析 ……………………………………（69）
　　第四节　青海省重点开发区域人口资源环境承载力预测研究 ……（74）

第四章　青海省三江源区域人口资源环境承载力评价 …………（79）
　　第一节　果洛州人口资源环境承载力评价 ………………（79）
　　第二节　评价结果分析 ……………………………………（106）
　　第三节　果洛州人口资源环境承载力影响因素分析 ……（120）
　　第四节　小结 ………………………………………………（124）

第五章　海西州城乡美丽协调发展研究 ……………………（125）
　　第一节　海西州城乡美丽协调发展背景与思路 …………（125）
　　第二节　海西州综合发展水平测度 ………………………（131）
　　第三节　海西州城乡协调发展条件评价 …………………（136）
　　第四节　海西州城乡美丽协调发展的制约因素与发展路径 ……（149）
　　第五节　海西州城乡美丽协调发展的保障措施 …………（157）

第六章　环青海湖地区城镇化开发战略研究 ………………（163）
　　第一节　发展现状与开发原则 ……………………………（163）
　　第二节　环青海湖地区特色城镇化开发战略目标 ………（166）
　　第三节　环青海湖地区特色城镇化战略模式确立 ………（167）
　　第四节　环青海湖地区城镇化的保障措施 ………………（171）

第七章　基于人口资源环境承载力的青海省区域经济发展
　　　　　战略研究 ……………………………………………（174）
　　第一节　以人为核心的新型城镇化战略 …………………（174）
　　第二节　青海省主导产业创新发展战略 …………………（194）
　　第三节　青海省绿色经济发展战略 ………………………（206）
　　第四节　青海省信息化与区域经济协调发展战略 ………（217）

第八章　研究结论、对策建议及展望 ………………………（226）
　　第一节　研究结论 …………………………………………（226）
　　第二节　青海省提升人口资源环境综合承载力的对策 …（228）

第三节 重点开发区域人口资源环境承载力提升的对策措施 …… (231)
第四节 果洛州人口资源环境承载力提升的对策措施 ………… (236)
第五节 研究不足与展望 ……………………………………… (240)

参考文献 ……………………………………………………… (242)
附表　发表阶段成果论文统计表 …………………………… (255)

第一章 引言

中华人民共和国成立以来，在社会主义现代化建设的各个历史时期，中央都高度重视区域协调发展问题，我国区域发展战略的演进大体先后经历了区域均衡发展战略、区域非均衡发展战略和现今的区域协调发展战略的转变，国家区域发展战略及其国家区域政策也在战略转变过程中不断得到改善和调整，并日趋完善，中国经济发展创造了世界经济史上的奇迹。2011年《中共中央关于制定国民经济和社会发展第十二个五年规划纲要》首次提出了"绿色发展"的概念，指出"十二五"时期我国侧重从发展方式的调整和改变来实现发展本身的可持续性，体现绿色意识和转型取向。

第一节 研究背景与选题依据

20世纪80年代初，著名经济学家于光远提出研究"经济社会发展战略"的提议，随后我国学者和研究组织在国家层面经济社会发展战略方面不断取得重要的成果（方创琳，2005；范恒山，2014；聂华林、高新才，2006；牛文元，2007；孙斌栋、郑燕，2014；张占斌，2013；张卓元，2013），也为"可持续发展""科学发展观""经济转型和发展方式转变""促进区域协调发展"等一系列中国重大发展战略思想的形成作了坚实的理论铺垫和探讨。到2006年，形成了推进西部大开发，振兴东北地区等老工业基地，促进中部地区崛起，鼓励东部地区率先发展的区域发展总体战略。

西部大开发以来，西部地区各省、市、自治区社会经济得到了长足进步,而与此同时,由于多年的粗放扩张,经济不平衡、不协调、不可持续的问题日益突出。党的十八大明确指出,要适应国内外形势新变化,加快形成新的经济发展方式,把推动发展的立足点转到提高质量和效益上来。国家及地区层面社会经济发展战略既有密切联系,又有所区别,因地制宜,坚持分类指导,顺应时代进步潮流和可持续发展目标,坚定不移从实际出发制定区域发展战略是西部地区经济社会发展的现实选择(江曼琦,2009;刘同德,2010;苏海红、马生林,2013)。

可持续发展已经成为21世纪人类共同的行动指南和追求目标,随着经济的快速发展,人口的逐渐增多,人类消耗的资源量越来越大,对环境造成的影响也随之加大,由此人口资源环境承载力的研究开始兴起。"承载力"这一概念,最早可以追溯到1880—1885年(Price D., 1999),承载力概念的引入为可持续发展的规划提供了一个集物理、社会经济、环境系统等于一体的综合框架。在我国"十二五"战略部署及国土规划要求下,随着我国可持续发展和构建社会主义和谐社会战略的实施,人口资源环境承载力的相关研究显现出越来越强的生命力和重要的实践意义(董小君,2009;董文、张新、池天河,2011;高新才、李佳,2012;蒋辉、罗国云,2011;李华姣、安海忠,2013;李勇等,2013;杨时民,2011;赵桂慎等,2009;张彦英、樊笑英,2011)。

国内学者于20世纪90年代开始关注承载力的相关研究。21世纪初期,国内的研究视角才逐步转移到人口资源环境承载力的综合研究上。此后十多年,受到了大量的关注,社会各界学者开始对人口、生态、土地、水资源、环境等各类要素进行承载力的计算分析和评价。由于人口资源环境承载力评价涉及诸多领域,是复杂的系统工程,近年来国内外相关研究呈现多学科交叉、定性与定量相结合、由静态转向动态的研究态势。承载力的评价方法多种多样,例如:生态足迹法、能值分析法、层次分析法、主成分分析法、聚类分析法、DEMATEL方法、信息熵法、基于动态的反应法、灰色妥协规划法、模糊综合评价法、时间序列法等,以及在以上方法基础上进行改进以及与3S等现代科学技术相结合的综合应用(董文、张新、池天河,2011;蒋辉、罗国云,2011;李华姣、安海忠,2013;李勇等,2013;赵桂慎,2009;张彦英、樊笑英,2011)。以人口资源环境承载力的评价结果为重要依据，研究制定"十三五"时期乃至今后一段时期的区域经济发展战略和政策对于中国区域经济发展，尤其是西部地区区域经济发展无疑具备相当的理论价值和重大而深远的现实意义。

第二节 相关理论与研究现状综述

一 人口资源环境承载力理论简述

承载力原为物理学中的一个物理概念，是指物体在不产生任何破坏时所能承受的最大负荷。承载力概念最早应用于生态系统中，将资源环境与经济系统作为生态系统的一部分，并强调两者之间的联系。承载力研究最早可追溯到1758年，法国经济学家奎士纳在他的《经济核算表》一书中讨论了土地生产力与经济财富的关系。随后，马尔萨斯在《人口原理》中提出"马尔萨斯陷阱"这一概念：受资源环境（主要是土地和粮食）的约束，人口具有迅速繁殖的倾向，这种倾向会限制经济的增长，长期内收敛到静态的均衡水平。

与承载力相关的研究虽然早已开始，但直到1921年，人类生态学学者帕克（Park）和伯吉斯（Burgess）才确切地提出了承载力这一概念，帕克和伯吉斯在有关的人类生态学杂志中，提出生态承载力，即"某一特定环境条件下（主要指生存空间、营养物质、阳光等生态因子的组合），某种个体存在数量的最高极限"。1953年，奥德姆（Odum）在其颇具影响的《生态学基础》（*Fundamentals of Ecology*）中，将承载力概念与对数增长方程特别是其中的常数 k 相联系，赋予承载力概念较精确的数学形式。1972年，由一批科学家和经济学家组成的"罗马俱乐部"发表了关于世界发展趋势的研究报告《增长的极限》。他们认为，人类社会的增长由五种相互影响、相互制约的发展趋势构成，即加速发展的工业化、人口剧增、粮食私有制、不可再生资源枯竭以及生态环境日益恶化，并且它们均以指数形式增长而非线性增长，全球的增长将会因为粮食短缺和环境破坏在某个时段内达到极限。他们的观点使大家认识到，在追求经济增长的同时，必须关注资源环境承载力问题。

19世纪80年代后期至20世纪初期，承载力概念开始在畜牧场管理中得到明确的应用。在北美、南美等草原地区，为防止草场退化，一些学者将承载力理论引入草原管理中，并提出了草地承载力以及最大载畜量等相关概念。之后随着全球人口不断增加，耕地面积日趋减少，人类面临饥饿与贫困的威胁，土地粮食生产引起了各国政府的高度重视，于是出现了土地资源承载力的研究。20世纪60年代后，世界各国经济迅速发展，对资源的需求不断增加，全球性的资源短缺不仅仅局限在土地资源上，相关研究扩展到水资源、森林资源、矿产资源等其他资源。为此，相应的水资源承载力、森林资源承载力以及矿产资源承载力等概念被相继提出。

联合国教科文组织（UNESCO）于20世纪80年代初提出了资源环境承载力的概念，即："一个国家或地区的资源承载力是指在可预见的时期内，利用该地区的能源及其他自然资源和智力、技术等条件，在保证符合其社会文化准则的物质生活水平下所持续供养的人口数量。"

根据人们对资源的利用方式，可把资源承载力分为最大资源承载力、适度资源承载力、资源经济承载力三种类型。

最大资源承载力是指一定时空范围内，通过各种可能的技术手段利用资源所能支持的一定生活水平下的区域最大人口数量。在某个较小的区域内，承载力的不足可以通过进口来弥补，这时在理论上最大资源承载力是不存在的；而当区域足够大时，没有外来资源的流入，最大资源承载力是区域能养活人口的最大阈值，但如果人口超过最大资源承载力，该区域的生态环境系统及社会生活系统就将崩溃，否则必须降低人们的生活水平以承载过多的人口。美国学者鲍尔丁提出的"宇宙飞船经济理论"就是对最大资源承载力较好的解释，他把地球比作一只飞船，乘客的数量和行为要受此船的约束。如果人口不断增长，资源不断消耗，船就会被人和废物填充、挤满，生命必要物品就会被耗尽，船毁人亡就会成为必然。当然，这一比喻并不十分贴切，但是也反映了最大资源承载力的客观存在。

适度资源承载力是指一定时空范围内，在不危害生态系统的前提条件下，通过利用资源所能支持的一定生活水平下的区域人口数量。在生态系统所允许的承受范围内，科技进步可以不断提高资源的承载能力，如果超出系统所允许的承受范围，即使承载力得到提高也不能持续下去，也是一种不可持续发展。因此在不考虑其他因素的情况下，适度资源承载力是我们所期望意义下的资源承载力。

资源经济承载力是指在一定时空范围内，通过各种技术手段获得资源利用最大经济效果条件下，所能支持的一定生活水平下的区域人口数量。由于经济已成为衡量一国发展水平的标志，忽略人们经济收入多少的承载力是不可能被人们所接受的。当资源的经济承载力大于适度承载力时，人类周围的生态系统将遭到破坏，但在经济发展初期人们是可以接受的，如人类社会往往对环境污染的治理采取"先发展，后治理"的原则。在可持续发展已成为各国国策的情况下，生态环境保护受到各国的重视，资源经济承载力远大于适度承载力的结果不被社会所接受，这时我们所期待的承载力就是在适度资源承载力下的经济承载力的最大化。

三者之间的关系：最大资源承载力是资源所能供养人口的最大值，适度资源承载力和资源经济承载力均小于最大承载力；资源经济承载力既可能大于适度承载力，也可能小于适度承载力；当经济承载力大于适度承载力时，适度承载力是我们所需要的承载能力，反之，经济承载力是我们所追求的目标。

20世纪90年代初，世界自然保护同盟（IUCN）、联合国环境规划署（UNEP）以及世界野生生物基金会（WWF）出版的《保护地球——可持续生存战略》中指出："地球或任何一个生态系统所能承受的最大限度的影响就是其承载力。人类对这种承载力可以借助于技术而增大，但往往是以减少生物多样性和生态功能作为代价的，然而在任何情况下，也不可能将其无限地增大。"随着研究的深入，不同学者对资源环境承载力的着眼点不同，提出了不同的资源环境承载力的定义。

中国科学院可持续发展战略研究组组长、首席科学家牛文元教授提出的资源环境承载力概念既简明又具代表性。牛文元在1994年提出："资源环境承载力是指一个国家或一个地区资源的数量和质量，对该空间内人口的基本生存和发展的支撑力。"1995年，阿罗与其他学者发表了一篇名为《经济增长、承载力和环境》的文章，由此引起了学者们对承载力研究的热潮。目前，随着承载力概念在人口、自然资源、生态及其环境领域的广泛应用，以及在经济和社会各个领域进行延伸，很多学者从不同角度对资源环境承载力进行界定和理论探索,并且取得了丰硕成果,使资源环境承载力思想在全球形成。

二 国内人口资源环境承载力评价方面的主要研究成果

杨时民(2011)在深入研究湿地生态系统结构和服务功能的基础上,结合压力—状态—响应评价方法,即P(Pressure)、S(State)、R(Response)概念模型,通过指标筛选和AHP权重赋值,建立了湿地生态安全评价的指标体系,并实施评价。陈南祥等(2008)介绍了基于熵权的属性识别模型,并用其评价了陕西关中平原的地下水资源承载能力,研究结果与实际相符。程国平等(2009)在论述资源环境承载力相关理论的基础上,结合煤炭生产的现状,分别提出了煤炭产出水平与环境承载力和资源承载力的关系模式,并提出了符合中国当前实际的关系模式。程莉等(2010)基于苏州市水资源现状,从维护和保护河流生态系统正常功能的前提出发,在确保生态环境用水的条件下,构建了水资源与社会、经济、生态环境相联系的水资源承载力系统动力学模型。韩博(2010)在对云南县域进行资源环境承载力研究时,主要运用了GIS法以及单要素集成分析法。应用GIS技术对地理信息数据、空间数据进行叠加分析、缓冲区分析、空间查询等分析处理,通过单一要素评价了某一要素在县域社会和经济发展中的制约作用,再通过所有要素评价结果分级、集成的方法实现综合评价。毕明(2011)使用了生态足迹法、主成分分析法以及状态空间法,对京津冀城市群的综合承载力进行了分析,得出了提高京津冀地区的资源环境承载力的政策建议。赵鑫霈(2011)运用了生态足迹法,状态空间法以及层次分析法,对长三角城市圈核心区域的资源环境承载力进行了综合评价。曾浩(2015)在对武汉的城市圈进行资源环境承载力研究时,主要运用了动态因子分析法,该方法在运用过程中既能够通过主体截面数据的横向比较做出较为准确的静态评价,又能够对多主体、多指标的跨期变化进行科学的动态评价,从而能够得出既可进行横向比较又可进行纵向比较的结果,进而科学准确地体现出了城市群资源环境承载力时空差异的发展状况。

三 对青海省人口、资源环境承载力的相关研究综述

张娟娟（2009）运用生态足迹模型对青海省主体功能区的发展潜力进行了分析和评价，对主体功能区进行了划分。刘京敏（2009）主要从自然生态安全、环境生态安全、社会生态安全三方面着手，对西宁市的生态安全进行了评价，将层次分析法与主成分分析法相结合，分析了目前西宁市存在的生态安全问题，并提出了相应的对策措施。李成英（2010）运用了生态足迹模型对西宁市的土地可持续性利用进行研究，并根据研究结果提出了缓解生态赤字、实现土地可持续利用的方法。王晓鹏、丁生喜（2011）运用多元统计分析手段，建立可持续发展动态评价模型，并进行实证分析。马进（2013）用能值分析理论改进过的生态足迹模型研究了西宁市2001—2011年的人口、资源及环境状况，提出了西宁市可持续发展的建议和对策。辛肖杰（2013）通过 GIS 模型对青海省海西州的生态环境质量进行了分析评价，并在此基础上进行了总结，对未来海西州的生态环境质量进行了展望。夏薇（2013）运用 GIS 技术研究了柴达木盆地植被的动态变化，对柴达木盆地的生态环境进行了分析。秦成等（2011）李勇等（2013）针对青海实际，分别对东部地区、环湖地区、柴达木地区和三江源地区的生态环境承载力进行了分阶段的评价和预测。

从已有的研究成果可以看出，对青海省人口资源环境承载力的动态、综合评价匮乏，基于人口资源环境承载力进行青海省区域经济发展战略效果对比评价还是空白，急需进行系统研究。

第三节 本书研究意义与价值

位于西部地区的青海省是典型的高寒、干旱气候，其生态环境脆弱，又蕴涵着丰富的各种资源，是中国西部大开发的重点区域；同时，青海省在中国生态环境中地位独特，该区域人口、资源、环境实现和谐全面发展是国家生态环境安全和地区生态文明建设的重要保障。但是该区域面临生态脆弱、经济发展水平不高、经济活动与生态环境矛盾突出的严峻问题。

近年来，青海省生态环境压力增大，已严重制约了该区域内社会经济的健康发展，青海省必须实行可持续发展战略。这不仅仅是经济发展问题，也不仅仅是环保问题，这实际上是一个综合的系统工程，是该区域内人口、资源、环境与社会经济实行整体和谐全面发展的战略问题（江曼琦，2009；刘同德，2010；苏海红、马生林，2013）。

从国内外的研究现状来看，对于高寒、生态脆弱、社会经济水平相对落后的青藏高原区域人口资源环境承载力的评价问题的研究相对薄弱，综合利用现代科学理论和技术交叉进行人口资源环境承载力评价研究并制定区域经济发展战略和政策的研究更是相当匮乏（李华姣、安海忠，2013；刘同德，2010；李勇等，2013）。

一　学术价值

第一，本书综合应用统计学、区域经济学等相关理论体系，建立青海省人口资源环境综合承载力评价指标体系，并进行青海省人口资源环境承载力指数综合评价和分区评价，建立一个可用的数据库和可用的评价指标体系。

第二，本书探讨运用 GIS 技术，将上述评价结果制作成青海省人口资源环境承载力动态评价专题地图，直观展示青海省西部大开发以来关键年份的人口资源环境承载力变动的方法。

第三，为了充分反映出青海省内的区域经济发展和生态环境差异性，本书对青海省东部地区、柴达木地区和三江源地区分别进行了区域性发展战略的研究。并因地制宜，顺应绿色发展潮流和可持续发展目标，研究提出未来青海省以人为核心的新型城镇化战略、科技创新战略、绿色可持续发展战略、信息化发展战略和相关对策措施。

二　应用价值

2011年6月，《全国主体功能区规划》正式出台，规划强调不同地区要根据资源环境的承载能力来确定功能定位和开发模式，2012年党的十八大报告明确提出，加快建立生态文明制度，推动形成人与自然和谐发展的现代化建设新格局。

2014年3月31日,青海省政府正式印发实施《青海省主体功能区规划》(以下简称《规划》),在《规划》编制过程中,也非常重视人口资源环境综合承载力的评价,并结合现有开发强度、发展潜力和人居适宜性,将省域主体功能区划分为重点开发区、限制开发区和禁止开发区三类。本研究就是在上述背景条件下,展开对青海省区域人口资源环境承载力的现状及动态评价,对研究制定区域经济发展战略与对策措施提供参考。同时,本研究建立的定量与动态评价模型和方法体系对西部地区人口资源环境综合承载力评价研究有一定借鉴价值。

第四节 研究思路、研究方法、实施情况与创新之处

一 研究思路

本书将统计学与区域发展战略学,区域经济学,生态经济学和人口、资源与环境经济学等学科理论进行有效集成,遵循系统工程中的构建数学模型以实现定量评价的思路和方法,借鉴国内外已有的研究成果,建立青海省人口资源环境承载力评价模型和方法体系,做出客观的评价,研究区域内承载力变动关系,揭示西部大开发以来青海省整体及不同地区的人口资源环境承载力的水平与动态变化趋势,为青海省经济发展、资源开发、生态保护和环境治理提供决策参考依据,为青藏高原地区人口与资源、环境可持续发展和生态文明建设相关后续研究提供一定的技术方法与途径。在此基础上,分析提出青海省"十三五"时期区域经济发展战略,并最终研究提出青海省区域经济发展的对策措施。研究思路见图1-1。

二 研究方法

将规范研究与实证研究相结合、定性分析与定量分析相结合。人口资源环境承载力评价与区域经济发展战略研究是一项系统工程,涉及领域较多,所以要应用系统分析的方法,以马克思列宁主义、毛泽东思想、邓小平理论"三个代表"重要思想和科学发展观为指导,运用区域发展战略学,区域经济学,生态经济学、统计学、资源与环境经济学等方面的理论

```
理论基础与文献综述
        ↓
青海省人口资源环境承载力总体水平初步评价
        ↓
各主体功能区承载力评价
    ↓       ↓       ↓
东部重点开发区域  柴达木重点开发区域  三江源区域——以果洛州为例
        ↓
评价结论
        ↓
基于人口资源环境承载力评价的青海省"十三五"时期发展战略
    ↓       ↓       ↓       ↓
新型城镇化发展战略  创新发展战略  绿色发展战略  信息化发展战略
        ↓
"十三五"时期及以后青海省区域经济发展战略对策措施
```

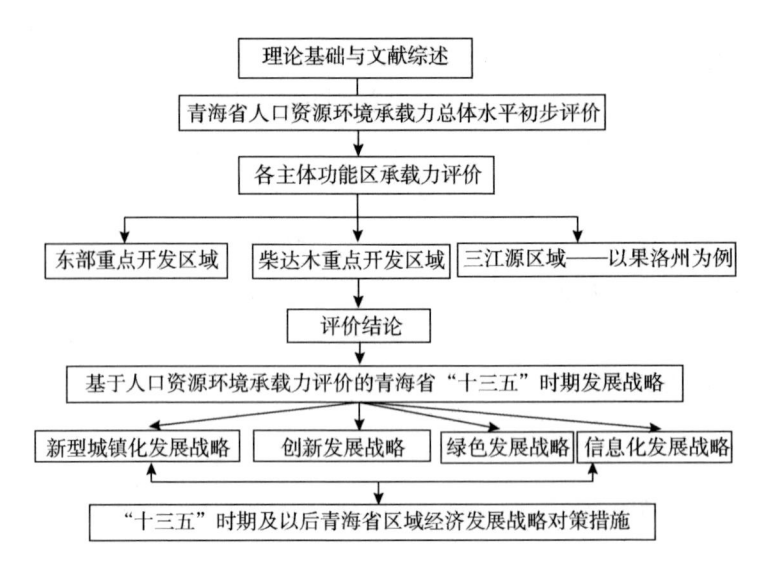

图 1-1 研究思路示意

和方法进行跨学科的综合研究。

具体评价过程中，综合采用全局主成分分析法、熵值法、生态足迹法进行青海省人口资源环境综合承载力评价与测度。并运用 GIS 技术展示各主要评价节点的承载力状况，直观反映综合承载力变动态势。

总体以理论研究为基础，以应用研究为目的。

三 本课题研究计划与实施情况

第一阶段：2015 年 7 月至 2016 年 7 月：收集与课题相关的最新成果和基础资料，进行文献研读和课题基础资料调研，建立青海省主体功能区人口资源环境承载力资料多元及动态统计指标体系与数据库。

第二阶段：2016 年 7 月至 2017 年 7 月：确定评价模型方法体系并通过实证分析进一步完善和改造，给出青海省总体和不同主体功能区 1999—2015 年人口资源环境承载力量化动态评价结果。

第三阶段：2017 年 7 月至 2018 年 7 月：利用 GIS 制作青海省主体功能区人口资源环境承载力水平专题地图并进行深层次的分析。

第四阶段：2018 年 7 月至 2019 年 7 月：开展青海省区域经济专题发展战略研究，青海省分区域发展战略研究。

第五阶段：2019年7月至2020年7月：完成结论与对策建议。同时，对全部成果进行分析、总结，并撰写、修改和定稿结题报告，提交相关部门鉴定。

本研究课题原计划于2018年12月31日完成主要研究成果，在研究过程中，考虑到青海省区域经济发展的实际需要，拓展和深化了研究内容，增加了青海省区域经济专题发展战略研究。因此，在提交综合研究报告的时间上，稍有延后。

四 创新之处

第一，研究视角方面。青海省最大的价值在生态，但青海省地域面积大，省域内自然资源状况，生态环境条件和人口分布、经济社会发展水平差异极大，需要对全省总体人口资源环境承载力做动态综合评价，也需要对省内不同功能区的区域人口资源环境承载进行系统评价。因此，本书从主体功能区规划视角开展评价研究，似有创新之处。

第二，学术思想方面。以人口资源环境承载力定量及动态评价结果为基础，因地制宜，顺应绿色发展潮流和可持续发展目标，在科学把握青海省主体功能区人口、资源、环境与社会经济发展的现状、特征和历史演化规律的基础上，对未来发展战略的制定提供参考，在学术思想方面具备一定的创新之处。

第三，本书以人口资源环境承载力动态评价结果为基础，首次经过系统实证分析并综合提出青海省以人为核心的新型城镇化战略、科技创新发展战略、信息化促进区域经济发展战略、绿色经济发展战略，这也是本书的一个独创之处。

五 本书的主要研究成果

本书研究共分为以下几个部分。

一是通过文献研读，掌握研究基础理论与研究方法；通过实地调查和查阅统计资料，整理青海省人口资源环境基础数据资料。二是通过文献学习，结合区域实际，建立人口资源环境承载力评价指标体系，确定综合评价方法。三是对青海省总体发展状况进行初步评价，并对省内不同功能区的人口资源环境承载力水平进行动态评价。四是根据人口资源环境承载力动态评价结果，提出青海省以人为核心的新型城镇化战略、科技创新发展战略、信息化促进区域经济发展战略、绿色经济发展战略。五是分析研究结论，提出战略保障措施。

　　本书以作者主持完成的国家社会科学基金项目"基于人口资源环境承载力评价的'十三五'时期青海省区域经济发展战略研究"（15BJY003）研究报告的基础上补充完善形成的。课题研究过程中发表相关阶段研究成果 12 篇，撰写提交的智库研究报告《青海省以人为核心的新型城镇化建设实现路径研究》，得到省级领导批示。

第二章　青海省人口资源环境承载力初步评价

21世纪以来，全球经济正在绿色发展理念的引领下逐步转型。发达国家普遍由传统经济转向绿色经济，并从这一结构性转型中实现经济增长。而一些处于工业化和城市化快速发展阶段的发展中国家正面临着传统经济向绿色经济过渡的艰巨任务。习近平总书记在2016年视察青海时指出：青海省作为国家生态安全的屏障，具有极其重要而特殊的生态地位，必须要承担起保护"中华水塔"和三江源的重任。要从实际出发，坚持保护优先、坚持以节能减排和环境整治为导向，全面推进生态建设、美丽城乡建设以及自然保护区建设，加强生态保护、沙漠化防治和退牧退耕、还林还草，扎扎实实推进生态环境建设，确保"一江清水向东流"。习近平总书记的讲话为青海省更好地处理好经济发展与环境保护的关系，指明了新方向。

西部大开发战略实施以来，青海省委、省政府把积极推进人口资源环境协调发展作为促进青海省经济发展的重要战略任务，在主体功能区规划的框架下，遵循区域经济发展客观规律，实施生态立省、一优两高发展战略，促进青海省经济发展与生态环境保护协调发展。

第一节　青海省人口发展与城镇化进程现状

2019年，青海省全年生产总值为2965.95亿元，全省全体居民人均可支配收入22618元，比上年增长9.0%。全省城镇常住居民人均可支配收入 33830 元，增长 7.3%；全省农村常住居民人均可支配收入 11499 元，增长 10.6%。城乡居民人均收入比（以农村居民人均收入为 1）为 2.94，比上年缩小 0.09。截至 2019 年年末，城镇人口达到 337.48 万人，城镇化率达到 55.52%。

一 人口发展情况

青海省全省辖 2 个地级市、6 个自治州。分别为西宁市、海东市、海西蒙古藏族自治州、玉树藏族自治州、果洛藏族自治州、海南藏族自治州、海北藏族自治州、黄南藏族自治州。

西宁市：截至 2019 年年末，全市常住人口 237.11 万人，全市城镇人口 170.98 万人，占常住人口的 72.1%；乡村人口 66.13 万人，占常住人口的 27.9%。

海东市：截至 2019 年年末，全市常住人口 148.02 万人，比上年年末增加 0.94 万人。按城乡分，城镇常住人口 56.91 万人，比上年增加 1.68 万人，占总人口的比重（常住人口城镇化率）为 38.45%，比上年年末提高 0.9 个百分点；乡村常住人口 91.11 万人，比上年减少 0.74 万人，占总人口的比重为 61.55%。

海西蒙古藏族自治州（以下简称海西州）：截至 2019 年年末，全州常住人口 51.86 万人，比上年年末增长 0.7%。按城乡分，城镇人口 37.4 万人，占总人口的比重为 72.12%，比上年年末提高 0.12 个百分点；乡村人口 14.46 万人，下降 0.3%。

玉树藏族自治州（以下简称玉树州）：截至 2019 年年末，全州常住总人口为 41.66 万人，比上年增加 0.71 万人。按城乡分，城镇常住人口 15.27 万人，占常住人口的比重为 36.65%；比上年提高 0.05 个百分点；乡村常住人口 26.39 万人，占常住人口的比重为 63.35%。

果洛藏族自治州（以下简称果洛州）：截至 2019 年年末，全州常住人口 38.26 万人，其中，城镇人口 13.96 万人，占总人口的比重为 36.49%。

海南藏族自治州（以下简称海南州）：截至 2019 年年末，全州常住人口 47.63 万人，比上年年末增加 0.39 万人。按城乡分，城镇常住人口 20.43 万人，占总人口的比重为 42.9%，比上年年末提高 0.61 个百分点。

海北藏族自治州（以下简称海北州）：截至2019年年末，全州常住人口28.43万人，比上年年末增加0.13万人。其中，城镇常住人口11.31万人，占总人口的比重为39.78%，比上年年末提高1.76个百分点；乡村常住人口17.12万人、占总人口的比重为60.22%。

黄南藏族自治州（以下简称黄南州）：截至2019年年末，全州总人口为27.68万人。城镇人口10.54万，占总人口的比重为38.08%。

二 城镇化进程

2000—2019年，青海省城镇人口由179.54万人增加到337.48万人，净增157.94万人，年均增加8.31万人。全省人口城镇化率由2000年的34.76%提高到2013年的55.52%，提高了20.76个百分点，年均提高1.09个百分点（见表2-1）。尤其是近五年来，青海城镇化进程明显加快，年均提高1.52个百分点，是青海省历史以来城镇化水平增速最快的时期，城镇化率居全国第23位，比2010年提高了5位，在西北五省区居第三位。

表2-1和图2-1直观地反映了青海省城镇化水平与全国城镇化平均水平存在一定差距，2019年的城镇化水平差距与2000年相比有所提升，这是建立在全国其他省份的城镇化率也大幅提升的基础上的。总体来看，青海省城镇化发展速度与全国城镇化发展平均水平不相上下。

表2-1　　　　　　　2000—2019年全国及青海省城镇化率

年份	城镇化率（%）青海省	城镇化率（%）全国
2000	34.76	36.22
2001	36.32	37.66
2002	37.68	39.09
2003	38.18	40.53
2004	38.53	41.76
2005	39.25	42.99
2006	39.26	44.34
2007	40.07	45.89

续表

年份	城镇化率（%）	
	青海省	全国
2008	40.86	46.99
2009	41.9	48.34
2010	44.72	49.95
2011	46.22	51.27
2012	47.44	52.57
2013	48.51	53.73
2014	49.78	54.77
2015	50.3	56.10
2016	51.63	57.35
2017	53.07	58.52
2018	54.47	59.58
2019	55.52	60.60

资料来源：相关年份《青海统计年鉴》。

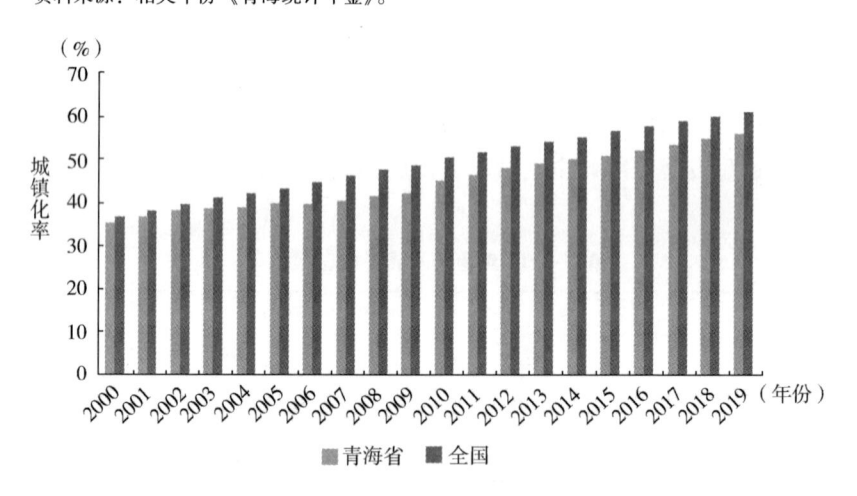

图 2-1　全国城镇化率与青海省城镇化率

资料来源：相关年份《青海统计年鉴》《中国统计年鉴》。

根据表 2-2 和图 2-2 显示，通过对青海省与西北其他四省城镇化率的动态比较，青海省城镇化水平在西北五省中处于中等水平，城镇化发展速度近几年来发展较快。

表 2-2　　　　　　　西北五省 2000—2019 年城镇化率

年份	城镇化率（%）				
	青海	宁夏	新疆	甘肃	陕西
2000	34.76	32.54	33.75	31.13	32.27
2001	36.32	33.78	33.75	31.25	33.62
2002	37.68	34.56	33.84	31.87	34.63
2003	38.18	36.42	34.39	32.42	35.54
2004	38.53	37.96	35.15	33.11	36.35
2005	39.25	41.65	37.15	34.01	37.24
2006	39.26	42.86	37.94	35.03	39.12
2007	40.07	43.25	39.15	36.56	40.62
2008	40.86	44.98	39.64	37.01	42.10
2009	41.90	46.12	39.85	38.74	43.50
2010	44.72	47.96	42.79	39.56	45.70
2011	46.22	48.92	43.54	40.21	47.30
2012	47.44	50.67	44.00	41.68	50.02
2013	48.51	52.01	44.47	43.19	51.31
2014	49.78	53.61	46.07	44.69	52.57
2015	50.30	55.23	47.23	46.39	53.92
2016	51.63	56.29	48.26	47.69	55.34
2017	53.07	57.98	49.22	48.52	56.79
2018	54.47	58.88	50.36	49.63	58.13
2019	55.52	59.86	51.87	50.23	59.43

资料来源：相关年份《青海统计年鉴》《宁夏统计年鉴》《陕西统计年鉴》《甘肃统计年鉴》《新疆统计年鉴》。

三　城镇基础设施建设情况

近几年来，青海省在城镇化建设过程中始终坚持"重视规划、重点突出、地方特色"的原则，培育了一批布局相对合理、功能基本完善、环境优美、具有地方特色的新型城镇。自 2000 年以来，西宁市建成区面积达 256 平方千米，建成道路 589 千米，排污管网 1152 千米，自来水普及率达 100%，天然气普及率达 96.5%，建成区绿化覆盖率达 39.1%，人均公共

```
        (%)
         70
         60
城        50
镇        40
化        30
率        20
         10
          0
           2000  2002  2004  2006  2008  2010  2012  2014  2016  2018  (年份)
           ●—青海   ■—宁夏   ◆—新疆   ▲—甘肃   —陕西
```

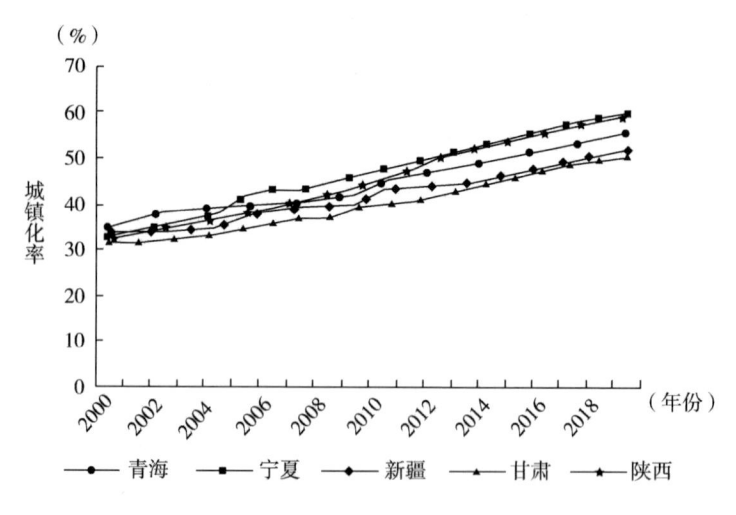

图 2−2　西北五省区城镇化率折线统计

资料来源：相关年份《青海统计年鉴》《宁夏统计年鉴》《陕西统计年鉴》《甘肃统计年鉴》《新疆统计年鉴》。

绿地面积 5.6 平方米，获得了"国家园林城市"和"国家卫生城市"称号，目前，西宁市正在加紧创建全国文明城市和环保模范城市。

从表 2−3 中的数据可以看到，青海省各项基础设施均呈现逐年增长的趋势，基础设施建设不断完善。

表 2−3　　　　青海省 2000—2018 年基础设施建设比较

年份	财政收入（万元）	公路建设里程（千米）	建成区绿化覆盖率（%）	医疗机构数（个）	高校数（所）
2000	813082	18679	10.8	230	8
2001	1283790	23328	11.6	268	6
2002	1416571	24003	13.0	299	8
2003	1425380	24377	14.3	334	9
2004	1663816	28059	15.4	362	9
2005	2186018	29719	16.9	389	8
2006	2669398	47726	18.1	419	8
2007	3411001	52625	19.2	471	8

续表

年份	财政收入（万元）	公路建设里程（千米）	建成区绿化覆盖率（%）	医疗机构数（个）	高校数（所）
2008	4466049	56642	20.3	513	8
2009	5974197	60136	21.5	576	9
2010	8622451	62185	22.9	629	9
2011	11174804	64280	24.6	685	9
2012	13068261	65988	25.5	726	9
2013	13677527	70117	26.9	774	9
2014	15294734	72703	28.3	816	12
2015	18268915	75593	29.7	855	12
2016	19055430	78585	31.1	902	12
2017	19003456	80895	32.4	956	12
2018	20553430	82137	33.5	1001	12

资料来源：相关年份《青海统计年鉴》。

第二节 青海省经济社会发展状况

青海省位于中国西部，处于"世界屋脊"青藏高原的东北部，是长江、黄河、澜沧江的发源地，被称为"三江源"，素有"中华水塔"的美称。青海省属于高原大陆性气候，具有冬长夏短、气温普遍低、昼夜温差大、降水少、日照时间长、辐射强烈等特点。区域最大的优势是各类自然资源丰富。自2000年西部大开发以来，青海省经济总量不断增长，经济结构明显优化。

一 青海省经济发展状况

2000—2018年，青海省经济一直在稳步发展，且发展势头良好。从表2-4、图2-3、图2-4可以看出，青海省人均GDP呈直线上升状态，2018年的人均GDP是2000年的9倍还要多，低于同期西北地区均值1525元，低于全国平均水平1万多元。城镇居民人均可支配收入不断增加，2018年的城镇居民人均可支配收入是2000年的6倍多，与全国平均水平的距离也在逐渐缩小。GDP 增长率有增也有减，2018 年比 2000 年减少了 7%，但 2018 年的增长率高于同期西北地区和全国平均水平，说明青海省正处于快速发展阶段。第三产业增加值占 GDP 的比重也在波动中发展，2018 年比 2000 年增加了 3.59%，与全国差距较大。科技支出占财政支出的比重变化幅度较小，在 2000—2006 年逐渐下降，从 2012 年开始有上升趋势，但 2018 年比重不足全国的三分之一，西北地区比重不到全国的一半，说明包括青海省在内的整个西北地区在科技方面的投入力度不够，这也制约着第三产业的发展。

表 2-4　　　　　　青海省 2000—2018 年经济增长情况

年份	人均 GDP（元/人）	城镇居民人均可支配收入（元）	GDP 增长率（%）	第三产业增加值占 GDP 比重（%）	科技支出占财政支出的比重（%）
2000	5138	5170	13.3	43.51	0.71
2001	5774	5854	12.1	43.41	0.63
2002	6478	6199	12.3	43.69	0.54
2003	7346	6732	11.7	43.52	0.56
2004	8693	7219	12.8	41.56	0.54
2005	10045	8058	12.9	39.27	0.62
2006	11889	9000	13.0	38.40	0.44
2007	14507	10276	13.5	36.99	0.80
2008	18421	11648	13.5	34.94	1.09
2009	19454	12682	10.1	36.86	0.98
2010	24115	13855	15.3	34.87	0.55
2011	29522	15603	13.5	33.04	0.39
2012	33181	17566	12.3	32.67	0.62
2013	36875	20352	10.8	32.80	0.68
2014	39671	22307	9.2	37.07	0.77
2015	41252	24542	8.2	41.41	0.74
2016	43531	26757	8.0	42.81	0.71
2017	44047	31515	7.3	46.6	0.78
2018	47689	33830	7.2	47.1	0.78

资料来源：《青海统计年鉴（2019）》。

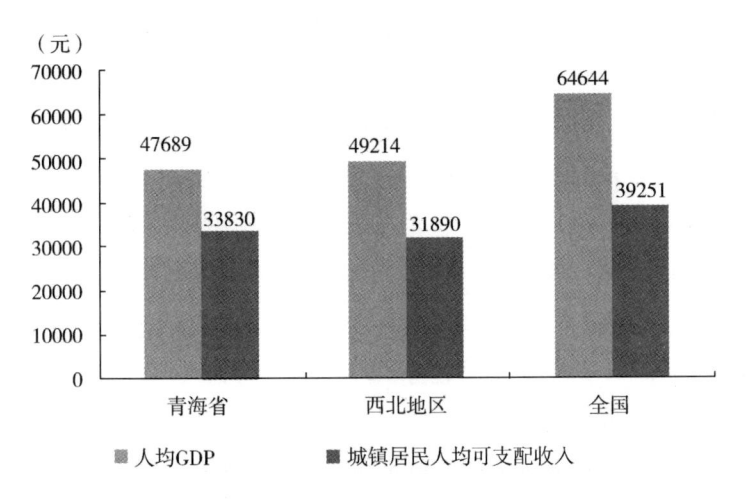

图 2-3　2018 年主要地区经济增长对比

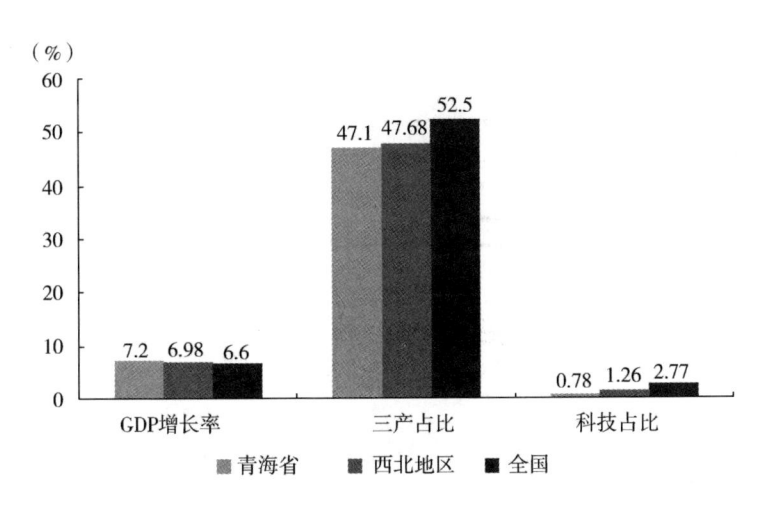

图 2-4　2018 年主要地区经济增长对比

二　青海省社会发展情况

青海省社会发展相对平稳，且增速较明显。从表 2-5、表 2-6 看出，2000—2018 年青海省每万人中小学在校生人数在不断减少，这是由于受国家计划生育政策的影响，2018 年比 2000 年减少了 1.64 个百分点；2018 年青海省每万人中小学在校生人数低于西北地区平均水平，但是高于全国水平。2000—2018年青海省每万人拥有医院床位数总体在增加，2018年比2000年增加约2倍；2018年青海省每万人拥有医院床位数略高于西北地区和全国平均水平，这意味着政府对青海省卫生事业的投入力度不断增强，人们的医疗条件得到了提高。2000—2018年青海省城市化率在不断发展，城市化率从2000年的34.76%增长到2018年的54.47%，增长约1.5倍；2018年青海省城市化率与西北地区几乎一致，略低于全国平均水平。2000—2018年青海省人口自然增长率有增有减，2000年人口自然增长率为13.10‰，2018年为8.06‰，总体呈下降趋势；2018年青海省人口自然增长率高于西北地区1.9个百分点，比全国平均水平高4.25‰，这不仅是受国家计划生育政策的影响，也说明人们在逐渐转变观念，开始接受优生优育的倡导。

表2-5　　　　　　　　　2018年主要地区社会条件统计

地区	每万人中小学在校生人数（人）	每万人拥有医院床位数（张）	城市化率（%）	人口自然增长率（‰）
青海省	1385.1	64.9	54.47	8.06
西北地区	1502.86	64.76	54.02	6.16
全国	1361.3	60.3	59.58	3.81

资料来源：《青海统计年鉴（2019）》、《中国统计年鉴（2019）》。

表2-6　　　　　　　青海省2000—2018年社会条件统计

年份	每万人中小学在校生人数（人）	每万人拥有医院床位数（张）	城市化率（%）	人口自然增长率（‰）
2000	1408.2	31.99	34.76	13.10
2001	1426.8	31.47	36.32	12.62
2002	1458.2	30.51	37.68	11.70
2003	1501.1	31.19	38.18	10.85
2004	1537.1	30.56	38.53	9.87
2005	1536	29.52	39.25	9.49
2006	1552	29.71	39.26	8.97
2007	1556	29.70	40.07	8.80
2008	1539.9	32.22	40.86	8.35

续表

年份	每万人中小学在校生人数（人）	每万人拥有医院床位数（张）	城市化率（%）	人口自然增长率（‰）
2009	1535.8	34.31	41.90	8.32
2010	1505.7	35.59	44.72	8.63
2011	1482	40.78	46.22	8.31
2012	1419.7	45.39	47.44	8.24
2013	1369.1	51.16	48.51	8.03
2014	1356.5	56.75	49.78	8.49
2015	1333	58.20	50.30	8.55
2016	1324.8	59.36	51.63	8.52
2017	1328.3	64.09	53.07	8.25
2018	1385.1	63.69	54.47	8.06

资料来源：《青海统计年鉴（2019）》。

第三节 青海省资源环境状况

一 自然资源情况

青海省一直处于资源相对平衡的状态，生态资源得到了有效保护。从图2-5、图2-6可以看出，青海省人均国土面积2000年为13.96公顷，2018年为11.94公顷，面积在不断减少，这说明青海省人口密度逐渐加大，也意味着其国土资源的压力在不断增加。但是青海省的人均国土面积远远高出西北地区和全国平均水平，体现出青海省地广人稀的特点。2000—2018年人均耕地面积在逐步减少，而且比西北地区的人均耕地面积要少很多，主要是因为青海省非限制开发区域面积不足全省面积的一半，且大多数地区不适宜耕作，以及近几年来三江源地区大规模退耕还林还草。2000—2018年青海省人均公共绿地面积虽然在稳步增加，但是还是低于西北地区和全国人均公共绿地面积，在这方面青海省还需要努力。2000—2018年青海省森林覆盖率都在增加，但与西部地区和全国作对比时发现，青海省的森林覆盖率要显著低于西北地区和全国总体森林覆盖率。

综上所述，青海省国土资源丰富，但各绿化指标都小于西北地区和全国平均水平。

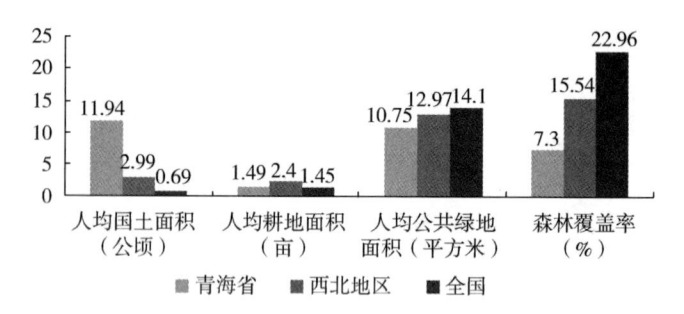

图2-5　2018年主要地区生态资源对比

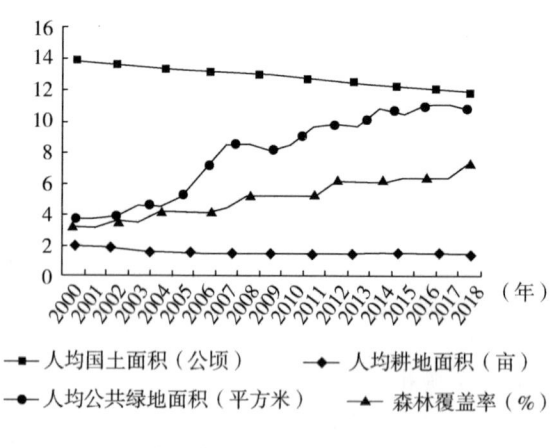

图2-6　青海省2000—2018年生态资源情况

二　青海省环境保护情况

青海省环境保护一直处在不断发展中。从表2-7、表2-8看出，2000—2018年青海省环境保护支出占财政支出比重保持在相对稳定的状态，其有增也有减，但总体呈现波动上升的趋势，2018年投入力度高于同期西北地区和全国平均水平。2000—2018年青海省生活垃圾无害化处理率在不断提升，2018年生活垃圾无害化处理率均低于西北地区和全国平均水平。2000—2018年万元GDP二氧化硫排放量在不断地减少，这意味着生产活动中污染逐步下降，但仍要继续努力，争取和全国处于同一水平。2000—2018年万元GDP电耗减少，但仍是西北地区和全国平均水平的近3倍，这说明青海省GDP的增长方式逐步从粗放生产转向集约生产，生产方式正在缓慢发生改变。

表2-7　　　　青海省2000—2018年环境保护情况统计

年份	环境保护支出占财政支出的比重（%）	生活垃圾无害化处理率（%）	万元GDP二氧化硫排放量（吨/万元）	万元GDP电耗（吨煤标准/万元）
2000	2.99	46.77	0.0121	1.575
2001	2.34	47.23	0.0117	1.457
2002	1.98	53.54	0.0094	1.422
2003	3.01	67.03	0.0154	1.239
2004	3.36	78.28	0.0158	1.256
2005	4.77	86.40	0.0228	1.184
2006	4.09	77.18	0.0200	1.105
2007	6.73	94.88	0.0168	1.038
2008	5.38	89.38	0.0132	0.861
2009	5.97	65.11	0.0125	1.207
2010	4.86	67.28	0.0106	0.980
2011	4.32	89.46	0.0094	0.899
2012	3.80	89.21	0.0081	0.818
2013	5.44	84.60	0.0074	0.819
2014	4.21	86.27	0.0067	0.852
2015	5.77	87.18	0.0062	0.764
2016	4.81	96.29	0.0044	0.620
2017	3.98	94.8	0.0066	0.658
2018	3.85	92.76	0.0032	0.681

资料来源：《青海统计年鉴（2019）》。

表2-8　　　　2018年主要地区环境保护情况

地区	环境保护支出占财政支出的比重（%）	生活垃圾无害化处理率（%）	万元GDP二氧化硫排放量（吨/万元）	万元GDP电耗（吨煤标准/万元）
青海省	3.85	96	0.0032	0.681

续表

地区	环境保护支出占财政支出的比重（%）	生活垃圾无害化处理率（%）	万元 GDP 二氧化硫排放量（吨/万元）	万元 GDP 电耗（吨煤标准/万元）
西北地区	3.51	97.12	0.0033	0.211
全国	3.12	99	0.0010	0.244

资料来源：《青海统计年鉴（2019）》《中国统计年鉴（2019）》。

总体来说，全省各地把加强资源环境保护作为提升经济发展质量的关键举措来抓，通过生态环境保护制度建设，加大执法力度，经济发展质量得到了较大的提升。

第四节 青海省各行政区域经济社会发展现状对比

一 人均可支配收入

从表 2-9 中我们可以看出，2010—2018 年海西州全体居民人均可支配收入和西宁市相当，甚至高于西宁市，是八个地区中最高的州（市），而果洛州是最低的。矿产资源、旅游资源丰富，并且交通发达。果洛州最低是因为以放牧为主，地区偏远，资金缺乏，交通不便利。再从图 2-7 中可以看出来西宁市和海西州全体居民人均可支配收入最高，相反，玉树州

表 2-9　　　　青海省分地区全体居民人均可支配收入　　　　单位：元

地区	2010 年	2011 年	2012 年	2013 年	2014 年	2015 年	2016 年	2017 年	2018 年
西宁市	11319	13078	14965	16618	18129	19955	21820	23928	26074
海东市	6494	7843	9389	11005	12029	13226	14457	15841	17305
海北州	7457	8928	10430	11777	12959	14230	15557	17084	18684
黄南州	6118	7269	8347	9468	10691	11742	12843	14099	15425
海南州	7070	8280	9546	10967	12426	13656	14949	16413	17935
果洛州	5503	6150	7249	8232	9374	10264	11265	12459	13912
玉树州	7961	7568	8664	938	11203	12253	13445	14886	16348
海西州	11709	13393	15132	16790	18632	20358	22218	24336	26524

资料来源：相关年份《青海统计年鉴》。

和果洛州的最低。

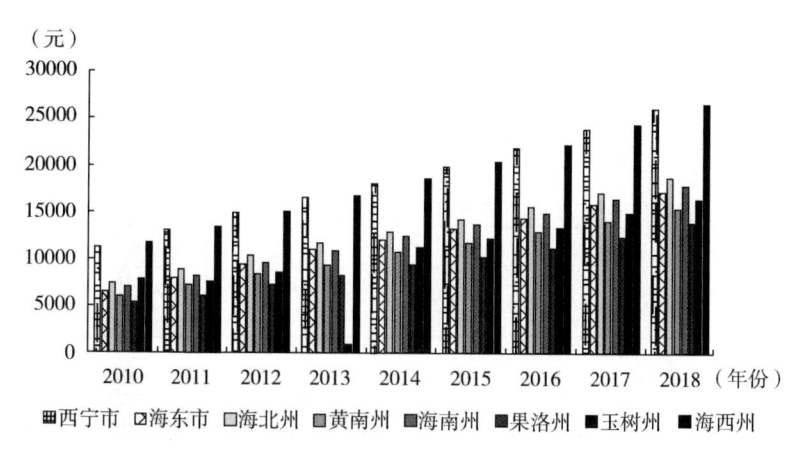

图 2-7 青海省分地区全体居民人均可支配收入

从表 2-9 中可以判断出，海西州的全体居民人均生活消费支出和西宁市都较高，海西州是六州中最高的。因为海西州的全体居民人均可支配收入就是最高的，相应地全体居民人均生活消费也最高。同理，果洛州的全体居民人均生活消费最低。

二 工业经济发展对比

从表 2-10 可以得出，海西州的工业总产值最高，西宁市果洛州、玉树州工业总产值较低。从表 2-11 可以看出，2009—2010 年二市（西宁市、海东市）工业总产值占全省的比重快速上升，2011—2016 年波动上升，2016 年达到了 50.86%，2017—2018 年又处于下降趋势，截至 2018 年降到了 47.6%。2009—2018 年六州中的工业总产值占全省的比重越来越小，尤其是 2016 年降到了 49.14%，2017—2018 年又开始缓慢增长，截至 2018 年达到了 52.4%。由图 2-8 得知，西宁市和海西州的工业总产值较高，海西州是六州中工业总产值最高的，而玉树州、果洛州、黄南州、海北州的工业总产值较低，果洛州在 2009—2018 年工业总产值处于八个地区中最低的位置。

表 2-10　　　　　　　　各地区工业总产值　　　　　　　　单位：亿元

地区	2009年	2010年	2011年	2012年	2013年	2014年	2015年	2016年	2017年	2018年
西宁市	41.9	275.4	356.28	377.19	440.75	438.88	443.17	479.39	413.34	299.1
海东市	26.6	51.72	76.51	107.8	137.85	138.63	133.72	142.48	118.92	97.66
海北州	27.4	16.24	34.96	45.81	53.9	28.46	26.65	27.33	11.29	10
黄南州	28.3	14.44	12.75	16.3	17.26	12.54	15.3	13.77	128	14.23
海南州	24.1	18.53	21.15	36.06	36.36	37.73	45.24	49.76	45.8	55.3
果洛州	16.8	6.41	8.72	10.32	8.09	7.52	4.34	3.09	2.96	4.04
玉树州	1.8	0.45	0.4	0.44	0.48	0.53	0.7	0.82	0.82	0.83
海西州	70.7	260.04	355.1	425.05	445.72	330.36	251.43	279.05	294.13	364.64

资料来源：《青海统计年鉴（2019）》。

表 2-11　　　　　　各地区工业总产值占全省比重　　　　　　单位：%

地区	2009年	2010年	2011年	2012年	2013年	2014年	2015年	2016年	2017年	2018年
二市	28.83	50.86	49.98	47.6	50.74	58.06	28.83	50.86	49.98	47.6
六州	71.17	49.14	50.02	52.4	49.26	41.94	71.17	49.14	50.02	52.4

注：二市指西宁市、海东市；六州指海北州、黄南州、海南州、果洛州、玉树州、海西州。

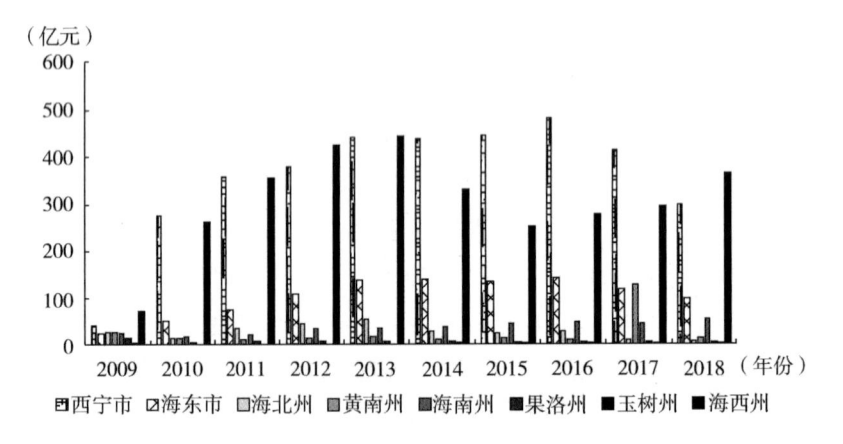

图 2-8　青海省各地区工业总产值

三　农牧业经济发展情况

由表 2-12 可以看得出，耕地面积最大的是海东市，所以海东市第一产业发展壮大；耕地面积最少的是果洛州，因为果洛州是少数民族聚集的地方，多是以畜牧业为主，所以农业发展相对滞后。

表 2-12　　　　　主要年份各地区耕地面积　　　　　单位：公顷

地区	2008年	2011年	2012年	2013年	2014年	2015年	2016年	2017年
西宁市	145786.12	149394.26	148147.14	147006.27	145486.92	145284.00	144852.89	144708.54
海东市	201316.12	225688.15	224744.76	223210.80	222390.17	222138.23	221623.65	221172.71
海北州	49053.35	54345.64	56606.35	56494.63	56313.06	56347.32	56712.46	56788.40
黄南州	19628.95	20037.45	20021.34	19942.57	19847.44	19859.47	19889.96	19850.78
海南州	77317.58	83327.18	83273.86	83513.74	83463.63	83617.74	84123.47	84458.68
果洛州	991.80	1294.43	1293.97	1286.12	1282.54	1278.09	1276.00	1272.02
玉树州	13728.10	13546.67	13456.18	13429.54	13386.59	13369.30	13237.41	13226.48
海西州	34876.86	40690.09	40984.07	43328.24	43537.60	46524.87	47711.74	48664.79

资料来源：《青海统计年鉴（2018）》。

由表 2-13 得知，2008—2012 年二市的区耕地面积占全省的比重基本约为 63%，但是在 2013—2017 年基本约为 62%。六州 2008—2012 年基本约为 36%，2013—2017 年基本约为 37%，处于一个缓慢上升的阶段。从图 2-9 得知，海东市和西宁市的耕地面积是八个地区中最高的，同时，海南州是六州中耕地面积最高的。

表 2-13　　　　　各地区耕地面积占全省比重　　　　　单位：%

地区	2008年	2011年	2012年	2013年	2014年	2015年	2016年	2017年
二市	63.96	63.75	63.36	62.94	62.81	62.44	62.17	62
六州	36.04	36.25	36.64	37.06	37.19	37.56	37.83	38

资料来源：《青海统计年鉴（2018）》。

由表 2-14 可以看出，畜产品产量也是海东市最高，进一步说明了海东市以第一产业发展为主；最低的则是海西州，海西州的工业和旅游业发展速度快，农业和畜牧业发展缓慢，所以看得出海西州以第二、第三产业发展为主。从表 2-15 可以得知，2011—2018 年六州、二市畜产品产量占全省的比重都是不稳定的。从图 2-10 得知，海东市和西宁市的畜产品产量发展最高，其中，六州里面最高的是海南州，最低的是果洛州。

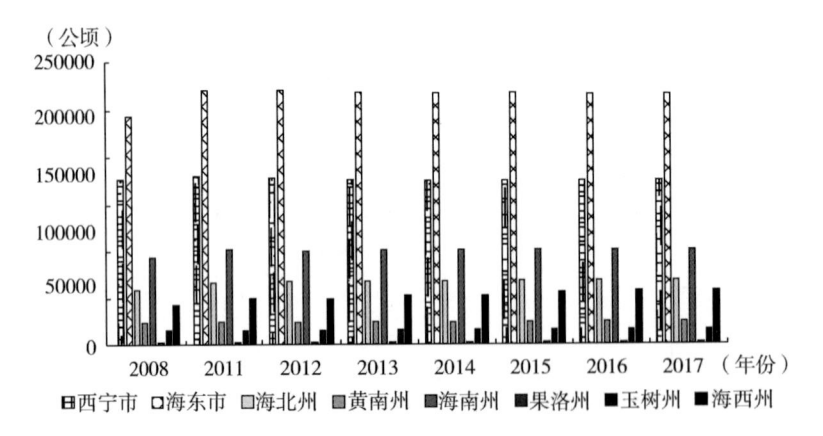

图 2-9　主要年份各地区耕地面积

表 2-14　　　　主要年份主要畜产品产量（肉类总产量）　　　单位：吨

地区	2011 年	2012 年	2013 年	2014 年	2015 年	2016 年	2017 年	2018 年
西宁市	71869	75270	71857	75222	77582	81807	79767	53984
海东市	99186	86886	87615	87412	90144	95497	100872	81502
海北州	40643	43067	47750	51909	54677	55624	58516	51033
黄南州	36256	42093	44258	45556	40819	40866	42462	34451
海南州	55112	53587	54227	58485	61732	62429	65421	58453
果洛州	29676	26225	23778	21219	20988	21404	23091	17000
玉树州	34748	36586	33691	37344	40247	41073	46897	35906
海西州	28152	27765	29208	29657	32112	34084	35046	32809

资料来源：《青海统计年鉴（2019）》。

表 2-15　　　　　主要畜产品产量占全省的比重　　　　　单位：%

地区	2011 年	2012 年	2013 年	2014 年	2015 年	2016 年	2017 年	2018 年
二市	43.23	41.42	40.64	39.98	40.1	40.97	39.96	37.11
六州	56.77	58.58	59.36	60.02	59.9	59.03	60.04	62.89

资料来源：《青海统计年鉴（2019）》。

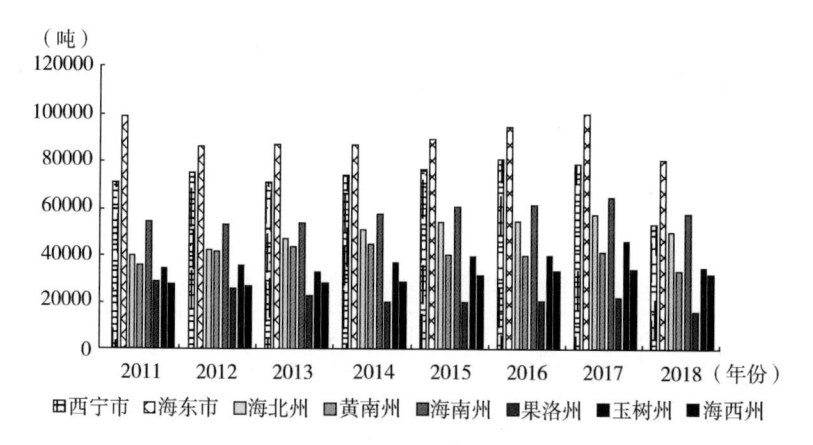

图 2-10　主要年份主要畜产品产量（肉类总产量）

四　旅游业发展情况

从表 2-16 中可以看得出，2010—2018 年西宁市旅游业一直高于六州。在六州中最高的是海西州，其 2010—2018 年呈上升的趋势。玉树州在 2015 年旅游业发展速度加快，超过了果洛州，截至 2018 年，果洛州旅游总收入最低。从表 2-17 得知，二市旅游业收入占全省比重在 2010—2015 年都是 70% 多，在 2016—2018 年都是 60% 多。而六州在 2010—2015 年都是 20% 多，但在 2016—2018 年达到了 30% 以上。从图 2-11 得知，西宁市的旅游业发展在八个地区中最高；六州中最高的则是海西州，最低的是果洛州。

表 2-16　　　　2010—2018 年青海省旅游业总收入情况　　　　单位：亿元

地区	2010 年	2011 年	2012 年	2013 年	2014 年	2015 年	2016 年	2017 年	2018 年
西宁市	46.6	56.2	75.2	100.8	126.8	156.5	195.8	251.0	312.4
海东市	5.7	8.2	12.7	17.0	22.5	28.5	35.7	44.7	55.1
海北州	2.9	3.8	5.1	8.4	12.7	16.5	20.5	26.6	33.7
黄南州	3.2	3.9	5.8	7.0	8.7	10.8	13.2	16.1	19.5
海南州	0.9	1.8	5.5	7	8.6	13.1	16.6	20.7	25.3
果洛州	0.6	1.5	1.0	1.2	1.7	2.2	3.1	4.0	2.4

续表

地区	2010年	2011年	2012年	2013年	2014年	2015年	2016年	2017年	2018年
玉树州	0.5	0.8	0.8	1.0	1.6	2.5	4.2	5.8	7.3
海西州	6	8.8	13.9	18.8	25.0	31.6	58.0	85.9	98.7

资料来源：相关年份《青海统计年鉴》。

表2-17　　　　　各地区旅游业总收入占全省比重　　　　　单位：%

地区	2010年	2011年	2012年	2013年	2014年	2015年	2016年	2017年	2018年
二市	78.77	75.76	73.25	73.08	71.92	70.69	66.7	65.02	66.29
六州	21.23	24.24	26.75	26.92	28.08	29.31	33.3	34.98	33.71

资料来源：《青海统计年鉴（2019）》。

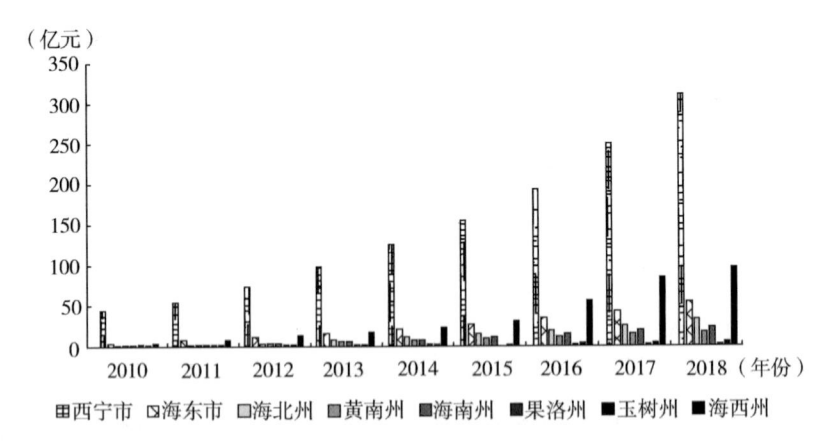

图2-11　2010—2018年青海省旅游业总收入情况

五　投资情况区间对比

从表2-18可以看出，政府对西宁市和海东市的投资力度没有玉树州和果洛州大，因为玉树州和果洛州资金缺乏、地区偏远，导致经济发展缓慢，所以政府需要加大投资，支持其发展。从表2-19得知，2000—2013年二市的固定资产投资占全省的比重都是超过50%，2014—2017年一直都是60%多稳定增长，截至2017年达到了65.53%。而六州2000—2013年固定资产投资占全省的比重都是40%左右，2014—2017年下降到了30%多，截至2017年下降到了34.47%。从图2-12得知，2000—2009年八个地区差距较小,2009—2017年差距越来越大,六州中固定资产投资最高的是海西州,最低的是海北州,玉树州和果洛州的固定资产投资也是较高的。

表2-18　　　　　2000—2017年青海省固定资产投资　　　　单位:亿元

年份	西宁市	海东市	海北州	黄南州	海南州	果洛州	玉树州	海西州
2000	53.82	14.12	4.27	3.31	5.81	1.85	3.01	28.25
2001	69.30	26.39	6.10	4.80	10.90	4.70	3.60	39.70
2002	77.70	32.79	7.50	4.70	14.09	2.20	4.30	49.00
2003	85.40	39.54	8.80	7.50	17.29	3.70	4.80	54.70
2004	98.50	43.55	10.60	11.70	21.79	3.00	5.80	57.30
2005	115.60	43.69	12.60	11.50	24.68	3.70	7.30	66.90
2006	141.04	45.93	15.65	10.61	28.13	6.13	8.76	87.30
2007	178.91	45.41	19.50	12.25	21.05	6.46	10.58	119.82
2008	221.98	54.62	25.60	15.28	24.94	7.50	14.02	125.53
2009	248.20	73.92	28.63	17.54	53.52	10.88	16.98	132.30
2010	403.02	98.01	39.48	22.53	45.88	16.60	39.50	178.23
2011	528.01	166.57	53.26	31.90	63.99	24.61	142.91	251.16
2012	700.48	255.44	71.81	42.38	79.01	38.24	170.84	401.59
2013	925.44	405.45	94.29	53.72	139.75	50.90	92.86	510.07
2014	1176.61	508.09	103.00	64.72	185.50	58.41	40.12	538.42
2015	1295.95	611.39	113.06	76.32	232.06	67.81	49.61	505.86
2016	1399.30	635.43	128.98	86.69	251.73	71.94	57.72	559.97
2017	1600.03	713.88	109.19	105.05	161.54	71.50	69.92	700.17

资料来源:相关年份《青海统计年鉴》。

表2-19　　　　　各地区固定资产投资占全省比重　　　　　单位:%

地区	2000年	2001年	2002年	2003年	2004年	2005年	2006年	2007年	2008年
二市	59.37	57.82	57.46	56.35	56.32	55.7	54.42	54.19	56.51
六州	40.63	42.18	42.54	43.65	43.68	44.3	45.58	45.81	43.49

地区	2009年	2010年	2011年	2012年	2013年	2014年	2015年	2016年	2017年
二市	55.35	59.42	55.02	54.32	58.57	62.98	64.61	63.75	65.53
六州	44.65	40.58	44.98	45.68	41.43	37.02	35.39	36.25	34.47

资料来源:相关年份《青海统计年鉴》。

(亿元)

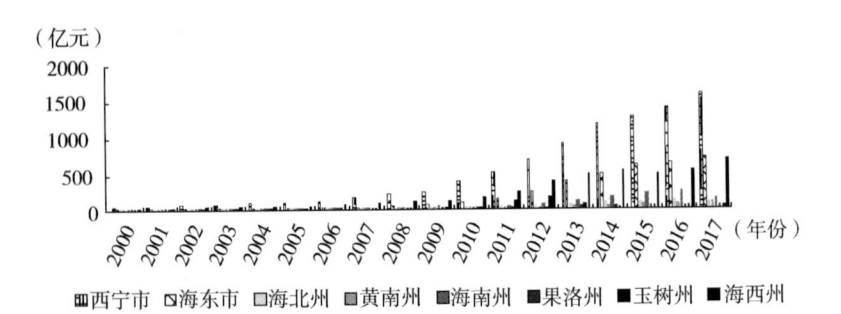

图 2-12 2000—2017 年青海省固定资产投资

第五节 青海省人口资源环境综合发展水平初步评价

一 指标体系构建与数据来源

1. 评价指标体系构建

本文遵循科学性，有效性，代表性以及可获得性来构建青海省人口资源环境综合发展评价指标（见表 2-20）。

表 2-20 青海省人口资源环境综合评价指标体系

一级指标	二级指标	指标选取依据
经济发展	人均可支配收入 X_1（元）	收入水平提高是经济发展的直接表现
产业发展	第二产业就业人数占总就业人数比重 X_2（％） 第三产业就业人数占总就业人数比重 X_3（％）	就业结构是产业发展质量的直接表现
科技创新	每万人中在校大学生数 X_4（人） R&D 经费支出 X_5（万元）	科技教育水平关系创新能力
基础设施	人均社会固定资产投资 X_6（元） 公路里程数 X_7（千米）	基础设施关系发展质量
生态环境	人均公园绿地面积 X_8（平方米） 人均污染物排放 X_9（立方米）	良好的生态环境是可持续发展的基础

资料来源：相关年份《青海统计年鉴》。

2. 原始数据表

依据表2-20的指标体系，查阅相关年份《青海统计年鉴》得到2000—2019年相关指标原始数据表，见表2-21。

表2-21　　　　　　　　　　原始数据

年份	X_1（元）	X_2（%）	X_3（%）	X_4（人）	X_5（万元）	X_6（元）	X_7（千米）	X_8（平方米）	X_9（立方米）
2000	6854	12.6	31.6	25.7	78445.2	20.8	18679	6.5	5.2
2001	8512	13.3	27.1	34.2	79688.4	30.2	23328	6.8	5.1
2002	9562	13.6	30.0	42.0	81547.2	21.5	24003	6.9	5.0
2003	9805	15.8	30.1	48.9	88952.9	16.4	24377	7.2	4.8
2004	10885	16.5	32.3	54.7	89525.1	11.6	28059	7.3	4.6
2005	11596	17.4	33.1	63.3	95681.4	15.4	29179	7.5	4.5
2006	12578	19.2	33.5	92.7	98653.2	14.3	47726	7.9	4.4
2007	12895	20.6	35.1	92.4	10256.9	16.2	52625	8.1	4.2
2008	13201	21.3	34.2	100.7	12547.3	19.6	56642	8.4	4.1
2009	14865	21.9	35.1	104.5	14589.6	37.3	60136	8.6	4.0
2010	14556	22.6	36.0	107.4	15249.0	33.5	62185	8.9	3.8
2011	15220	23.9	36.7	103.2	17156.8	34.2	64280	9.3	3.8
2012	17993	24.0	39.0	107.9	19368.7	33.9	65988	9.5	3.7
2013	18796	23.2	39.7	110.6	19524.9	25.2	70117	9.7	3.6
2014	19565	22.9	40.5	116.0	19863.1	21.0	72703	9.8	3.0
2015	20226	23.0	41.2	121.4	21485.2	12.3	75593	10.1	3.4
2016	21058	22.9	41.6	125.8	23894.1	10.9	78585	10.4	3.2
2017	22547	22.4	42.5	132.4	25321.5	10.3	80895	10.7	3.3
2018	23584	21.1	45.5	138.5	26851.9	7.3	82137	11	3.2
2019	25896	20.5	47.6	142.6	28559.7	7.5	83761	11	3.2

资料来源：相关年份《青海统计年鉴》。

二　指标数据无量纲化

由于所选数据单位不统一，差异较大，难以直接进行比较，因此，为了消除可能存在的异方差性,对原始数据取对数,记为 lnX (1, 2, 3, …, 12)。通过描述性分析,在 SPSS 软件中对原始数据进行标准化,获得新的数据 zlnX。

标准化公式:$\chi' = \dfrac{\chi - \upsilon}{\delta}$。

标准化后结果如表 2-22 所示。

表 2-22　　　　　　　　指标标准化结果

年份	X_1	X_2	X_3	X_4	X_5	X_6	X_7	X_8	X_9
2000	-1.59476	-1.96507	-0.92155	-1.88447	1.03742	0.08732	-1.60838	-1.92705	1.71643
2001	-1.28928	-1.77754	-1.74765	-1.64732	1.07418	1.07619	-1.40279	-1.59552	1.5728
2002	-1.09583	-1.69717	-1.21528	-1.42971	1.12914	0.16095	-1.37295	-1.26398	1.42916
2003	-1.05106	-1.10778	-1.19692	-1.2372	1.34811	-0.37556	-1.35641	-0.93244	1.14189
2004	-0.85207	-0.92025	-0.79305	-1.07539	1.36503	-0.88052	-1.19358	-0.76668	0.85463
2005	-0.72108	-0.67914	-0.64619	-0.83545	1.54705	-0.48076	-1.14405	-0.60091	0.71099
2006	-0.54015	-0.19691	-0.57276	-0.01521	1.63492	-0.59648	-0.32387	-0.43514	0.56736
2007	-0.48174	0.17816	-0.27904	-0.02358	-0.97871	-0.3966	-0.10723	-0.35226	0.28009
2008	-0.42536	0.36569	-0.44426	0.20799	-0.91099	-0.03892	0.07041	-0.26937	0.13645
2009	-0.11878	0.52643	-0.27904	0.31401	-0.8506	1.8231	0.22492	-0.02072	-0.00718
2010	-0.17571	0.71396	-0.11382	0.39492	-0.83111	1.42334	0.31553	0.06216	-0.29445
2011	-0.05338	1.06224	0.01469	0.27774	-0.7747	1.49698	0.40817	0.3937	-0.29445
2012	0.45753	1.08903	0.43691	0.40887	-0.7093	1.46542	0.4837	0.3937	-0.43809
2013	0.60548	0.87471	0.56542	0.4842	-0.70468	0.55019	0.66629	0.47658	-0.58172
2014	0.74716	0.79433	0.71228	0.63485	-0.69468	0.10835	0.78065	0.64235	-1.44353
2015	0.86895	0.82113	0.84078	0.78551	-0.64672	-0.80688	0.90845	0.891	-0.86899
2016	1.02224	0.79433	0.91421	0.90827	-0.57549	-0.95415	1.04076	1.05677	-1.15626
2017	1.29658	0.66038	1.07943	1.0924	-0.53329	-1.01727	1.14291	1.22254	-1.01262
2018	1.48764	0.31211	1.63016	1.26259	-0.48804	-1.33587	1.19784	1.47119	-1.15626
2019	1.91361	0.15137	2.01567	1.37698	-0.43755	-1.31183	1.26965	1.55407	-1.15626

资料来源:根据 SPSS 软件计算得到。

三　评价过程与结果

第一步,首先进行 KMO 检验和 Bartlett's 球形检验,KMO 检验系数 0.844 >

0.5，Bartlett's 球形检验的显著性概率 P 值是 0.000 < 0.05（见表 2-23）。说明可以进行因子分析。

表 2-23   KMO 检验和 Bartlett's 球形检验结果

检验方法	单位	P 值
取样足够度的 Kaiser-Meyer-Olkin 度量		0.844
Bartlett's 球形检验	近似卡方	334.032
	df	36.000
	Sig.	0.000

资料来源：根据 SPSS 软件计算得到。

第二步，使用 SPSS 25.0 统计软件，同时还可以得到相关矩阵 R 的特征值，即贡献率（按照特征值大于 1，方差贡献率大于 5%，总方差累积贡献率大于或等于 85% 的原则）。

第三步，前 2 个因子的特征值都大于 1，而第 3 个因子分解后的曲线逐渐变得很平缓，各主成分的方差贡献率很小，以致可以忽略。因此，最后选取特征值大于 1 的因子，可提取出 2 个因子作为公因子。

通过因子分析，得到累计方差贡献率（见表 2-24），按照特征值大于 1 的原则，选入 2 个公共因子，其累计方差贡献率达到 94.787%，大于 85%，说明提取效果非常好，因子 1 的解释方差为 79.743%，因子 2 的解释方差为 15.044%。

表 2-24   累计方差贡献率结果   单位：%

成分	初始特征值			提取平方和载入			旋转平方和载入		
	合计	方差的百分比	累积百分比	合计	方差的百分比	累积百分比	合计	方差的百分比	累积百分比
1	7.177	79.743	79.743	7.177	79.743	79.743	7.103	78.926	78.926
2	1.354	15.044	94.787	1.354	15.044	94.787	1.427	15.861	94.787
3	0.198	2.200	96.987						
4	0.166	1.843	98.831						
5	0.043	0.478	99.309						

续表

成分	初始特征值 合计	初始特征值 方差的百分比	初始特征值 累积百分比	提取平方和载入 合计	提取平方和载入 方差的百分比	提取平方和载入 累积百分比	旋转平方和载入 合计	旋转平方和载入 方差的百分比	旋转平方和载入 累积百分比
6	0.030	0.338	99.647						
7	0.019	0.214	99.861						
8	0.009	0.095	99.956						
9	0.004	0.044	100.00						

资料来源：根据 SPSS 软件计算得到。

观察旋转后的因子载荷矩阵可知，每个公共因子包含的指标如表 2-25 所示。

F_1：X_7，X_4，X_9，X_8，X_1，X_2，X_3，X_5。

F_2：X_6。

表 2-25　　　　　　　　　旋转成分矩阵

指标	成分 1	成分 2
X_7	0.992	0.064
X_4	0.980	0.109
X_9	-0.977	-0.122
X_8	0.961	0.235
X_1	0.933	0.305
X_2	0.919	-0.252
X_3	0.916	0.334
X_5	-0.847	0.380
X_6	-0.102	-0.964

资料来源：根据 SPSS 软件计算得到。

第四步，由系数我们可得各个因子的得分函数：

$F_1 = 0.117X_1 + 0.152X_2 + 0.112X_3 + 0.137X_4 - 0.15X_5 + 0.05X_6 + 0.141X_7 + 0.125X_8 - 0.135X_9$；

$F_2 = 0.161X_1 - 0.246X_2 + 0.183X_3 + 0.014X_4 + 0.335X_5 - 0.698X_6 - 0.02X_7 + 0.108X_8 - 0.024X_9$。表 2-26 为各个因子的成分得分系数矩阵表。

表 2-26　　　　　　　　　成分得分系数矩阵

指标	成分 1	成分 2
X_1	0.117	0.161
X_2	0.152	-0.246
X_3	0.112	0.183
X_4	0.137	0.014
X_5	-0.150	0.335
X_6	0.050	-0.698
X_7	0.141	-0.020
X_8	0.125	0.108
X_9	-0.135	-0.024

资料来源：根据 SPSS 软件计算得到。

根据表 2-26 各因子的得分以及对应的权重可以得出综合评价的最终结果（见表 2-27）：

$F = 84.13\% \times F_1 + 15.87 \times F_2$。

表 2-27　　　　　　　　　评价结果

年份	F_1	F_2	F
2000	-1.698	0.101	-1.413
2001	-1.561	-0.686	-1.422
2002	-1.425	0.121	-1.179
2003	-1.278	0.479	-0.999
2004	-1.104	0.921	-0.783
2005	-0.963	0.715	-0.697
2006	-0.611	0.766	-0.392
2007	-0.034	-0.266	-0.071
2008	0.077	-0.548	-0.022

续表

年份	F_1	F_2	F
2009	0.326	-1.758	-0.005
2010	0.416	-1.482	0.115
2011	0.532	-1.525	0.205
2012	0.680	-1.325	0.361
2013	0.699	-0.575	0.497
2014	0.870	-0.156	0.707
2015	0.843	0.548	0.796
2016	0.942	0.743	0.910
2017	1.004	0.923	0.991
2018	1.094	1.407	1.144
2019	1.192	1.597	1.256

资料来源：根据 SPSS 软件计算得到。

由表 2-27 可以看出，2000—2019 年，青海省人口资源环境承载力发展水平的评价得分是逐年上升的。尤其是 2010 年之后，人口资源环境承载力有明显提升。

从前文对比分析青海省各区域数据可知，青海省各区域地理位置和资源环境条件客观上存在巨大差异，人口分布、产业发展和资源环境条件也各不相同。因此，对青海省人口资源环境综合承载力评价必须从区域差异出发，进行分区客观精准评价，才能有助于青海省各区域实现人口资源环境综合承载力水平的不断提升，有助于人口与经济、生态环境协调发展，让绿水青山变成金山银山。

第三章　青海省重点开发区域人口资源环境承载力评价

2011年《中共中央关于制定国民经济和社会发展第十二个五年规划纲要》（以下简称《"十二五"规划纲要》）首次提出了"绿色发展"的概念，指出"十二五"时期我国侧重从发展方式的调整和改变来实现发展本身的可持续性，体现了绿色意识和转型取向。《"十二五"规划纲要》明确要求：面对日趋强化的资源环境约束，必须增强危机意识，树立绿色、低碳发展理念，以节能减排为重点，健全激励与约束机制，加快构建资源节约、环境友好的生产方式和消费模式。2011年6月，《全国主体功能区规划》正式出台，这是中华人民共和国成立以来第一个全国性的国土空间开发规划，将我国东部、中部、西部和东北部"四大板块"划分为城市化地区、农业地区、生态地区"三大格局"；同时，将我国国土空间划分为优化开发区域、重点开发区域、限制开发区域和禁止开发区域四类主体功能区，并规定了相应的功能定位、发展方向和开发管制原则。《全国主体功能区规划》强调不同地区要根据资源环境的承载能力来确定功能定位和开发模式，据此控制开发强度，完善开发政策，规范开发次序。

2012年召开的中国环境与发展国际合作委员会年会上，李克强副总理指出，中国面临的生态环境形势依然严峻。资源相对不足、环境容量有限，已经成为新的基本国情，成为发展的"短板"。2012年党的十八大报告明确指出，加快建立生态文明制度，健全国土空间开发、资源节约、生态环境保护的体制机制，推动形成人与自然和谐发展的现代化建设新格局。2013年11月12日，党的十八届三中全会更是将"建立资源环境承载能力监测预警机制，对水土资源、环境容量和海洋资源超载区域实行限制性措施"作为新时期中央深化改革的重要任务之一，并列入了《中共中央关于全面深化改革若干重大问题的决定》。

以上时代背景要求我们必须坚持资源环境与经济社会协调发展，走一条符合中国国情的，适度消费、资源节约型的现代化道路，在发展中解决资源短缺和环境污染问题。只有把发展建立在资源可接续、环境可承载的基础之上，才能实现经济社会的可持续发展。

第一节　青海省重点开发区域人口资源环境现状

2014年3月31日，青海省政府正式印发实施《青海省主体功能区规划》，在其编制过程中，经综合评价各单元资源环境承载力、现有开发强度、发展潜力和人居适宜性，将省域主体功能区划分为重点开发区、限制开发区和禁止开发区三类。

本章就是基于主体功能区规划，展开对青海省重点开发区域人口资源环境承载力的评价，为重点开发区域制定发展战略提供决策参考。

重点开发区域是有一定经济基础、资源环境承载力较强、发展潜力较大、集聚人口和经济条件较好，从而重点进行工业化和城镇化开发的城市化地区。

一　青海省重点开发区域的范围

《全国主体功能区规划》划分了18个重点开发区域，其中青海省西宁市、海东市、格尔木市列入国家级兰州—西宁重点开发区范围。全省重点开发区域具体包括东部重点开发区域和柴达木重点开发区域，该区域扣除基本农田和禁止开发区后面积为7.3万平方千米，占全省土地面积的10.18%，总人口397万人，占全省总人口的68.7%。根据主体功能区规划，截至2020年，全省重点开发区域聚集全省约90%的经济总量和80%的人口，城镇化率提高到63%以上，工业增加值比重提高到55%左右，人口密度达到68人/平方千米。

东部重点开发区域范围包括西宁市四区，海东市循化县，海南州贵德县、贵南县、共和县，黄南州同仁市和尖扎县，海北州海晏县全部区域；西宁市湟中县、湟源县、大通县，海东市乐都区、平安县、民和县、互助县、化隆县除基本农田以外的区域。该区域扣除基本农田和禁止开发区后面积为4.51万平方千米，占全省国土总面积的6.29%，总人口362万人，占全省总人口的62.6%。

柴达木重点开发区域范围包括：格尔木市、德令哈市、乌兰县、都兰县、大柴旦行委、茫崖行委、冷湖行委城关镇规划区及周边工矿区、东西台盐湖独立工矿区。该区域面积为2.79万平方千米，占全省总面积的3.89%，人口35.15万人，占全省总人口的6.08%。

二 青海省重点开发区域的人口、资源环境总体情况

1. 东部重点开发区域

东部重点开发区域是全省重要的人口与城镇聚集地区，是人居适宜性最好的区域。该区域生产总值为1324亿元，占全省生产总值的63%，人均生产总值为36585元，经济密度为293万元/平方千米，人口密度为80人/平方千米，城镇化水平为48%。

该区域地处黄土高原向青藏高原的过渡区，海拔1650—4500多米，由东向西逐次升高，是以山地为主的山盆相间地貌，以湟水、黄河谷地为中心向两侧呈带状阶梯式抬升，是青海省开发历史悠久、开发强度最高的地区。该区域属于温带干旱半干旱大陆性气候，夏无酷暑，冬无严寒，暖期短，冷季长。降水量少，春秋多干旱，降雨集中，易造成水土流失。植被呈带状分布，低位山地为干旱半干旱植被，高位山地为湿润半湿润植被。区域内工程性缺水问题较为突出。通过水利工程建设，可解决区域内用水需求。区域内大气环境质量较优，黄河水质良好，湟水河西宁—民和段由于缺乏污水处理设施，污水直接排入河道，造成水质污染。

2. 柴达木重点开发区域

柴达木重点开发区域是青海省经济发展速度最快、城镇化水平最高的地区。该区域生产总值504亿元，占全省的24%，人均生产总值143385元，经济密度180万元/平方千米。人口密度为13人/平方千米，城镇化水平为66%。

柴达木盆地是我国四大盆地之一，盆地四周高山环绕，盆地内宽阔平坦，从中心向四周依次抬升，构成湖积盐泽平原带、细土平原带、戈壁平原带、低山、中山、高山带等环带状地貌。盆地内有9个相对独立的小盆地，形成据点式的绿洲区。柴达木盆地矿产资源富集，资源总量占全省的97%，钠盐、钾盐、锂盐、芒硝、石棉等矿占全国同类矿产保有储量的60%以上。石油天然气资源较丰富，还有一定储量的煤炭、铅锌、铁矿等重要资源。

柴达木盆地属内陆河水系，主要有格尔木河、巴音河、香日德河、察汗乌苏河、那棱格勒河等，水资源总量52.7亿立方米，工程性缺水是该地区经济、社会发展的重要限制因素。柴达木盆地内环境质量总体良好，河流水质皆优，大气主要污染物为可吸入颗粒物。柴达木盆地属大陆干旱性气候，夏季短，冬季长。降水量从盆地中心向四周呈递增趋势，盆地内降水量只有50—200毫米，山区降水量在300—400毫米。盆地由内到外依次呈现荒漠化草原—干旱草原—半干旱草原—草甸草原分布。绿洲农业区防风固沙林、农田防护林已具有一定规模。

重点开发区域[①]人口和土地面积基本情况具体见表3-1。

[①] 重点开发区域包括：西宁市的城西区、城东区、城北区、城中区，大通县、湟中县、湟源县除基本农田以外的区域；海东市重点开发区包括：乐都区、平安县、民和县、互助县、化隆县除基本农田以外的区域，循化县全部区域；黄南州：同仁县、尖扎县；海南州：共和县、贵德县、贵南县；海北州：海晏县；海西州重点开发区域包括：格尔木市、德令哈市、乌兰县、都兰县、大柴旦行委、冷湖行委、茫崖行委的城关镇规划区及周边工矿区、东西台独立工矿区。

第三章 青海省重点开发区域人口资源环境承载力评价

表 3-1 青海省重点开发区域基本情况表

区域	范围	州（市）	县（区、行委）	按实际行政区划 人口 绝对数（万人）	按实际行政区划 人口 比重（%）	按实际行政区划 土地面积 绝对数（万人）	按实际行政区划 土地面积 比重（%）	扣除基本农田 人口 绝对数（万人）	扣除基本农田 人口 比重（%）	扣除基本农田 土地面积 绝对数（万人）	扣除基本农田 土地面积 比重（%）	扣除禁止开发区 人口 绝对数（万人）	扣除禁止开发区 人口 比重（%）	扣除禁止开发区 土地面积 绝对数（万人）	扣除禁止开发区 土地面积 比重（%）
东部重点开发区		西宁市	188.63	32.65	6408.57	0.89	174.53	30.21	5207.91	0.73	186.95	32.36	4596.89	0.64	188.63
		海东市	133.58	23.12	10621.64	1.48	92.18	15.95	8890.34	1.24	133.62	23.13	8660.22	1.21	
		黄南州	12.66	2.19	4664.29	0.65	9.68	1.68	4512.27	0.63	12.77	2.21	4510.29	0.63	
		海南州	26.22	4.54	26007.53	3.62	19.57	3.39	25551.01	3.56	26.11	4.52	23367.97	3.26	
		海北州	2.65	0.46	4830.74	0.67	1.63	0.28	4808.39	0.67	2.49	0.43	3969.19	0.55	
小计			363.74	62.95	52532.76	7.32	297.59	51.50	48969.91	6.83	361.94	62.64	45104.55	6.29	
柴达木重点开发区		海西州	35.15	6.08	27928.48	3.89	35.15	6.08	27928.48	3.89	35.15	6.08	27928.48	3.89	
小计			35.15	6.08	27928.48	3.89	35.15	6.08	27928.48	3.89	35.15	6.08	27928.48	3.89	
合计			398.89	69.04	80461.24	11.21	332.74	57.59	76898.39	10.7	397.09	68.73	73033.04	10.18	

资料来源：吴海昆：《青海省主体功能区规划及相关资料汇编》第1—2册，2014年。

第二节　青海省重点开发区域人口资源环境承载力定量分析评价

为了清楚地揭示青海省重点开发区域的具体经济社会发展水平与资源环境特点，进而分类指导并制定发展战略措施，必须对重点开发区域进行详细分析评价。因此，本章将针对青海省重点开发区域包含的 26 个县、市（区）2000—2015 年的人口资源环境承载力状况，进行科学评价研究。首先，运用主成分分析法、全局主成分分析法，基于分层构权 GPCA 模型，进行青海省重点开发区域人口资源环境承载力动态综合评价，在人口资源环境综合承载力、人口经济活动支撑力、资源供给支持力和生态环境承载力四个层面上给出定量化的动态评价结果。其次，利用相关统计方法的综合评价结果进行验证和相关级别划分，利用 ARCGIS 系统制作青海省重点开发区域人口资源环境承载力动态专题地图。最后，对相关结果进行具体分析讨论，揭示西部大开发以来青海省重点开发区域人口资源环境承载力的变动情况与区间区域差异性，为青海省重点开发区域制定科学的发展战略提供决策依据。

一　评价方法与模型介绍

本章首先综合应用多元统计的全局主成分分析（GPCA）法，基于分层构权 GPCA 模型，对青海省重点开发区域 2000—2015 年人口资源环境承载力状况做综合性、系统化、定量化评价并给出了动态性评价结果，有助于对青海省重点开发区域 2000 年以来的人口资源环境承载力状况及变化趋势有一个全面认识。

1. 主成分分析（PCA）法

在综合评价问题中时，多元统计的各种方法中 PCA 法的理论最为成熟完善，PCA 法经过线性变换，以少数新的综合评价变量（即主成分）取代原来的多维变量：设 $S = (S_{ij})_{p \times p}$ 为样本 $X = (x_{ij})_{n \times p}$ 协方差阵，而 $\lambda_1 \geq \lambda_2 \geq L \geq \lambda_p \geq 0$ 为 S 的特征根，$e_1, e_2, \cdots, e_p$ 为对应的单位化正交特征向量，则第 i 个样本主成分为：

$$y_i = e'_i x = e_{i1}x_1 + e_{i2}x_2 + \cdots + e_{ip}x_p \quad (3-1)$$

PCA 法用于多指标评价的传统方法采用的都是信息量权,且都是在指标合成时使用,第一次以特征向量作权,合成主成分［式（3-1）］,第二次以方差贡献率为权,对各主成分加权合成最终评价指标 y：

$$y = \sum_{i=1}^{m} d_i y_i = d_1 y_1 + d_2 y_2 + \cdots + d_m y_m \quad (3-2)$$

一般要求累积方差贡献达到一定比率,将规格化数据分别代入式（3-1）、式（3-2）中,可得样本点的评价值,以上所述即为目前 PCA 综合评价中常见的方差贡献率模型方法。

2. 全局主成分分析（GPCA）法

时序立体数据表是一个按时间顺序排放的数据表序列,如果对每一张数据表分别进行主成分分析,则不同的数据表有完全不同的主超平面,以至于它们有完全不同的简化空间,无法保证系统分析的统一性、整体性和可比性。因此,要寻求一个对所有数据表来说是统一的简化子空间,将每张数据表在其中投影得到近似表达,并从全局角度来看,该子空间的综合效果是最佳的。这种对时序立体数据表整体进行主成分分析（PCA）的方法称为全局主成分分析（GPCA）法。

3. 分层构权 GPCA 模型

在综合评价问题中,尤其是复杂系统评价过程中,依照本研究的前期成果（丁生喜,2012;甘佩娟、丁生喜,2014）,我们不再将多个指标放在同一个层面上,而是首先进行分层分类处理（见图 3-1）,其结构特点在现有的社会经济评价指标体系和经典的 AHP 法等中也可见到。这样分层处理的意义主要包括四个方面。

一是可对样本从多个方面进行评价,不仅结构严谨,而且有助于更加清晰地展示整个评价系统的结构。

二是总系统分成（亚）子系统后,各（亚）子系统内的各指标性质相近且相关性较高,使 GPCA 评价中构造环境质量分指数（具有实际统计意义的主成分）得到保证,无疑很大程度上提高了评价的稳定性和评价结果的可信度。

三是即使遇到（亚）子系统内的评价由于指标客观特性（例如不是定量指标）不适合 PCA 法,必须采用其他评价方法去得出定量结果,也不影响整体评价的最后加权综合。

四是在评价分指数、总指数和样本分级结果支持下,可利用 GIS 的图像技术,制作专题地图,对被评价系统的状态做出动态描绘,对系统认识更加清晰、透彻。

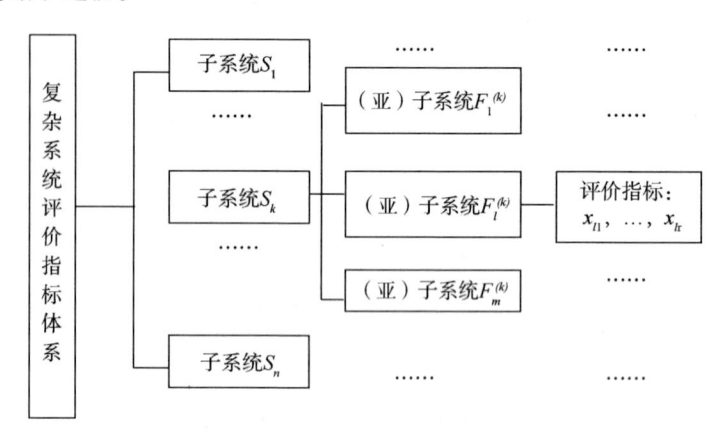

图 3 - 1 复杂系统评价 GPCA 指标分层处理图

其次,依照 AHP 法(或其他重要性赋权法)对各(亚)子系统及指标项分层给予归一化重要性权,设子系统层 S 权记作:$w_1^{(1)}$,…,$w_n^{(1)}$,(亚)子系统层 F 权记作:$w_1^{(2)}$,…,$w_m^{(2)}$。

对终极子系统评价采取 PCA 法,最后可依照上两层重要权,层层加权向上合成子系统的环境质量分指数和综合总指数。

设(亚)子系统 $F_l^{(k)}$ 的 GPCA 评价指数记作:$f_l^{(k)}$,子系统 S_k 的评价指数记作:s_k,综合总指数记作:T,则有:

$$s_k = \sum_{l=1}^{m} w_l^{(2)} f_l^{(k)} \qquad (3-3)$$

$$T = \sum_{k=1}^{n} w_k^{(1)} s_k \qquad (3-4)$$

从本质上分析,该模型定权思想方法为将终极系统 GPCA 的系统效应权融合到评价指标重要性权(AHP 权)评价中。

此模型在社会经济评价应用时的数据规格化方法一般采用极差正规化变换:

效益型指标:$x_{ik}^* = (x_{ik} - x_{k\min}) / (x_{k\max} - x_{k\min})$ (3-5)

成本型指标：$x_{ik}^* = (x_{k\max} - x_{ik}) / (x_{k\max} - x_{k\min})$　　　　（3-6）

其中 x_{ik}、$x_{k\max}$ 和 $x_{k\min}$ 分别为第 k 指标第 i 样点实测值和最小、最大次序统计量观测值。

4. 判定人口资源环境承载力级别的方法

本研究判定、校验和修正样本的人口资源环境承载力级别的方法采用动态聚类法和判别分析相结合的方式进行。具体内容简述如下。

我们利用多元统计中另外两种应用较为广泛的方法聚类分析、判别分析，以实现对样本点的人口资源环境承载力级别的准确和可靠的判定，其使用的基础是分层构权 GPCA 评价结果。

聚类分析（Cluster Analysis）是将研究对象按其共性进行分类，以便系统地加以科学研究的一种有效方法，其目的是依据评价指标的相似性，将研究对象划分成若干类，使类内对象高度共质，而类间对象高度相异。常用的有系统聚类法、动态聚类法、模糊聚类法等，针对人口资源环境承载力的评价而言，本研究使用动态聚类法。

动态聚类法又称为逐步聚类法，动态聚类解决的问题是：假如有 n 个样本点，要把它们分为类，使每一类内的元素都是聚合的，并且类与类之间还能很好地区别开。动态聚类特别适用于大样本容量。

本研究动态聚类法应用的具体做法是：首先依据所有样本点的 GPCA 评价值进行分类；其次利用软件选择凝聚点（聚核），确定分类级别数量，使各待评样点向最近的聚核凝聚；最后以最短距离原则和迭代法不断修改分类直至合理，使每一类内的元素都是聚合的，并且类与类之间能很好地区别，依次实现样本点级别的判定。

为加强以上评价结果的可靠性，本研究最后使用判别分析对级别的判定结果加以校验和修正。

判别分析（Discriminant Analysis）是根据所研究样点的观测指标来推断该样点所属类型的一种统计分析方法，用统计的语言叙述便是：对于样本总体，已知 m 个分类组，其分布函数分别为：$F_1(X)$，$F_2(X)$，…，$F_m(X)$，它们都是 p 维函数（p 为评价指标数），要求按某种判别准则对每个分类组内的各个样点判定原分类是否合理，亦可对新取样点判定它属于哪个分类组。针对本章所涉及的问题，选择 Bayes 判别准则下的多组判别分析方法，其基本思想及方法为：将 P 维空间划分为互不相交的 m 个区域，使错判的平均损失最小；对待判样点 $X(x_1, \cdots, x_p)$，计算它的条件概率：$P\left(\dfrac{L}{X}\right)$ $(L=1, 2, \cdots, q)$，将样点判于概率最大的分类组；具体判别时，首先求出各分类组的判别函数：$f_L(X_1, \cdots, X_P)$，若待判样点 X 在第 K 个判别函数处取得最大值，则第 k 个分类组的条件概率也为最大；各分类组的差异性以平方距离描述。

至于本章所涉及的多元统计的主成分分析、全局主成分分析、聚类分析和判别分析等更详细的内容可参考相关文献（甘佩娟、丁生喜，2014；苏海红、德青措，2013；王晓鹏、曹广超，2013；王晓鹏、丁生喜，2016），篇幅所限，不再赘述。

二　评价指标体系建立与数据处理

对青海省重点开发区域资源环境承载力评价应以资源环境承载力作为目标，以构成资源环境承载力的人口经济要素、资源要素和环境要素为基础，具体的指标体系可分为目标层、准则层和指标层。

1. 评价指标选择原则

判定区域人口资源环境承载力由于研究数据的侧重性不同，指标选择应主要考虑以下原则。

一是可得性原则：本章评估对象是区域人口资源环境承载力，必须保证能够通过现有的统计资料获得评价指标值。

二是相关性原则：所选择的指标概念应清楚，且与具体研究对象有较高的相关性，保证指标计量的内容对于评价目标和评价对象而言是重要和有意义的。

三是动态性原则：选取的指标应尽可能具有较长期的数据资料，能够进行不同年份的比较研究，以反映区域资源环境承载力的科学性和动态性。

四是可比性原则：所选择的指标应考虑可测性、规范性和一致性，即尽可能使用量化、容易获取、统计口径一致的指标，在时间和空间尺度上具有可比性。

五是整体性原则：任何指标都不是孤立存在的，各系统内部以及系统与系统之间是相互联系、相互影响的，因而需要从多方面综合考虑。

六是代表性原则：指标体系应覆盖和代表区域人口资源环境承载力各

个方面的数据。

2. 评价指标体系建立

将人口资源环境综合承载力作为目标层，准则层包括人口经济活动支撑力、资源供给支持力和生态环境承载力三个方面。其中，人口经济活动支撑力包括人口压力和经济发展两个子系统，资源供给支持力包括自然资源和科技资源两个子系统，生态环境承载力包括环境污染和环境治理两个子系统，整个评价系统有25个具体变量指标（见表3-2）。

表3-2 青海省重点开发区域人口资源环境综合承载力评价指标体系

T：总体层	S：系统层	F：状态要素层	X：变量指标层
青海省重点开发区域人口资源环境综合承载力	s_1：人口经济活动支撑力	f_1：人口压力	x_1：总人口（万人） x_2：人口密度（人/平方千米） x_3：城镇化率（%） x_4：人口自然增长率（‰）
		f_2：经济发展	x_5：GDP（万元） x_6：人均GDP（元） x_7：非农产业产值比重（%） x_8：非农就业比重（%） x_9：农牧民人均纯收入（元） x_{10}：城镇人均可支配收入（元） x_{11}：城镇固定资产投资完成额（万元）
	s_2：资源供给支持力	f_3：自然资源	x_{12}：人均耕地面积（公顷） x_{13}：行政区域土地面积（平方千米） x_{14}：森林覆盖率（%） x_{15}：水域面积率（%）
		f_4：科技资源	x_{16}：研发支出占GDP比重（%） x_{17}：年申请专利数（件） x_{18}：专业技术人员数（人）
	s_3：生态环境承载力	f_5：环境污染	x_{19}：万元工业增加值SO_2排放量（吨） x_{20}：万元GDP电耗（千瓦） x_{21}：单位耕地化肥施用量（吨） x_{22}：民用汽车拥有量（辆）
		f_6：环境治理	x_{23}：工业废水排放达标率（%） x_{24}：环境污染治理本年完成投资额（万元） x_{25}：垃圾处理站数量（个）

注：青海省重点开发区域人口资源环境综合承载力评价指标体系的构建充分考虑了指标的全面性、重要性，数据资料的可得性与完整性，同时密切结合青海省省情确立。在自然资源分项指标中由于矿产资源分区数据无法获得，评价指标体系中没有矿产资源指标，水资源指标则以能够反映水资源丰裕程度的水域面积率表示，水域面积率=水域面积/地区总面积×100%。

3. 原始数据处理与分层指标权重确定①

本章涉及人口的数据均采用统计年鉴中的户籍人口统计数据；为了保持数据的一致性，测算城镇化率的方法采用非农业人口与总人口之比；因为缺少各区（县）的城镇居民人均可支配收入数据，所以采用其上一级行政区域城镇居民人均可支配收入数据代替；因为各区（县）的工业增加值数据不完整，所以每万元工业增加值 SO_2 排放量中的工业增加值以该地区第二产业增加值代替。

在分层构权时选用 AHP 法，该方法把人们对复杂问题的决策思维过程条理层次化与数学化，通过各因素之间的比较判断和计算，得到不同指标层（项）的重要性权，并通过了对层次（总）排序的一致性检验。

具体指标体系分层及重要性权结果如下。

人口资源环境综合承载力总目标层的三个准则层重要性相同，因此，人口经济活动支撑力 s_1、资源供给支持力 s_2 和生态环境承载力 s_3 权重均为 1/3。

人口经济活动支撑力子系统中根据重要性差异，人口压力 f_1 权重 = 0.4，经济发展 f_2 权重 = 0.6。

资源供给支持力子系统中考虑到青海省自然资源和科技资源对综合承载力的作用特点，自然资源 f_3 权重 = 0.6，科技资源 f_4 权重 = 0.4。

生态环境承载力子系统中环境污染和环境治理应该具有同等重要性，所以 f_5 权重 = f_6 权重 = 0.5。

三 分析过程与主要结果

1. GPCA 的分析过程

在分析中将状态要素层记为 F，2000—2015 年青海省 26 个重点开发县、市（区）的 6 个状态要素层的原始数据表在软件 SPSS 18.0 下通过 KMO 和 Bartlett 检验，说明这 6 个子系统符合 GPCA 的数据基本要求，规格化数据阵为 $\tilde{X} = (\tilde{x}_{ij})$，利用统计软件 MIMITAB 对它们分别进行 GPCA，计算得到 6 个分指数 f_1—f_6。

---

① 由于开展本研究的过程中仅收集到了国土二调数据（国土三调数据尚未公开发布），为了确保研究结论的可靠性，数据间的可比性，本章分析时间数据截至 2015 年。

确定主成分系数时存在系数符号的选择问题：根据代数学矩阵理论，如果 $e_i = (e_{i1}, e_{i2}, \cdots, e_{ip})$ 是 S 的单位化特征向量，则 $e_i = (-e_{i1}, -e_{i2}, \cdots, -e_{ip})$ 也是 S 的单位化特征向量，也就是说 6 个分指数与总评价目标——人口资源环境综合承载力系数符号一致。

根据计算得到各地区 6 个分指数得分 $f_1—f_6$，结合权重可以计算出 3 个子系统指数以及综合承载力指数。人口经济活动支撑力指数 s_1、资源供给支持力指数 s_2、生态环境承载力指数 s_3 以及人口资源环境综合承载力指数 T 的表达式分别如下：

$$s_1 = 0.400 f_1 + 0.600 f_2 \quad (3-7)$$

$$s_2 = 0.600 f_3 + 0.400 f_4 \quad (3-8)$$

$$s_3 = 0.500 f_5 + 0.500 f_6 \quad (3-9)$$

$$T = 1/3 \times s_1 + 1/3 \times s_2 + 1/3 \times s_3 \quad (3-10)$$

2. GPCA 的主要结果

各地区不同年度的系统层和总体层的具体评价指数值见表 3-3 至表 3-6。

调用软件 SPSS 18.0 动态聚类功能，以系统层和总体层的不同年度的具体动态评价指数值为分类因子，对各个地区人口生态环境承载能力进行分级，使各待评样点向最近的聚合凝聚，并以最短距离原则和迭代法不断修改分类直至合理，分级结果列入表 3-3 至表 3-6，同时所有结果在调用软件 MINITAB 的判别分析（Discriminant）过程中通过校验和修正，分类组之间的平方距离合理，各级别区分度较为明显。

在表 3-3 至表 3-6 中，本章从人口经济活动支撑力、资源供给支持力、生态环境承载力以及人口资源环境综合承载力四个层面上对青海省重点开发区域 26 个县、市（区）人口资源环境承载力状态实现了定量评价，指数化的评价结果清晰可靠，便于各地区之间的每一年度的横向比较分析和排序。另外，对 26 个地区全局样本群点四个层面上的人口资源环境承载力水平的较为可靠的级别划分，使我们对全局样本群点的人口资源环境承载力状态的认识更为明确。

表 3-3 至表 3-6 系统清晰地展示了 2000—2015 年青海省重点开发区人口资源环境承载力的动态评价结果和变化规律，运用表 3-3 至表 3-6 各地区承载力指数可以对 26 个样点地区的发展状态作各个年度的纵向比较。

表3-3 青海省重点开发区域2000—2015年人口经济活动支撑力动态评价结果

s_1：人口经济活动支撑力指数

地区	2000年	级别	2001年	级别	2002年	级别	2003年	级别	2004年	级别	2005年	级别	2006年	级别	2007年	级别
1. 城东区	-0.12390	4	-0.16095	4	-0.16095	4	-0.04894	4	0.07626	3	0.11848	3	0.12772	3	0.21826	3
2. 城中区	-0.36994	5	-0.37710	5	-0.37710	5	-0.33872	5	-0.31213	5	-0.27812	4	-0.23610	4	-0.32033	5
3. 城西区	-0.03718	4	-0.02344	4	-0.02344	4	0.03454	3	0.07564	3	0.11750	3	0.10837	3	0.26166	3
4. 城北区	-0.37131	5	0.13438	3	0.13438	3	-0.09756	4	-0.05112	4	0.09726	3	0.13851	3	0.21963	3
5. 大通县	-0.09281	4	-0.09074	4	-0.09074	4	-0.05755	4	0.12092	3	0.08168	3	0.25742	3	0.21591	3
6. 平安县	-0.25126	4	-0.15616	4	-0.15616	4	-0.06548	4	-0.12627	4	-0.02971	4	-0.00865	4	0.10472	3
7. 民和县	-0.39510	5	-0.30899	5	-0.30899	5	-0.16721	4	-0.21516	4	-0.20865	4	-0.12630	4	-0.17596	4
8. 乐都县	-0.25368	4	-0.16686	4	-0.16686	4	-0.18906	4	-0.16131	4	-0.10478	4	-0.15140	4	-0.15567	4
9. 湟中县	-0.21852	4	-0.13128	4	-0.13128	4	-0.03420	4	-0.02980	4	-0.11097	4	-0.11007	4	-0.13972	4
10. 湟源县	-0.25362	4	-0.16764	4	-0.16764	4	-0.14000	4	-0.14057	4	-0.13685	4	-0.14031	4	-0.14138	4
11. 互助县	-0.18488	4	-0.17805	4	-0.17805	4	-0.17136	4	-0.17014	4	-0.17185	4	-0.08019	4	-0.13826	4
12. 化隆县	-0.27525	4	-0.25967	4	-0.25967	4	-0.18261	4	-0.17590	4	-0.20097	4	-0.13493	4	-0.13569	4
13. 循化县	-0.42579	5	-0.22015	4	-0.22015	4	-0.21600	4	-0.20381	4	-0.21946	4	-0.24740	4	-0.19191	4
14. 海晏县	-0.21145	4	-0.11130	4	-0.11130	4	-0.09071	4	-0.11461	4	-0.17739	4	-0.08836	4	-0.06067	4
15. 同仁县	-0.30539	5	-0.29158	5	-0.29158	5	-0.36644	5	-0.29201	5	-0.29543	4	-0.21848	4	-0.24850	4
16. 尖扎县	-0.14809	4	-0.05093	4	-0.05093	4	-0.13702	4	-0.06215	4	-0.11716	4	-0.03888	4	-0.16601	4
17. 共和县	-0.32178	5	-0.23608	4	-0.23608	4	-0.23872	4	-0.22600	4	-0.23940	4	-0.27541	4	-0.21756	4
18. 贵德县	-0.50373	6	-0.55278	6	-0.55278	6	-0.23146	6	-0.24819	4	-0.06818	4	-0.14799	4	-0.16586	4

· 54 ·

续表

s_1：人口经济活动支撑力指数

地区	2000年	级别	2001年	级别	2002年	级别	2003年	级别	2004年	级别	2005年	级别	2006年	级别	2007年	级别
19. 贵南县	-0.59327	6	-0.50120	6	-0.50120	6	-0.53862	6	-0.52023	6	-0.58240	6	-0.46904	5	-0.47914	5
20. 格尔木	-0.07572	4	0.04218	3	0.04218	3	0.14106	3	0.09821	3	0.06834	3	0.21964	3	0.23504	3
21. 德令哈	-0.16883	4	-0.07303	4	-0.07303	4	-0.14380	4	-0.14605	4	-0.12354	4	-0.13041	4	-0.09929	4
22. 乌兰县	-0.53108	6	-0.44489	5	-0.44489	5	-0.39846	5	-0.37665	5	-0.37929	5	-0.36434	5	-0.35868	5
23. 都兰县	-0.51855	6	-0.43140	5	-0.43140	5	-0.37967	5	-0.34248	5	-0.32984	5	-0.34058	5	-0.30811	4
24. 茫崖	0.19309	3	0.19822	3	0.19822	3	0.32815	3	0.55233	2	0.46742	3	0.59262	2	0.41237	3
25. 大柴旦	0.14562	3	0.19141	3	0.19141	3	0.31598	3	0.38868	3	0.57473	2	0.51901	2	0.49967	3
26. 冷湖	0.30701	3	0.30543	3	0.30543	3	0.33068	3	0.24002	3	0.24789	3	0.41354	3	0.72725	2

s_1：人口经济活动支撑力指数

地区	2008年	级别	2009年	级别	2010年	级别	2011年	级别	2012年	级别	2013年	级别	2014年	级别	2015年	级别
1. 城东区	0.56528	2	0.34940	3	0.45244	3	0.54154	3	0.67338	2	0.72725	2	0.70705	2	0.65991	2
2. 城中区	-0.49109	5	-0.45378	5	-0.05371	4	0.08719	4	0.17379	3	0.18769	3	0.18248	3	0.17031	3
3. 城西区	0.23300	3	0.39199	3	0.54044	2	0.56247	2	0.63233	2	0.68292	2	0.66395	2	0.61968	2
4. 城北区	0.21631	3	0.23378	3	0.32795	3	0.50890	3	0.74493	2	0.80452	2	0.78218	2	0.73003	2
5. 大通县	0.16530	3	0.15440	3	0.17109	3	0.35236	3	0.67621	2	0.73031	2	0.71002	2	0.66269	2
6. 平安县	0.10150	3	0.18730	3	0.24591	3	0.55038	2	1.03428	1	1.11702	1	1.08599	1	1.01359	1
7. 民和县	-0.18619	4	-0.18563	4	-0.07766	4	-0.06248	4	0.34448	3	0.37204	3	0.36170	3	0.33759	3
8. 乐都县	-0.16220	4	-0.04784	4	-0.08346	4	0.09784	4	0.42821	3	0.46247	3	0.44962	3	0.41965	3

续表

s_1：人口经济活动支撑力指数

地区	2008年	级别	2009年	级别	2010年	级别	2011年	级别	2012年	级别	2013年	级别	2014年	级别	2015年	级别
9. 湟中县	-0.08748	4	-0.08830	4	-0.07329	4	0.44823	3	0.52527	2	0.56729	2	0.55153	2	0.51476	2
10. 湟源县	-0.11849	4	-0.03809	4	-0.01824	4	0.05968	3	0.48099	3	0.51947	3	0.50504	2	0.47137	3
11. 互助县	-0.13117	4	-0.04444	4	0.02501	3	0.04729	3	0.56494	2	0.61014	2	0.59319	2	0.55364	2
12. 化隆县	-0.09940	4	-0.12896	4	-0.22461	4	-0.07996	4	0.28944	3	0.31260	3	0.30391	3	0.28365	3
13. 循化县	-0.19254	4	-0.20168	4	-0.23076	4	-0.20458	4	0.24001	3	0.25921	3	0.25201	3	0.23521	3
14. 海晏县	0.00766	3	0.16619	3	0.13677	3	0.20899	3	0.35597	3	0.38445	3	0.37377	3	0.34885	3
15. 同仁县	-0.27253	4	-0.20826	4	-0.59886	6	-0.19574	4	0.25559	3	0.27604	3	0.26837	3	0.25048	3
16. 尖扎县	-0.09815	4	-0.12326	4	-0.32938	5	-0.21854	4	0.14513	4	0.15674	3	0.15239	3	0.14223	3
17. 共和县	-0.18866	4	-0.16845	4	-0.06579	4	-0.03464	4	0.36335	3	0.39242	3	0.38152	3	0.35608	3
18. 贵德县	-0.16986	4	-0.14350	4	-0.07091	4	0.02515	3	0.42708	3	0.46125	3	0.44843	3	0.41854	3
19. 贵南县	-0.51004	6	-0.49135	6	-0.47328	5	-0.38829	5	-0.19751	4	-0.21331	4	-0.20739	4	-0.19356	4
20. 格尔木	0.42336	3	0.50053	3	0.70705	2	0.80602	2	1.36150	1	1.47042	1	1.42957	1	1.33427	1
21. 德令哈	0.01068	3	0.03371	3	0.08763	3	0.20052	3	0.49702	3	0.53678	3	0.52187	3	0.48708	3
22. 乌兰县	-0.16056	4	-0.13918	4	-0.01732	4	0.10244	3	0.44269	3	0.47811	3	0.46482	3	0.43384	3
23. 都兰县	-0.31362	5	-0.30778	5	-0.20524	4	-0.20387	4	0.13743	4	0.14842	3	0.14430	3	0.13468	3
24. 茫崖	1.34435	1	0.80476	2	0.62826	2	0.78813	2	0.84936	2	0.91731	2	0.89183	2	0.83237	2
25. 大柴旦	0.87748	2	0.64408	2	0.55398	2	0.84706	2	1.09133	1	1.17864	1	1.14590	1	1.06950	1
26. 冷湖	0.35213	3	0.12746	3	1.26796	1	0.66970	2	1.05720	1	1.14178	1	1.11006	1	1.03606	1

资料来源：根据SPSS软件计算得到。

第三章 青海省重点开发区域人口资源环境承载力评价

表3-4 青海省重点开发区域2000—2015年资源供给支持力动态评价结果

s_2：资源供给支持力指数

地区	2000年	级别	2001年	级别	2002年	级别	2003年	级别	2004年	级别	2005年	级别	2006年	级别	2007年	级别
1. 城东区	-0.38166	5	-0.32203	5	-0.25758	4	-0.19410	4	0.58343	2	0.59641	2	1.25953	1	0.97950	2
2. 城中区	-0.38622	5	-0.29076	4	-0.19483	4	-0.09955	4	0.63883	2	0.73113	2	1.25069	1	0.95520	2
3. 城西区	-0.29599	4	-0.17648	4	-0.06397	4	0.05205	3	1.26845	1	0.85920	2	1.62551	1	1.55060	1
4. 城北区	-0.39503	5	-0.31296	5	-0.23192	4	-0.15394	4	0.39996	3	0.53103	2	1.30530	2	0.63332	2
5. 大通县	-0.43826	5	-0.33884	5	-0.23858	4	-0.14087	4	0.33536	3	0.22016	3	1.08774	1	0.25900	3
6. 平安县	-0.46538	5	-0.37005	5	-0.27216	4	-0.17616	4	0.28883	3	0.19155	3	0.48777	3	0.17446	3
7. 民和县	-0.57527	6	-0.53701	6	-0.48541	5	-0.44031	5	-0.27958	4	-0.24521	4	-0.09913	4	-0.30516	5
8. 乐都县	-0.60951	6	-0.55774	6	-0.50311	6	-0.43372	5	-0.39532	5	-0.29926	4	-0.28187	4	-0.40548	5
9. 湟中县	-0.59012	6	-0.53010	6	-0.46421	5	-0.39199	5	-0.32608	5	-0.00214	4	0.17996	4	-0.04912	4
10. 湟源县	-0.42952	5	-0.31279	5	-0.19300	4	-0.32016	5	-0.22807	4	0.16456	3	0.37070	3	0.19147	3
11. 互助县	-0.60929	6	-0.53900	6	-0.46124	5	-0.13241	4	0.00934	3	0.13922	3	0.13786	3	0.34809	3
12. 化隆县	-0.56497	6	-0.47385	5	-0.37883	5	-0.52378	6	-0.42873	5	-0.27269	4	-0.22740	4	-0.20029	4
13. 循化县	-0.54843	6	-0.50759	6	-0.47252	5	-0.19226	4	0.04359	3	-0.11714	4	0.11632	4	-0.00114	4
14. 海晏县	-0.46077	5	-0.38467	4	-0.28580	4	-0.42025	5	-0.33430	5	0.03435	3	-0.03031	4	-0.15199	4
15. 同仁县	-0.53769	6	-0.55055	6	-0.52742	6	-0.26987	4	-0.24317	4	-0.11827	4	-0.13071	4	-0.01008	4
16. 尖扎县	-0.58998	6	-0.51750	6	-0.43000	5	-0.56596	6	-0.48704	5	-0.37450	5	-0.27125	4	-0.16856	4
17. 共和县	-0.56126	6	-0.53144	6	-0.51283	6	-0.25959	4	-0.13187	4	0.09941	3	0.13573	3	0.08469	3
18. 贵德县	-0.56679	6	-0.49125	5	-0.40792	5	-0.52884	6	-0.36595	5	-0.22612	4	-0.21382	4	-0.14983	4

续表

s_2：资源供给支持力指数

地区	2000年	级别	2001年	级别	2002年	级别	2003年	级别	2004年	级别	2005年	级别	2006年	级别	2007年	级别
19. 贵南县	-0.98931	6	-0.92734	6	-0.77636	6	-0.47051	5	-0.52642	6	-0.51421	6	-0.43139	5	-0.39200	5
20. 格尔木	0.58054	2	0.63922	2	0.67317	2	0.68070	2	0.76442	2	0.78863	2	0.79313	2	0.83663	2
21. 德令哈	-0.40212	5	-0.36152	5	-0.26799	4	-0.37064	5	-0.27332	4	0.09645	3	0.25447	3	0.03088	3
22. 乌兰县	-0.53758	6	-0.53692	6	-0.49721	5	-0.24130	4	-0.14614	4	-0.17458	4	-0.08729	4	-0.06849	4
23. 都兰县	-0.48388	5	-0.48012	5	-0.38669	5	-0.46454	5	-0.44776	5	-0.25675	4	-0.23520	4	-0.48905	5
24. 芒崖	-0.13520	4	-0.13354	4	-0.13188	4	0.04886	3	0.02719	3	-0.03772	3	0.01107	3	0.04109	3
25. 大柴旦	-0.18438	4	-0.12440	4	-0.06437	4	-0.16345	4	0.24311	3	-0.13607	4	-0.14853	4	-0.04197	4
26. 冷湖	-0.26457	4	-0.23345	4	-0.20233	4	-0.09602	4	-0.07848	4	-0.21689	4	-0.10118	4	0.08277	3

s_2：资源供给支持力指数

地区	2008年	级别	2009年	级别	2010年	级别	2011年	级别	2012年	级别	2013年	级别	2014年	级别	2015年	级别
1. 城东区	1.13975	1	0.16772	3	0.29425	3	0.56962	2	0.39797	3	0.38603	3	0.37807	3	0.35817	3
2. 城中区	1.03708	1	0.46775	3	0.59251	2	0.64448	2	0.73822	2	0.71607	2	0.70131	2	0.66440	2
3. 城西区	1.60889	1	0.70897	2	0.84436	2	1.12570	1	1.13380	1	1.09979	1	1.07711	1	1.02042	1
4. 城北区	0.11496	3	0.31070	3	0.47696	3	0.73346	2	0.61844	2	0.59989	2	0.58752	2	0.55660	2
5. 大通县	0.27044	3	0.39092	3	0.48629	3	0.95681	2	0.75261	2	0.73003	2	0.71498	2	0.67735	2
6. 平安县	0.13470	3	0.35478	3	0.46631	3	0.71285	2	0.66775	2	0.64772	2	0.63436	2	0.60097	2
7. 民和县	-0.30527	5	-0.15686	4	0.13377	3	0.08162	3	-0.00321	4	-0.00311	4	-0.00305	4	-0.00289	4
8. 乐都县	-0.17489	4	-0.26404	4	0.27441	3	0.10684	3	-0.09841	4	-0.09546	4	-0.09349	4	-0.08857	4

第三章 青海省重点开发区域人口资源环境承载力评价

续表

s_2：资源供给支持力指数

地区	2008年	级别	2009年	级别	2010年	级别	2011年	级别	2012年	级别	2013年	级别	2014年	级别	2015年	级别
9. 湟中县	0.38133	3	0.45152	3	0.42043	3	0.48554	3	0.47312	3	0.45893	3	0.44946	3	0.42581	3
10. 湟源县	0.25036	3	0.54907	2	0.54842	2	0.68567	2	0.57733	2	0.56001	22	0.54846	2	0.51960	2
11. 互助县	0.54051	2	0.49551	3	0.52485	3	0.70423	2	0.63419	2	0.61516	2	0.60248	2	0.57077	2
12. 化隆县	-0.17206	4	0.26235	3	0.09485	3	0.41147	3	0.13393	3	0.12991	3	0.12723	3	0.12054	3
13. 循化县	0.16476	3	0.15896	3	0.21744	3	0.18733	3	0.27776	3	0.26943	3	0.26387	3	0.24998	3
14. 海晏县	-0.10917	4	0.04416	3	0.04109	3	0.25059	3	0.07670	3	0.07440	33	0.07287	3	0.06903	3
15. 同仁县	0.05041	3	0.03972	3	0.14690	3	0.11970	3	0.18373	3	0.17822	3	0.17454	3	0.16536	3
16. 尖扎县	-0.08401	4	-0.02170	4	-0.01113	4	0.15339	3	0.00217	3	0.00210	3	0.00206	3	0.00195	3
17. 共和县	0.02754	3	0.05125	3	-0.00859	4	0.05544	4	-0.06249	4	-0.06062	4	-0.05937	4	-0.05624	4
18. 贵德县	-0.07182	4	-0.02914	4	0.01675	3	0.00233	3	-0.06350	4	-0.06160	4	-0.06033	4	-0.05715	4
19. 贵南县	-0.31129	5	-0.09606	4	-0.21472	4	-0.19911	4	-0.31143	4	-0.30209	4	-0.29586	4	-0.28029	4
20. 格尔木	0.96535	2	0.96753	2	0.95836	2	1.05684	1	1.00998	1	0.97968	2	0.95948	2	0.90898	2
21. 德令哈	0.34784	3	0.24111	3	0.12037	3	0.29480	3	0.11003	3	0.10673	3	0.10453	3	0.09903	3
22. 乌兰县	-0.01698	4	0.07834	3	0.02051	3	0.06457	3	0.02849	3	0.02764	3	0.02707	3	0.02564	3
23. 都兰县	-0.40624	5	0.05508	3	0.09760	3	0.23561	3	0.11340	3	0.11000	3	0.10773	3	0.10206	3
24. 茫崖	0.05273	3	0.19224	3	0.18437	3	0.21093	3	0.16353	3	0.15862	3	0.15535	3	0.14718	3
25. 大柴旦	0.05446	3	-0.03770	4	0.04651	3	0.06832	3	-0.30952	4	-0.30023	4	-0.29404	4	-0.27857	4
26. 冷湖	-0.00101	4	0.00084	3	-0.00867	4	0.18671	3	-0.25585	4	-0.24817	4	-0.24306	4	-0.23026	4

资料来源：根据SPSS软件计算得到。

表3-5 青海省重点开发区域2000—2015年生态环境承载力动态评价结果

s_3：生态环境承载力指数

地区	2000年	级别	2001年	级别	2002年	级别	2003年	级别	2004年	级别	2005年	级别	2006年	级别	2007年	级别
1. 城东区	-0.00510	4	0.17110	3	0.37439	3	0.59376	2	0.54324	2	0.67562	2	0.54601	2	0.59751	2
2. 城中区	0.34222	5	0.43268	3	0.70018	2	0.80781	2	0.88187	2	0.86940	2	0.76695	2	0.57053	2
3. 城西区	0.04892	3	0.08462	3	0.11077	3	0.26149	3	0.22169	3	0.29296	3	0.71302	2	0.65861	2
4. 城北区	-0.66177	6	-0.33849	5	0.50143	2	0.66662	2	0.80387	2	0.94551	2	0.66753	2	0.74073	2
5. 大通县	-0.95115	6	-0.83622	6	-0.79534	6	-0.74280	6	-0.71754	6	-0.58209	6	-0.63132	6	-0.40229	5
6. 平安县	-0.58288	6	-0.59508	6	-0.43451	5	-0.37021	5	-0.31367	5	-0.17004	4	-0.17398	4	0.14334	3
7. 民和县	-1.02314	6	-0.65193	6	-0.46129	5	-0.33372	5	-0.25034	4	-0.18797	4	-0.17024	4	-0.11726	4
8. 乐都县	-0.05025	4	-0.14274	4	-0.07873	4	-0.09836	4	-0.10718	4	-0.18797...					
8. 乐都县	-0.05025	4	-0.14274	4	-0.07873	4	-0.09836	4	-0.10718	4	-0.24379	4	-0.13291	4	-0.09992	4
9. 湟中县	-0.14030	4	-0.11995	4	-0.10625	4	-0.09403	4	-0.20730	4	-0.67650	6	-0.18380	4	-0.13710	4
10. 湟源县	-0.18926	4	-0.16905	4	-0.15856	4	-0.16511	4	-0.17314	4	-0.21304	4	-0.21264	4	-0.30303	5
11. 互助县	-0.27440	4	-0.34887	5	-0.34654	5	-0.42188	5	-0.35280	5	-0.93363	6	-0.41733	5	-0.42888	5
12. 化隆县	-0.27769	4	-0.27082	4	-0.26395	4	-0.25796	4	-0.25452	4	-0.18546	4	-0.24313	4	-0.01640	4
13. 循化县	-0.13453	4	-0.12091	4	-0.18761	4	-0.17141	4	-0.22432	4	-0.05787	4	-0.05945	4	-0.00068	4
14. 海晏县	-0.60722	6	-0.59218	6	-0.48273	5	-0.46257	5	-0.46268	5	-0.28344	4	-0.41630	5	-0.48540	5
15. 同仁县	-0.08652	4	-0.08025	4	-0.07312	4	-0.14758	4	-0.09486	4	-0.07055	4	-0.06513	4	-0.04358	4
16. 尖扎县	-0.16284	4	-0.13229	4	-0.16861	4	-0.07504	4	-0.19117	4	-0.08238	4	-0.09533	4	-0.09948	4
17. 共和县	-0.09012	4	-0.07991	3	0.01874	3	-0.08467	4	-0.12328	4	-0.10805	4	-0.11164	4	-0.11883	4
18. 贵德县	-0.28036	4	-0.19483	4	-0.27278	4	-0.18131	4	-0.16917	4	-0.20988	4	-0.16349	4	-0.08195	4

第三章 青海省重点开发区域人口资源环境承载力评价

续表

s_3：生态环境承载力指数

地区	2000年	级别	2001年	级别	2002年	级别	2003年	级别	2004年	级别	2005年	级别	2006年	级别	2007年	级别
19. 贵南县	-0.10164	4	-0.01309	4	-0.09875	4	-0.19205	4	-0.09488	4	-0.18176	4	-0.17916	4	-0.11253	4
20. 格尔木	0.12151	3	0.12780	3	0.04472	3	0.19866	3	0.13723	3	0.91616	2	1.09569	1	0.40702	3
21. 德令哈	-0.11494	4	-0.05563	4	0.04242	3	0.10331	3	0.11033	3	0.03899	3	0.07139	3	0.07503	3
22. 乌兰县	-0.08768	4	-0.07414	4	-0.15333	4	-0.04773	4	-0.15741	4	-0.14290	4	-0.12602	4	-0.14592	4
23. 都兰县	-0.16849	4	-0.17115	4	-0.08398	4	-0.17040	4	-0.35513	5	-0.30708	5	-0.35575	5	-0.29334	4
24. 茫崖	-0.11101	4	-0.08733	4	-0.18890	4	-0.10139	4	-0.09851	4	-0.19163	4	-0.19864	4	-0.19891	4
25. 大柴旦	-0.27658	4	-0.27132	4	-0.18666	4	-0.18755	4	-0.18844	4	-0.27072	4	-0.25433	4	-0.26317	4
26. 冷湖	-0.13558	4	-0.13403	4	-0.23577	4	-0.23451	4	-0.14862	4	-0.23136	4	-0.21950	4	-0.22757	4

s_3：生态环境承载力指数

地区	2008年	级别	2009年	级别	2010年	级别	2011年	级别	2012年	级别	2013年	级别	2014年	级别	2015年	级别
1. 城东区	0.58867	2	0.86780	2	0.82019	2	1.50007	1	1.70007	1	1.89262	1	1.59949	1	1.53949	1
2. 城中区	1.06829	1	1.46634	1	1.35397	1	2.09549	1	2.29549	1	2.28321	1	2.12958	1	2.32958	1
3. 城西区	0.51955	2	0.81376	2	0.83587	2	1.08717	1	1.48717	1	1.48821	1	1.46438	1	1.56438	1
4. 城北区	0.70808	2	0.80267	2	0.84856	2	1.13616	1	1.83616	1	2.06894	1	2.01567	1	2.21567	1
5. 大通县	-0.38324	4	0.34112	3	-0.24773	4	-0.08140	4	0.09029	4	0.08758	3	0.10383	3	0.10112	3
6. 平安县	0.03378	3	0.01572	3	-0.21636	4	0.01235	3	0.20033	3	0.19432	3	0.23038	3	0.22437	3
7. 民和县	-0.11276	4	-0.05444	4	-0.11817	4	-0.10339	4	0.02067	4	0.02005	3	0.02377	3	0.02315	3
8. 乐都县	-0.12809	4	-0.12574	4	-0.06813	4	0.19858	3	0.22944	3	0.22256	3	0.26386	3	0.25697	3

· 61 ·

续表

s_3：生态环境承载力指数

地区	2008年	级别	2009年	级别	2010年	级别	2011年	级别	2012年	级别	2013年	级别	2014年	级别	2015年	级别
9. 湟中县	-0.25431	4	-0.27873	4	-0.00128	4	0.22341	3	0.02582	3	0.02505	3	0.02969	3	0.02892	3
10. 湟源县	-0.26686	4	-0.22752	4	-0.10144	4	0.13793	4	-0.10269	4	-0.09961	4	-0.11809	4	-0.11501	4
11. 互助县	-0.19931	4	-0.08760	4	-0.10909	4	0.20696	3	0.08226	3	0.07979	3	0.09460	3	0.09213	3
12. 化隆县	-0.14973	4	-0.12605	4	-0.06988	4	0.10438	3	0.02984	3	0.02894	3	0.03432	3	0.03342	3
13. 循化县	-0.04414	4	-0.06158	4	0.01308	3	0.22669	3	0.08687	3	0.08426	3	0.09990	3	0.09729	3
14. 海晏县	-0.27217	4	0.18367	3	-0.16878	4	-0.06450	4	-0.14471	4	-0.14037	4	-0.16642	4	-0.16208	4
15. 同仁县	-0.08510	4	-0.00106	4	-0.00204	4	-0.01177	4	-0.12469	4	-0.12095	4	-0.14339	4	-0.13965	4
16. 尖扎县	-0.09647	4	-0.15476	4	-0.15132	4	-0.11684	4	-0.14417	4	-0.13984	4	-0.16580	4	-0.16147	4
17. 共和县	-0.07930	4	-0.09805	4	-0.00718	4	0.00980	3	0.10624	3	0.10305	3	0.12218	3	0.11899	3
18. 贵德县	-0.11601	4	-0.07096	4	-0.02221	4	-0.06156	4	-0.11618	4	-0.11269	4	-0.13361	4	-0.13012	4
19. 贵南县	-0.13089	4	-0.12958	4	-0.18271	4	-0.22176	4	-0.29123	4	-0.28249	4	-0.33491	5	-0.32618	5
20. 格尔木	0.91263	2	0.88139	2	0.93340	2	1.25956	1	0.86935	2	0.84327	2	0.99975	2	0.97367	2
21. 德令哈	0.00251	3	-0.00910	4	-0.02421	4	-0.01801	4	0.23168	3	0.22473	3	0.26643	3	0.25948	3
22. 乌兰县	-0.06462	4	-0.06494	4	-0.12115	4	-0.09079	4	-0.04440	4	-0.04307	4	-0.05106	4	-0.04973	4
23. 都兰县	-0.20179	4	-0.08452	4	-0.10852	4	-0.06715	4	-0.12268	4	-0.11900	4	-0.14108	4	-0.13740	4
24. 茫崖	-0.12494	4	-0.12727	4	-0.13737	4	-0.13521	4	-0.13363	4	-0.12962	4	-0.15367	4	-0.14967	4
25. 大柴旦	-0.29428	4	-0.17398	4	-0.12585	4	-0.19959	4	-0.16051	4	-0.15569	4	-0.18459	4	-0.17977	4
26. 冷湖	-0.11449	4	-0.04848	4	-0.13132	4	-0.04546	4	-0.04124	4	-0.04000	4	-0.04743	4	-0.04619	4

资料来源：根据SPSS软件计算得到。

第三章　青海省重点开发区域人口资源环境承载力评价

表3-6　青海省重点开发区域2000—2015年人口资源环境综合承载力动态评价结果

T：人口资源环境综合承载力指数

地区	2000年	级别	2001年	级别	2002年	级别	2003年	级别	2004年	级别	2005年	级别	2006年	级别	2007年	级别
1. 城东区	-0.17005	4	-0.10386	4	-0.01470	4	0.11679	3	0.40058	3	0.29654	3	0.64378	2	0.59782	2
2. 城中区	-0.13784	4	-0.07831	4	0.04271	3	0.12306	3	0.40245	3	0.44036	3	0.59325	2	0.40140	3
3. 城西区	-0.09466	4	-0.03839	4	0.00778	3	0.11591	3	0.52140	2	0.42280	3	0.81482	2	0.82280	2
4. 城北区	-0.47556	5	-0.17218	4	0.13450	3	0.13823	3	0.38385	3	0.52408	2	0.70308	2	0.53070	2
5. 大通县	-0.49358	5	-0.42151	5	-0.37451	5	-0.31343	5	-0.08700	4	-0.09332	4	0.23771	3	0.02418	3
6. 平安县	-0.43274	5	-0.37339	5	-0.28732	4	-0.20375	4	-0.05032	4	-0.00273	4	0.10161	3	0.14070	3
7. 民和县	-0.66384	6	-0.49881	5	-0.41814	5	-0.31343	5	-0.24811	4	-0.21373	4	-0.13176	4	-0.19926	4
8. 乐都县	-0.30418	5	-0.28882	4	-0.24932	4	-0.24014	4	-0.22105	4	-0.21573	4	-0.18854	4	-0.22014	4
9. 湟中县	-0.31600	5	-0.26018	4	-0.23368	4	-0.17323	4	-0.18754	4	-0.26294	4	-0.03793	4	-0.10854	4
10. 湟源县	-0.29051	4	-0.21628	4	-0.17289	4	-0.20821	4	-0.18041	4	-0.06171	4	0.00591	3	-0.08423	4
11. 互助县	-0.35583	5	-0.35495	5	-0.32828	5	-0.24164	4	-0.17103	4	-0.32176	4	-0.11977	4	-0.07294	4
12. 化隆县	-0.37226	5	-0.33445	4	-0.30052	5	-0.32113	5	-0.28610	4	-0.21949	4	-0.20162	4	-0.11734	4
13. 循化县	-0.36921	5	-0.28260	5	-0.29313	4	-0.19303	4	-0.12805	4	-0.13136	4	-0.06345	4	-0.06451	4
14. 海晏县	-0.42605	5	-0.36235	5	-0.29298	4	-0.32419	5	-0.30356	5	-0.14202	4	-0.17815	4	-0.23245	4
15. 同仁县	-0.30956	5	-0.30715	4	-0.29708	5	-0.26104	4	-0.20980	4	-0.16126	4	-0.13797	4	-0.10062	4
16. 尖扎县	-0.30000	5	-0.23334	4	-0.21630	4	-0.25908	4	-0.24654	4	-0.19116	4	-0.13502	4	-0.14454	4
17. 共和县	-0.32406	5	-0.28219	4	-0.24315	4	-0.19413	4	-0.16022	4	-0.08260	4	-0.08369	4	-0.08382	4
18. 贵德县	-0.44984	5	-0.41254	5	-0.41075	5	-0.31356	5	-0.26084	4	-0.16789	4	-0.17492	4	-0.13241	4

· 63 ·

续表

T_1: 人口资源环境综合承载力指数

地区	2000年	级别	2001年	级别	2002年	级别	2003年	级别	2004年	级别	2005年	级别	2006年	级别	2007年	级别
19. 贵南县	-0.56085	6	-0.48006	5	-0.45831	5	-0.39999	5	-0.38013	5	-0.42570	5	-0.35950	5	-0.32756	5
20. 格尔木	0.20857	3	0.26946	3	0.25310	3	0.33980	3	0.33295	3	0.59045	2	0.70212	2	0.49240	3
21. 德令哈	-0.22840	4	-0.16323	4	-0.09943	4	-0.13691	4	-0.10291	4	0.00396	3	0.06508	3	0.00220	4
22. 乌兰县	-0.38506	5	-0.35163	5	-0.36478	5	-0.22893	4	-0.22651	4	-0.23202	4	-0.19236	4	-0.19084	4
23. 都兰县	-0.38992	5	-0.36053	5	-0.30039	5	-0.33787	5	-0.38141	5	-0.29759	4	-0.31020	5	-0.36314	5
24. 芒崖	-0.01769	4	-0.00754	4	-0.04081	4	0.09178	3	0.16018	3	0.07928	3	0.13488	3	0.08477	3
25. 大柴旦	-0.10501	4	-0.06804	4	-0.01985	4	-0.01166	4	0.14764	4	0.05592	3	0.03868	3	0.06478	3
26. 冷湖	-0.03102	4	-0.02066	4	-0.04418	4	0.00005	3	0.00430	3	-0.06672	4	0.03092	3	0.19396	3

T_2: 人口资源环境综合承载力指数

地区	2008年	级别	2009年	级别	2010年	级别	2011年	级别	2012年	级别	2013年	级别	2014年	级别	2015年	级别
1. 城东区	0.76380	2	0.46118	3	0.52177	2	0.86954	2	0.92288	2	1.00096	1	0.89398	2	0.85167	2
2. 城中区	0.53756	2	0.49294	2	0.63029	2	0.68358	2	1.06810	1	1.06126	1	1.00345	1	1.05371	1
3. 城西区	0.78636	2	0.63760	2	0.73948	2	0.92419	2	1.08335	1	1.08922	1	1.06741	1	1.06709	1
4. 城北区	0.34610	3	0.44860	3	0.55061	3	0.79205	2	1.06544	1	1.15663	1	1.12733	1	1.16627	1
5. 大通县	0.01748	3	0.29518	3	0.13641	3	0.40885	3	0.50586	2	0.51546	2	0.50910	2	0.47991	3
6. 平安县	0.08990	3	0.18575	3	0.16512	3	0.42477	3	0.63349	2	0.65237	2	0.64959	2	0.61236	2
7. 民和县	-0.20121	4	-0.13218	4	-0.02067	4	-0.02806	4	0.12053	3	0.12953	3	0.12735	3	0.11916	3
8. 乐都县	-0.15490	4	-0.14573	4	0.04090	4	0.13429	3	0.18623	3	0.19633	3	0.20646	3	0.19582	3

第三章 青海省重点开发区域人口资源环境承载力评价

续表

T: 人口资源环境综合承载力指数

地区	2008 年	级别	2009 年	级别	2010 年	级别	2011 年	级别	2012 年	级别	2013 年	级别	2014 年	级别	2015 年	级别
9. 湟中县	0.01317	3	0.02814	3	0.11517	3	-0.24618	4	0.34106	3	0.35007	3	0.34322	3	0.32284	3
10. 湟源县	-0.04495	4	0.09439	3	0.14277	3	0.29413	3	0.31822	3	0.32630	3	0.31149	3	0.29169	3
11. 互助县	0.06994	3	0.12104	3	0.14678	3	0.31917	3	0.42670	3	0.43459	3	0.42966	3	0.40511	3
12. 化隆县	-0.14026	4	0.00244	3	-0.06648	3	0.14515	3	0.15092	3	0.15699	3	0.15500	3	0.14572	3
13. 循化县	-0.02395	4	-0.03473	4	-0.00008	4	0.06974	3	0.20135	3	0.20410	3	0.20505	3	0.19397	3
14. 海晏县	-0.12444	4	0.13121	3	0.00302	3	0.13156	3	0.09589	3	0.10605	3	0.09331	3	0.08518	3
15. 同仁县	-0.10230	4	-0.05648	4	-0.15118	4	-0.02924	4	0.10477	3	0.11099	3	0.09974	3	0.09197	3
16. 尖扎县	-0.09278	4	-0.09981	4	-0.16378	4	-0.06060	4	0.00104	3	0.00633	3	-0.00378	4	-0.00576	4
17. 共和县	-0.08006	4	-0.07168	4	-0.02716	4	0.01019	3	0.13556	3	0.14481	3	0.14796	3	0.13947	3
18. 贵德县	-0.11911	4	-0.08112	4	-0.02543	4	-0.01135	4	0.08238	3	0.09556	3	0.08475	3	0.07701	3
19. 贵南县	-0.31709	5	-0.23876	4	-0.28995	4	-0.26945	4	-0.26646	4	-0.26570	4	-0.27911	4	-0.26641	4
20. 格尔木	0.76635	2	0.78237	2	0.86540	2	1.03977	1	1.07920	1	1.09669	1	1.12847	1	1.07123	1
21. 德令哈	0.12022	3	0.08848	3	0.06120	3	0.15894	4	0.27930	3	0.28912	3	0.29731	3	0.28158	3
22. 乌兰县	-0.08064	4	-0.04188	4	-0.03928	4	0.02538	3	0.14212	3	0.15407	3	0.14680	3	0.13645	3
23. 都兰县	-0.30691	4	-0.11229	4	-0.07198	4	-0.01179	4	0.04267	3	0.04643	3	0.03695	3	0.03308	3
24. 茫崖	0.42362	3	0.28962	3	0.22486	3	0.28766	3	0.29279	3	0.31512	3	0.29754	3	0.27635	3
25. 大柴旦	0.21234	3	0.14399	3	0.15806	3	0.23836	3	0.20689	3	0.24067	33	0.22220	3	0.20352	3
26. 冷湖	0.07880	3	0.02658	3	0.37561	3	0.27005	3	0.25312	3	0.28425	3	0.27292	3	0.25295	3

资料来源：根据 SPSS 软件计算得到。

同时,进一步计算各个年度四个层面的指数评价值的均值,由此实现整个系统不同年份的人口资源环境承载力总体状态动态比较,详见表 3-7 与图 3-2。

表 3-7　　青海省重点开发区域 2000—2015 年人口资源
环境承载力总体状态动态比较情况

年份	s_1:人口经济活动支撑力指数平均值	s_2:资源供给支持力指数平均值	s_3:生态环境承载力指数平均值	T:人口资源环境综合承载力指数平均值
2000	-0.23715	-0.43933	-0.2308	-0.29981
2001	-0.15222	-0.38087	-0.17938	-0.2386
2002	-0.1187	-0.30904	-0.1148	-0.19317
2003	-0.09575	-0.2411	-0.07341	-0.14422
2004	-0.08515	-0.00345	-0.07641	-0.05685
2005	-0.04052	0.036944	-0.06121	-0.03371
2006	-0.03338	0.259912	-0.02113	0.067575
2007	0.035125	0.143636	-0.01475	0.03513
2008	0.023282	0.211091	0.0275	0.093732
2009	0.073166	0.207039	0.13262	0.123648
2010	0.105571	0.260162	0.103474	0.154672
2011	0.526735	0.38099	0.268505	0.252719
2012	0.52286	0.268798	0.302521	0.364362
2013	0.568875	0.260734	0.317817	0.410709
2014	0.553071	0.255357	0.301453	0.488237
2015	0.516200	0.241918	0.317745	0.524198

资料来源:根据 SPSS 软件计算得到。

3. 评价结果的初步分析与结论

通过对以上结果的初步分析,本研究有了以下的相关结论:

(1) 重点开发区域经济发展与人口资源环境承载力基本协调

从表 3-7 与图 3-2 人口资源环境承载力指数平均值变化来看,2000—2015 年青海省重点开发区域人口资源环境承载力水平逐年提高,人口经济活动支撑力指数平均值从 2000 年的 -0.23715 上升到 2015 年的 0.516200,

第三章　青海省重点开发区域人口资源环境承载力评价

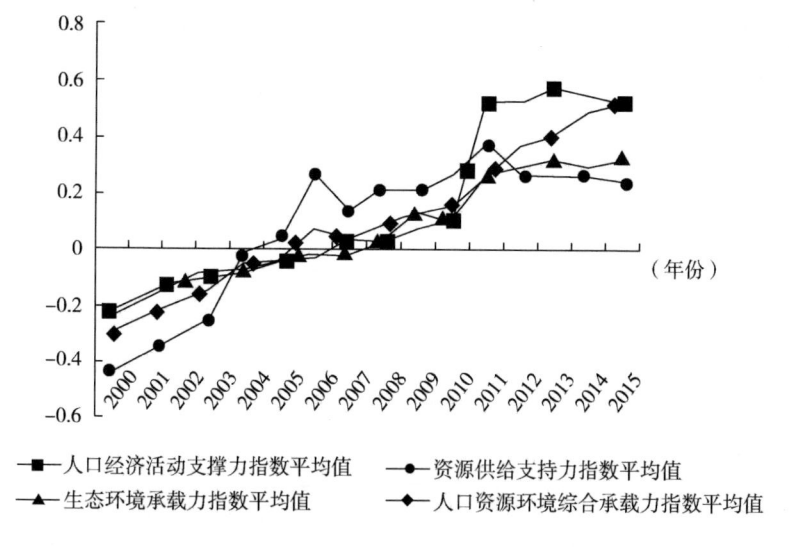

图3-2　青海省重点开发区域2000—2015年人口资源环境承载力总体状态动态比较情况

上升约3.18倍；资源供给支持力指数平均值从2000年的-0.43933上升到2015年的0.241918；生态环境承载力指数平均值从2000年的-0.2308上升到2015年的0.317745，人口资源环境综合承载力指数平均值从2000年的-0.29981上升到2015年的0.524198。

以上数据表明，西部大开发以来，青海省重点开发区域随着经济发展水平不断提高，环境治理与资源利用水平提高，人口资源环境承载力也在稳步提高，重点开发区域经济发展与人口资源环境承载力呈现比较协调的状态。

（2）各地区人口资源环境承载力存在差距

在表3-3至表3-6中，以人口经济活动支撑力、资源供给支持力、生态环境承载力以及人口资源环境综合承载力具体动态评价指数值为分类因子，本章将各重点开发地区2000—2015年综合承载力变动分为1—6六个等级。2000年，青海省重点开发区域26个县、市（区）人口资源环境综合承载力基本都在3级以下，其中17个地区处在综合承载力水平最低的第5、第6级；而到2015年，处于前3个级别的已有15个地区，处于4级水平的有10个地区，仅有贵南县属于5级。

2015年人口经济活动支撑力指数级别最低的是贵南县，资源供给支持力指数级别低的有贵南县、大柴旦、冷湖、乌兰县、海晏县、同仁县、尖扎县、共和县、贵德县；生态环境承载力指数级别较低的地区包括民和县、乐都县、化隆县、海晏县、同仁县、尖扎县、共和县、贵德县、乌兰县、都兰县。

可见，青海省重点开发区域人口资源环境承载力不但动态发展存在差距，在同一时间点也存在明显的地区差别，这符合青海省经济社会发展的实际现状。

（3）各子系统对人口资源环境承载力的影响不同

从表3-1至表3-7可以看出，青海省重点开发区域2000—2015年人口资源环境承载力指数动态变化中，各子系统所占份额在发生变化，2000年资源供给支持力指数影响最小，生态环境承载力指数次之，人口经济活动支撑力指数影响最大。2005—2010年资源供给支持力指数影响最大，人口经济活动支撑力指数影响次之，生态环境承载力指数影响最小。2011年以来，生态环境承载力指数影响增大，资源供给支持力指数影响下降。说明青海省经济发展从主要依托自然资源支撑，已经逐步转向经济水平提升和经济结构调整，而西部大开发以来生态环境保护工程的实施也对改善生态环境、提高青海省重点开发区域综合承载力起到了重要作用。

（4）人口资源环境综合承载力在四个层面的最新变化趋势分析

由表3-7与图3-2可以清晰看出，2012年之前，青海省重点开发区域的人口经济活动支撑力、资源供给支持力、生态环境承载力以及综合承载力的年均值都呈现出逐年上升趋势且有加速态势，2012年以后，青海省重点开发区域在四个层面年均值的上升趋势趋缓，尤其是2012年之前综合承载力构成中最为活跃、影响最大的资源供给支持力年均值有明显下滑态势。相对而言，生态环境承载力年均值多年来仍然保持较好上升态势，与人口经济活动支撑力一起逐渐成为影响地区综合承载力的最重要因素。

通过对表3-3至表3-6青海省重点开发区域的26个地区人口经济活动支撑力、资源供给支持力、生态环境承载力以及人口资源环境综合承载力四个层面上具体结果的观测，也大致与上年均值的变化态势基本保持一致。

以上评价结果的分析与结论，将在本章下一节的青海省重点开发区域人口资源环境承载力等四个层面的GIS动态评价专题地图中得以充分展示和验证（王晓鹏、丁生喜，2016）。

第三节 基于GIS的重点开发区域人口资源环境承载力可视化分析

一 关于地理信息系统

地理信息系统（Geographic Information System，简称GIS）是融地理学、几何学、计算机科学及各类应用对象为一体的新兴边缘科学，是利用现代计算机图形和数据库技术对空间信息及其属性信息进行采集、存储管理、分析处理与显示输出的计算机系统，其最大特点是它能将自然过程和人类社会活动的各种信息与空间位置、空间分布及其空间关系通过数字化有机地结合在一起，并采用地理或相关数理模型分析方法，适时提供多种空间和动态的地理信息。GIS是为地理学及其他更广泛领域内的研究和决策服务而建立起来的信息管理技术系统。

GIS于20世纪60年代起源于北美，经过50多年的发展，其技术日益成熟，在全世界范围内全面推向应用阶段，并在解决人口、资源、环境、灾害等影响人类生存与发展的问题中作用日益显著。20世纪90年代以来，它同全球定位系统（GPS）和遥感技术（RS）密切结合，共同发展，即"3S"技术的一体化的趋势日益明显，在全球和区域资源与环境动态监测、趋势预报，重大自然灾害的监测与预报，灾情评估与减灾对策，资源的清查与管理，城乡、经济开发区的规划、开发与管理等方面发挥了科技的先导作用。

正如本书第一章在做研究述评时所提到的，在人口资源环境承载力评价方面，随着计算机、通信和自动监测技术的快速发展，深入研究和完善数理统计方法和发展用"3S"作为数据库和评价结果的可视化载体，将是未来人口资源环境承载力评价模式的重要发展方向之一。

实际上，多元统计的相关方法与地理信息系统（GIS）本身就是密切相关的，在常用的GIS应用软件系统（例如PC Arc/INFO、MapInfo等）中就附带 PCA、CLUSTER 等多元统计功能模块，而较综合和高端的统计软件系统（例如 SAS 等）又具备基本的 GIS 分析功能。同时，GIS 作为高新技术已经逐渐被引入统计领域并日益受到统计学界的重视，也更加符合当前国外人口资源环境承载力评价由静态转向动态、由截面评价转向预测性评价的研究趋势。

特别值得注意的是，我国学者魏一鸣等人 2005 年利用多元统计与 GIS 相结合的方式，在可持续发展评价和测度方面取得了较好的成果，其指标体系的优良结构层次性、评价方法的系统有效性对本章人口资源环境承载力评价方面的研究具备相当的指导意义和参考价值。

二 重点开发区域人口资源环境承载力动态评价 GIS 的设计

1. 青海省重点开发区域人口资源环境承载力动态评价 GIS 的设计目标

青海省重点开发区域人口资源环境承载力动态评价信息系统采用模块化结构、菜单式选择方式，充分利用 PC ArcGIS 的所有功能，整个系统由四大功能模块组成，即数据输入、数据分类与处理、数据分析与可持续发展分指数和总指数计算、数据与评价结果输出和应用。该系统力求达到下述目标。

第一，实现系统空间数据库和属性数据库的连接，以一个友好的用户界面，达到青海省重点开发区域各单项和综合指标要素查询的目的。

第二，有效获取青海省重点开发区域人口资源环境承载力的时空变化的信息，掌握其动态变化特点与趋势，为青海省重点开发区域经济及可持续发展决策提供科学依据。

第三，编绘与输出青海省重点开发区域人口资源环境承载力系统层和总体层的动态专题地图。

2. 青海省重点开发区域人口资源环境承载力动态评价 GIS 的设计原则

本章的研究设计是针对青海省重点开发区域人口资源环境承载力动态评价进行的系统设计，因此，既要按照计算机软件工程的思想进行设计，又要着重考虑到青海省重点开发区域人口资源环境承载力的地域和评价特色。在进行具体设计前，本章制定了以下设计原则。

第一，总体设计应充分体现结构化、模块化的设计思想，尽可能地利用建立各子系统的方式将系统的功能实现出来，使系统达到可运行、易操作的特点。

第二，系统配置应遵循技术上稳定可靠、立足现在和顾及发展的原则，设计系统软、硬件配置适中，能保证工作效率。同时，要考虑到中国可持续发展环境支持能力动态评价问题的复杂性，需要的数据量大，因此，硬盘容量、内存、显存指标都应能满足工作的需要。

第三，应把各种能增强系统功能及其实用性的计算机技术投入到详细设计中，特别是视窗化技术，以提供给用户一个友好的界面，便于用户使用且满足其需求，这也是系统设计的主要目标之一。

第四，考虑到数据分析与人口资源环境承载力分指数和总指数计算采用分层构权下 GPCA、动态聚类和判别分析等多元统计方法，本系统加入多元统计分析数学建模和分析模块。

3. 青海省重点开发区域人口资源环境承载力动态评价 GIS 的结构及功能设计

（1）系统总体结构

建立青海省重点开发区域人口资源环境承载力动态评价 GIS 的目的是要实现对区域内人口资源环境承载力的动态监测与分析评价，为青海省重点开发区域各地区乃至全省城镇发展和人口规划发展、生态环境保护和规划、资源开发以及制定区域经济发展战略提供科学依据。为实现这一设计目标，该系统汇集了有关青海省重点开发区域人口资源环境承载力的大量数据，既有矢量结构，也有栅格结构的地理空间数据，既有大量统计所得的属性数据，也有依照多元统计分析数学建模和分析的评价结果数据，为了有效获取、更新、存储管理、分析和应用不同类型、不同格式的数据，根据应用软件的特点，将该系统分为三个子系统，即地理基础数据库系统、人口资源环境承载力数据管理库系统、多元统计分析评价系统。系统之间通过软件接口实现系统的集成。系统设计结构如图 3-3 所示。

（2）系统的基本功能

根据宏观管理及科学决策服务的需要，在充分利用各种空间信息及统计属性信息的基础上，有效发挥 GIS 的优势，为青海省重点开发区域人口资源环境承载力动态评价 GIS 系统的宏观管理、规划、综合开发和科学决

```
                ┌─────────────────────────────────┐
                │ 青海省重点开发区域人口资源环境承载力动态评价GIS │
                └─────────────────────────────────┘
          ┌──────────────┬──────────────────┐
┌──────────────┐ ┌──────────────────┐ ┌──────────────────┐
│ 地理基础数据库系统 │ │ 人口资源环境承载力数据 │ │ 多元统计分析评价数据库系统 │
│              │ │    管理库系统      │ │                  │
└──────────────┘ └──────────────────┘ └──────────────────┘
```

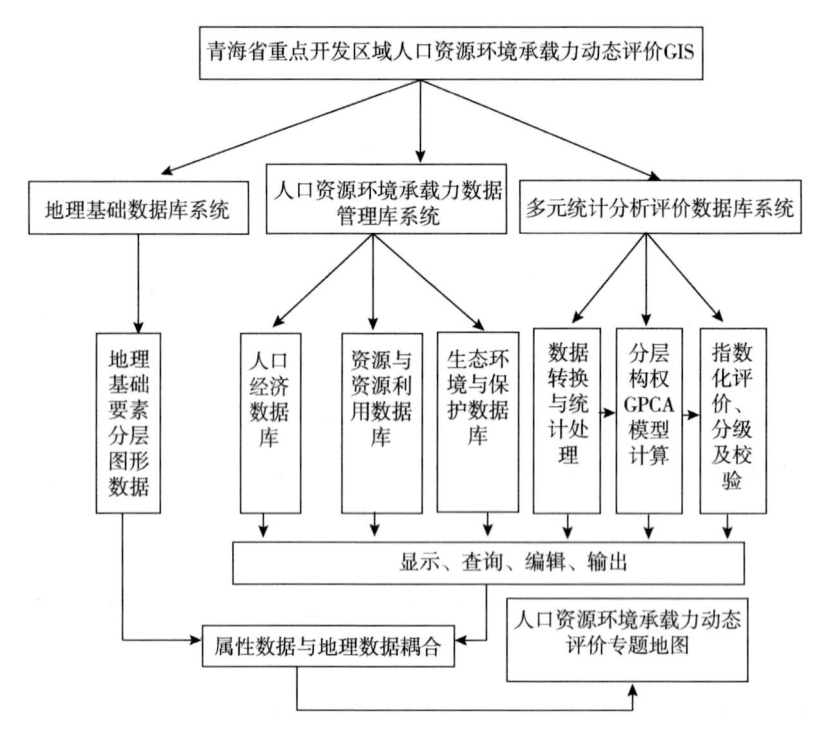

图 3-3 青海省重点开发区域人口资源环境承载力动态评价 GIS 的总体结构

策提供全方位、多层次、可视化的信息。该系统采用自上而下逐层分解的模块化设计技术，从而使系统具有可扩展性，其基本功能如下。

一是信息查询：通过条件查询、属性查询、地图查询等多种方式，灵活、方便、迅速和准确地提供所需的各种空间数据和统计属性数据，包括地图表格数据。

二是空间分析：叠加分析（Overlaying）是 GIS 特有的功能，也是 GIS 区别于其他信息系统的主要标志之一，它提供了抽象的数据类型和对象类型叠加分析的数学模型，通过叠加分析将同一地区、同一比例尺的两层或多层图形要素叠加，其结果是将原来要素分割生成新的要素，新要素综合了原来两层或多层要素所具有的属性。利用 GIS 的空间分析功能，能有效分析中国可持续发展环境支持能力的基本特征、现状、动态变化趋势等。

三是统计制图：利用系统制图功能，迅速及时地将查询、分析的结果用专题地图表达出来。

四是演示输出：对查询、专题分析、统计制图的成果进行管理，演示和打印输出。

（3）系统数据库设计

翔实完备的数据库是实现信息系统各项功能的关键和核心。各子系统分别建立了不同数据结构和模型的空间和属性数据库，构成了完备的盆地 GIS 数据库。各空间数据库之间可通过软件接口实现数据的相互转换与存储，空间数据库与属性数据库之间通过统一设计的地理编码实现相互连接。

系统数据库具体由以下内容构成。

一是地理基础数据库系统：该数据库包括青海省重点开发区域各地理基础要素分层图形数据：水系和湖泊、道路、政区界线（省级）、居民点等图层，各种不同来源的数据经转换后统一采用矢量数据结构分图层存储与管理。

二是人口资源环境承载力数据管理库系统：该数据库存储了青海省重点开发区域人口资源环境承载力各子系统提供的有关数据，包括有：重点开发区域各地区人口经济活动、资源存量和开发、生态环境等方面自 2000 年以来的 20 余项原始统计属性数据，各种不同来源的数据经转换处理后统一采用矢量数据结构分图层存储与管理。

三是多元统计评价数据库系统：由研究评价指标数据库（一共有 20 多项由原始统计属性数据提取和处理后得来的评价指标）、分层分类评价结果统计数据库，它主要由六个终极系统的青海省重点开发区域人口资源环境承载力分指数、三个子系统的青海省重点开发区域人口资源环境承载力分指数和青海省重点开发区域人口资源环境承载力总指数，以及相关分级结果构成。全部采用关系数据库结构存储与管理。

4. 青海省重点开发区域人口资源环境承载力动态评价 GIS 的主要应用

第一，通过用户界面，可以灵活、方便、迅速和准确地提供用户所需的各种空间数据和属性数据，包括地图和各种表格数据。

第二，利用地理信息系统特有的叠置分析功能，可以对 2000 年、2005 年、2010 年、2015 年青海省重点开发区域人口资源环境承载力子系统的各单项指标对应底图进行叠加，利用布尔代数的逻辑运算，得到在此期间各单项指标的动态变化情况，包括对人口经济活动支撑力、资源供给支持力、生态环境承载力以及人口资源环境综合承载力等方面的单项指标动态变化信息的图形展示。

第三，利用本系统设计的多元统计分析评价模块和子系统，计算青海省重点开发区域人口资源环境承载力分指数和总指数评价结果，并给出相关分级结果。

第四，利用地理信息系统特有的空间数据库与属性数据库间的匹配、链接功能，编绘青海省重点开发区域人口经济活动支撑力、资源供给支持力、生态环境承载力以及人口资源环境综合承载力4个层面2000年、2005年、2010年、2015年的青海省重点开发区域人口经济活动支撑力、资源供给支持力、生态环境承载力以及人口资源环境综合承载力动态评价与比较专题地图。

在上述应用中，第三、第四的应用尤其重要，其中，第三的具体应用过程和结果在本章表3-3至表3-6中已有详细阐述和展示，第四的主要应用成果为形成青海省重点开发区域人口资源环境承载力动态评价比较专题地图。[①]

第四节　青海省重点开发区域人口资源环境承载力预测研究

一　关于时间序列分析

20世纪70年代，美国学者Box和英国统计学者Jenkins提出了一整套关于时间序列分析、预测和控制的方法，被称为Box-Jenkins方法。该方法把时间序列建模表述为三个阶段：第一阶段为模型识别，确定时间序列应属的模型类型，其基本原理是根据数据的相关特性进行鉴别；第二阶段估计模型参数，并结合定阶准则和残差检验对模型的适应性进行诊断检验；第三阶段应用模型进行预测。这种方法不仅考察预测变量的过去值与当前值，同时对模型同过去值拟合产生的误差也作为重要因素进入模型，有利于提高模型的精确度，是一种精确度相当高的预测方法。

Box-Jenkins方法在应用中常见的模型形式为自回归移动平均模型

---

① 由于篇幅原因，本研究形成的青海省重点开发区域人口资源环境承载力动态评价比较专题地图不在本书中展示。

(ARMA)，即若时间序列 y_t 为它的当前与前期的误差和随机项，它的前期值的线性函数为：

$$y_t = \varphi_1 y_{t-1} + \cdots + \varphi_p y_{t-p} + \mu_t - \theta_1 \mu_{t-1} - \cdots - \theta_q \mu_{t-q} \qquad (3-11)$$

则该事件序列为自回归移动平均模型，记 ARMA（p，q）模型的特例。参数 φ_1，…，φ_p 为待估参数，θ_1，…，θ_q 为待估移动平均参数，残差 μ_t 为白噪声序列。显然 AR（p）模型和 MA（q）模型都是 ARMA（p，q）模型的特例。

以下将在计量经济软件 EViews 6.0 支持下，进行 Box – Jenkins 建模和预测。

二 青海省重点开发区域人口资源环境综合承载力预测

1. 时间序列平稳性检验和处理

采用 GPCA 分析得到的表 3 – 7 中，1999—2012 年青海省重点开发区域人口资源环境综合承载力指数平均值为建模数据（以下简记为 SER01），我们来预测青海省重点开发区域 2015—2020 年的人口资源环境综合承载力平均值。

首先通过计算绘制了指标数据的自相关函数（ACF）和偏自相关函数（PACF）图（见图 3 – 4），可以看出人口资源环境综合承载力平均值序列 SER01 具有显著的自相关性，这也符合 Box – Jenkins 建模对随机序列的基

Date：09/24/14　Time:20:47
Sample：1999 2018
Included observations:14

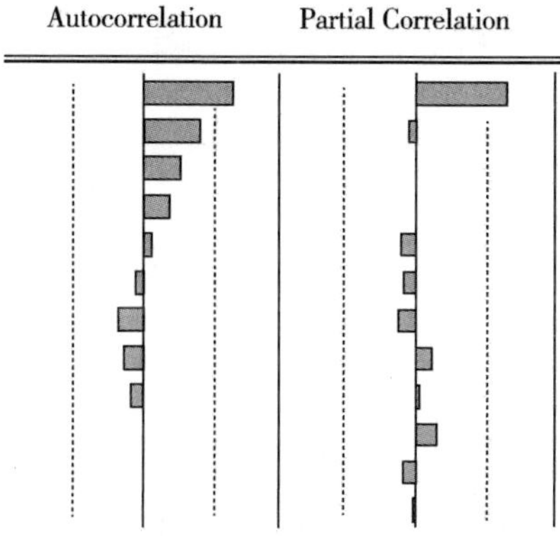

Autocorrelation	Partial Correlation		AC	PAC	Q-Stat	Prob
		1	0.679	0.679	7.9523	0.005
		2	0.433	-0.054	11.447	0.003
		3	0.277	0.006	13.004	0.005
		4	0.181	0.008	13.740	0.008
		5	0.050	-0.130	13.801	0.017
		6	-0.069	-0.090	13.934	0.030
		7	-0.186	-0.135	15.046	0.035
		8	-0.156	0.120	15.952	0.043
		9	-0.110	0.018	16.496	0.057
		10	0.000	0-160	16.496	0.086
		11	0.000	-0.099	16.496	0.124
		12	0.000	-0.023	16.496	0.170

图 3 – 4　SER01 时间序列 ACF 与 PACF

本要求。由于序列的 ACF 值很快落入置信区间，由此初步判定 SER01 可能为平稳序列。

为进一步检验以上判断，我们利用 EViews 6.0 的单位根检验功能来验证序列的平稳性，主要计算结果见表 3-8 并由此可知，序列 SER01 通过了扩充 ADF 单位根检验，可被认为是平稳的。

表 3-8　　　　　SER01 时间序列 ADF 检验结果

单位根检验	检验统计量	-7.262899	0.0000
测试临界值	1% level	-3.565430	—
	5% level	-2.919952	—
	10% level	-2.597905	—

资料来源：根据 EViews 软件计算得到。

2. 模型的识别、参数估计、优选与检验

根据时间序列模型自相关函数和偏自相关函数图的识别规则，可建立相应的 ARMA 模型。若偏相关函数（PAC）截尾，而自相关函数（AC）拖尾，可断定序列适合 AR 模型；若 PAC 拖尾，AC 截尾，则序列适合 MA 模型；若 PAC 和 AC 均是拖尾的，则序列适合 ARMA 模型。结合图 3-5 可认为序列 SER01 适合 AR 模型。

此外，进行参数估计，估计暂定可能模型参数并检验其统计意义，拟合优度统计量中最重要的是 AIC 和 SIC，AIC 和 SIC 值较小的模型即是较好的预测模型。在上述过程中，穿插进行模型残差白噪声检验（利用 AC、PAC 图和 ADF 单位根检验）。

对于 SER01 而言，经过综合比较，最终选择的模型为带常数项的 AR(1) 模型，该模型各项效果指标值、参数及显著性检验结果见表 3-9，其中各项指标拟合效果较好，尤其是 AIC 和 SIC 值较小。

表 3-9　时间序列 SER01 的 AR(1) 模型的参数及显著性检验结果

变量	回归系数	回归系数的标准误差	T 检验值	P 值
截距项	-1.763517	5.555425	-0.317440	0.7569

续表

变量	回归系数	回归系数的标准误差	T检验值	P值
一阶滞后项	1.028035	0.089734	11.45647	0.0000
可决系数	0.922672	被解释变量的标准差		0.014613
修正后的可决系数	0.915642	被解释变量的标准误差		0.160599
回归残差的标准误差	0.046645	赤池信息准则		-3.151859
残差平方和	0.023933	施瓦茨信息准则		-3.064944
对数似然估计函数值	22.48708	T统计量		131.2506
DW检验值	1.770588	F统计量的P值		0.000000

资料来源：根据EViews软件计算得到。

给出拟合回归图，可以看出模型效果较好（见图3-5）。

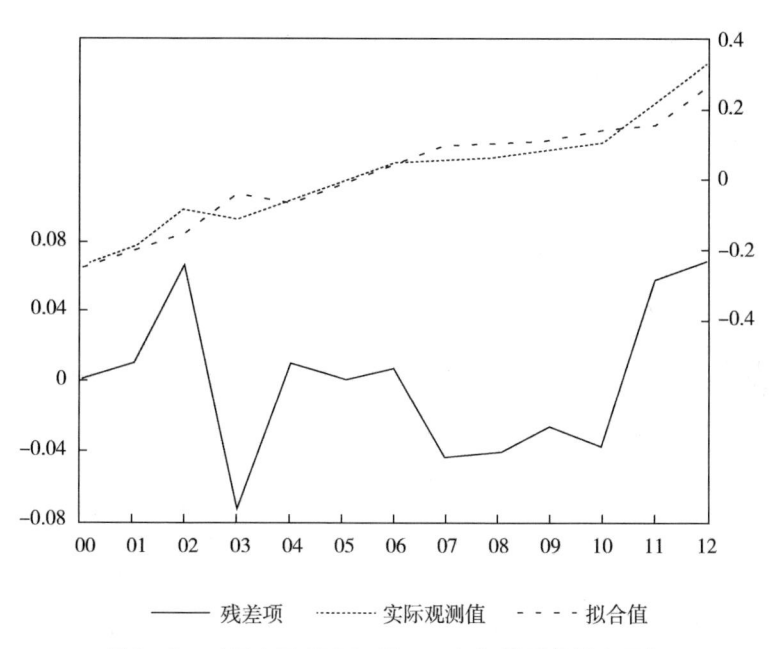

图3-5 时间序列SER01的AR（1）模型的拟合回归

3. 模型的适用性检验和重点开发区域人口资源环境综合承载力预测

模型的适用性检验按白噪音独立性检验准则，其基本思想是：若由估计模型拟合的残差纯粹由干扰产生，则该模型是适用的，可用于外推预测；否则，模型不合适。通过计算发现，以上模型残差的自相关值和偏相关值基本上在置信区间内，与零无显著差异，同时残差通过扩充 ADF 单位根检验，可通过白噪声检验。而且，模型的检验效果比较好，由此判断该模型是可行的，可用于预测。

另外，我们利用 EViews 6.0 的模型预测功能，计算预测了 2015—2025 年青海省重点开发区域人口资源环境承载力指数平均值（见表 3-10）。

表 3-10 青海省重点开发区域 2015—2025 年人口资源环境综合承载力指数预测值

年份	T：人口资源环境综合承载力指数
2015	0.524
2016	0.588
2017	0.654
2018	0.722
2019	0.792
2020	0.813
2021	0.845
2022	0.851
2023	0.859
2024	0.860
2025	0.863

资料来源：根据 EViews 软件计算得到。

4. 结果讨论

从青海省人口资源环境综合承载力指数预测结果可以看出，按照目前的开发态势，"十三五"时期青海省重点开发区域综合承载力平稳上升，2015 年为 0.524，到 2025 年预计上升为 0.863，预计上升幅度为 64.69%。根据主体功能区规划，预计到 2020 年，全省重点开发区域要聚集 80% 的人口，增长率为 11.3%。从预测结果来看，重点开发区域人口资源环境承载力能够满足青海省未来规划发展的要求。

第四章 青海省三江源区域人口资源环境承载力评价

《青海省主体功能区规划》将省域主体功能区划分为重点开发区、限制开发区和禁止开发区三类，没有优化开发区域。其中，重点开发区域包括东部重点开发区域和柴达木重点开发区域，属国家级兰州—西宁重点开发区域。该区域占全省土地面积的10.18%，总人口397万人，占全省总人口的68.7%。限制开发区域包括国家级三江源草原草甸湿地生态功能区、祁连山冰川与水源涵养生态功能区和省级东部农产品主产区、中部生态功能区。该区域占青海省国土面积的57.71%，总人口149万人，占全省总人口的25.8%。禁止开发区域包括国家级自然保护区、国家风景名胜区、国家森林公园、国家地质公园等20处，面积为22.11万平方千米（田彬蔚，2014）。

根据青海省人民政府《关于修订青海省主体功能区规划部分内容的通知》（青海省人民政府，2014）可以看出，政府要求在不影响自然保护区主体功能的前提下，对范围较大、目前核心区人口较多的地区，可以保持适量的人口规模和适度的农牧业活动，同时通过生活补助等途径，确保人民生活水平稳步提高。因此，有必要对非重点开发区域，尤其是三江源区域进行人口资源环境综合承载力评价。本章选择三江源地区的果洛藏族自治州进行综合评价。

第一节 果洛州人口资源环境承载力评价

果洛藏族自治州地理位置为32°31′—35°37′N，96°54′—101°51′E，属

高原大陆性气候，气温低、温差大，年平均气温-4℃。全州土地面积7.64 万平方千米，平均海拔 4200 米以上。总人口 19.29 万人，其中藏族占人口总数的 91%。畜牧业是主要经济产业，从事畜牧业的人数占总从业人员的 83.3%。

一 果洛州基本概况

1. 自然资源概况

果洛的资源比较丰富。有大小河流 36 条，总流程 3300 多千米，分别入注黄河和长江两大水系。果洛州是"中华水塔"的重要组成部分，生态战略地位十分重要。境内黄河、长江两大水系纵横交错，扎陵湖、鄂陵湖等 21 个大小湖泊星罗棋布，是我国重要的水资源涵养区。在这块平均海拔高达 4200 米以上的 7.6 万平方千米的高天厚土中，有各类可利用草场约 8860 万亩，原始森林约 26.7 万公顷，生活着白唇鹿、雪豹、雪莲等珍贵的野生动植物，是三江源区生物多样性富集的地区。

2. 果洛州社会经济发展状况

"十二五"时期以来，在国家实施第二轮西部大开发战略、确立上海和国家部委结对帮扶及青海省委、省政府出台《关于加快果洛州经济社会发展的意见》等一系列政策机遇的背景下，果洛州经济发展实力明显增强。

地区生产总值 2005 年为 7.89 亿元，2010 年为 20.43 亿元，2018 年达到 41.45 亿元，比 1952 年增长 30.26 倍，比 2000 年增长 4.10 倍；人均地区生产总值 20154.6 元，比 1952 年增长 6.63 倍，比 2000 年增长 2.30 倍。

特色经济发展方面，不断巩固和提高畜牧业基础地位，大力发展生态畜牧业，同时发展高原特色旅游业、民族手工业、中藏药材和水能资源开发等特色产业；全州三次产业优化，2005 年为 35.64∶15.06∶49.3，2010 年为 21.54∶41.7∶36.76，2018 年达到 17.90∶34.48∶47.62。2018 年全州完成农牧业总产值 89983.76 万元，比 2010 年增长 42.40%。2018 年，城镇居民人均可支配收入 33314 元，比 2010 年增长 2.95 倍；2013 年，农牧民人均纯收入 4261.22 元，比 2010 年增长 62.06%。

2009—2013 年游牧民定居工程国家计划投资 93575.96 万元，实际完成投资 104247.91 万元，共完成游牧民定居房 22062 套，九成以上的游牧民实现了定居，生活方式发生了巨大变化，通了电话、有线电视、上下水，小区建起了综合功能区，包括购物中心、健身中心、广场、幼儿园等（赵鹏，2014）。

3. 果洛州生态环境保护情况

由于果洛州生态环境脆弱，鼠害泛滥、植被覆盖率下降、草原退化等现象一直影响着当地的生态环境。据调查，截至2010年，果洛州退化草地面积为2.43万平方千米，占可利用草地面积的41.54%（罗玉珠，2013）。目前，黄河源头的玛多、达日等县的"黑土型"退化草场已超过1851万亩。

随着三江源生态保护工程的实施，果洛州作为核心区，认真全面贯彻落实生态保护治理工程。果洛州近期以六项措施认真贯彻落实习近平总书记重要批示精神（政府办，2014）。

一是采取有力措施抓好项目实施。继续加强生态保护建设工作，切实把生态文明理念贯穿于规划制定的始终，为三江源国家综合试验区建设、三江源二期规划实施积累总结经验，提高生态保护项目投资范围、规模和建设标准，提升生态保护项目建设的质量和层次。

二是强化生态保护的体制机制保障。继续加强生态保护队伍建设和制度建设，进一步提高生态保护建设管理水平。认真研究制定三江源生态保护条例、生态补偿条例等法规，完善财税、投资、产业、对口支援、人才等支持政策，充实完善三江源生态保护八个管理办法等生态保护管理制度和办法，尽早建立健全机构机制，充实管理人员和专业技术人员，推进生态保护队伍建设，创新人才培养模式，加大人才引进力度，强化制度保障，进一步提高生态保护综合管理水平，为生态文明建设提供组织保障和人才支撑。

三是切实加强生态保护考核评价。进一步加强生态保护工作的管理与监督，严格履行管理程序，强化资金监管和项目管理，建立新型绿色绩效考评机制，扭转盲目片面追求经济增长的观念和做法，建立以生态保护、社会发展、民生改善为主的绩效考评制度，建立生态保护问责制，切实将考核评价作为县乡领导班子政绩考核、干部提拔和奖惩的重要依据。同时以加强环境整治为抓手，加大对生活垃圾、白色污染的整治，扎实开展生态保护执法大检查，进一步强化考核评价，严肃查处群众反映强烈的突出问题。

四是牢固树立绿色发展理念。紧紧依靠果洛州独特的高原自然生态、民族风情和民族文化等优势资源，突出特色旅游、生态旅游、探险旅游、人文旅游。引导发展生产性、生活性服务业，逐步形成社会服务网络。繁荣市场，促进消费，推动经济增长，确保农牧民人均纯收入年均增长12%，提高农牧民群众的幸福指数。

五是建立健全生态评价监测体系。依据不同区域的生态功能特性，研究建立水源地、草地、湿地、森林等生态功能价值的评估体系。加强生态环境质量和生态保护建设效果监测能力建设，建立健全生态环境监测、分析评估、预警预报等监测预警系统，建立生态综合评估报告制度。

六是建立生态补偿长效机制。按照"谁受益、谁补偿"原则，建立以国家为主、规范长效的生态补偿机制，制定和完善生态政策法规，统筹解决生态建设与环境保护、农牧民生产生活、基本公共服务、基层政权运转、农牧民创业等问题，主要为水资源补偿、封山育林补偿、湿地保护试点补偿、陆生野生动物造成人身财产损失补偿、矿产资源补偿、转产农牧民燃料补助、城镇基础设施运行管理费补偿等。建立以国家投入为主，社会各界赞助和国际援助为辅的生态补偿投入机制。

此外，果洛州建立草原奖补机制促进农牧民增收。自2011年实施草原补助奖励机制工作以来，进一步助推果洛州6县44个乡镇农牧民增加收入。

2011—2013年全州6县草原奖补资金发放工作全面完成，年发放奖补资金3.6亿元。2014年年初，果洛州政府对2014年的草原生态保护补助奖励机制落实工作从10个方面进行了量化，并与各县政府签订了目标责任书，各县草原奖补方案完成省级审查，完成各项资金发放工作；全州共聘用草原生态管护员1877名，目前已发放工资2500.28万元（20%工资将在考核后发放）（达叶，2014）。

二　果洛州人口资源环境承载力定量分析评价

为了清楚地揭示果洛州经济社会发展水平与资源环境特点，进而制定发展战略措施，必须对果洛州整体以及各县西部大开发以来的情况进行详细分析评价。因此，本章针对果洛州6县分别进行评价研究。①

1. 对评价指标体系的说明

在指标体系的选择上，果洛州人口资源环境综合承载力评价指标体系总体沿用重点开发区域评价的指标。需要说明的是，在自然资源分项指标中由于矿产资源分区数据无法获得，因此评价指标体系中没有矿产资源指标，水资源指标则以能够反映水资源丰裕程度的水域面积率表示，水域面积率=水域面积/地区总面积×100%。另外，从实际情况出发对果洛州进行总体评价时，是包括单位耕地化肥施用量指标的，但各县评价时，删除了该指标。

2. 评价方法与评价结果

运用全局主成分分析法，对果洛州进行人口资源环境承载力动态综合评价，揭示西部大开发以来果洛州人口资源环境承载力的整体变动情况与区域内差异性。

果洛州2001—2015年综合承载力系统层和总体层的具体评价指数值见表4-1至表4-3。

三 评价结论

通过以上分析，从人口经济活动支撑力、资源供给支持力、生态环境承载力以及人口资源环境综合承载力四个层面对青海省果洛州6县人口资源环境承载力状态实现了定量评价，得到以下结论。

1. 果洛州经济发展与人口资源环境承载力基本协调

从表4-2可以看出，果洛州各县人口资源环境综合承载力水平在2001—2015年都呈现上升趋势，玛沁县、班玛县、甘德县、达日县、久治县、玛多县2015年综合承载力水平分别比"十一五"时期末期上升72.51%、91.49%、191.58%、114.34%、141.34%和17.05%。从表4-3可以看出，果洛州2001—2015年人口资源环境综合承载力指数平均值也呈现逐步上升的态势，从2001年的-0.16737上升至2015年的0.390477，比"十一五"时期末期增长2.427倍。

---

① 说明：由于开展本研究过程中仅收集到了国土二调数据（国土三调数据尚未公开发布），因此为了确保研究结论可靠性，数据间的可比性，本章分析时间数据截至2015年。

表 4-1　青海省果洛州 2001—2015 年人口资源环境承载力子系统动态评价结果

s_1: 人口经济活动支撑力指数

地区	2001 年	2002 年	2003 年	2004 年	2005 年	2006 年	2007 年	2008 年	2009 年	2010 年	2011 年	2012 年	2013 年	2014 年	2015 年
1. 玛沁县	0.91670	0.99085	1.07621	1.16884	1.91028	1.35944	1.30321	1.64927	1.71087	2.49738	3.68668	4.65352	5.10679	5.00384	5.00012
2. 班玛县	-0.73710	-0.79468	-0.73175	-0.65661	-0.49389	-0.57770	-0.61400	-0.39774	-0.22686	-0.07207	0.41205	0.38736	0.69045	0.68599	0.67655
3. 甘德县	-0.93944	-0.93011	-0.85209	-0.79616	-0.76121	-0.81179	-0.34290	-0.70172	-0.69544	-0.19300	-0.32914	0.07585	0.64744	0.64001	0.62231
4. 达日县	-0.85487	-0.82805	-0.84238	-0.76520	-0.82707	-0.77467	-0.43386	-0.24708	-0.03229	0.09082	0.21444	0.45338	0.94164	0.91677	0.89962
5. 久治县	-0.79808	-0.81823	-0.84309	-0.52820	-0.62288	-0.55694	-0.62654	-0.41207	-0.46690	-0.08267	0.32581	-0.14867	0.42644	0.40112	0.39941
6. 玛多县	-0.38657	-0.39003	-0.38408	-0.38248	-0.37352	-0.26703	-0.10638	-0.23318	-0.35703	0.03442	0.30625	0.44410	0.48947	0.46799	0.44886

s_2: 资源供给支持力指数

地区	2001 年	2002 年	2003 年	2004 年	2005 年	2006 年	2007 年	2008 年	2009 年	2010 年	2011 年	2012 年	2013 年	2014 年	2015 年
1. 玛沁县	0.28325	0.25418	0.43248	0.20318	0.65229	0.30486	0.44390	0.00026	0.14516	0.15361	0.17120	0.18856	0.13771	0.14002	0.14667
2. 班玛县	-0.84327	-0.82349	-0.81962	-0.83675	-0.87366	-0.99336	-1.00482	-0.99748	-0.99531	-1.04189	-1.05615	-1.07682	-1.04484	-1.00006	-0.99855
3. 甘德县	-0.69504	-0.69119	-0.67105	-0.72865	-0.26819	-0.37307	-0.36713	-0.34885	-0.35393	-0.20615	-0.35912	-0.38176	-0.33925	-0.30877	-0.30004
4. 达日县	-0.05364	-0.05270	-0.04726	-0.02294	0.10320	-0.07918	-0.09154	-0.02882	-0.03182	0.15290	0.15881	0.03935	0.04531	0.04755	0.04987
5. 久治县	-0.64296	-0.63966	-0.65286	-0.61050	-0.17908	-0.41307	-0.40498	-0.55308	-0.53483	-0.54575	-0.54813	-0.51734	-0.60051	-0.59988	-0.59961
6. 玛多县	1.80490	1.81689	1.79777	1.73667	1.73285	1.66216	1.70787	1.69451	1.68691	1.65143	1.64768	1.55201	1.57320	1.57889	1.58003

s_3: 生态环境承载力指数

地区	2001 年	2002 年	2003 年	2004 年	2005 年	2006 年	2007 年	2008 年	2009 年	2010 年	2011 年	2012 年	2013 年	2014 年	2015 年
1. 玛沁县	0.31063	0.30108	0.29124	0.28543	0.31526	0.30487	0.32410	-0.41243	-0.26884	-0.28166	-1.32555	-1.52391	-1.14979	-1.14082	-1.13978
2. 班玛县	0.37752	0.37762	0.37706	0.37659	0.37108	0.37596	0.43988	0.37299	0.36904	0.30072	0.26773	0.26565	0.28629	0.28914	0.29677

续表

s_3：生态环境承载力指数

地区	2001年	2002年	2003年	2004年	2005年	2006年	2007年	2008年	2009年	2010年	2011年	2012年	2013年	2014年	2015年
3. 甘德县	-0.19087	-0.19099	-0.19235	-0.19290	-0.19386	-0.19289	-0.20168	-0.23616	-0.26961	0.14661	0.01364	-0.11168	-0.07415	-0.07013	-0.06825
4. 达日县	-0.18552	-0.18591	-0.18855	-0.19012	-0.18881	-0.19220	-0.12754	0.32344	0.29900	0.17922	0.07579	-0.01538	-0.05744	-0.05288	-0.5004
5. 久治县	-0.19545	0.37764	0.37753	-0.19731	-0.19516	0.37478	0.37037	0.37742	0.43592	0.33741	0.28767	0.28281	0.29993	0.30007	0.30142
6. 玛多县	-0.18594	-0.18707	-0.18809	-0.18897	-0.19011	-0.18959	-0.12280	-0.16156	-0.23578	-0.22360	-0.26494	-0.31835	-0.34219	-0.31669	-0.29997

资料来源：根据 SPSS 软件计算得到。

表4-2 果洛州各县2001—2015年人口资源环境综合承载力动态评价结果

年份	\multicolumn{6}{c}{T：各县人口资源环境综合承载力指数}
	玛沁县	班玛县	甘德县	达日县	久治县	玛多县
2001	0.50302	-0.40055	-0.60784	-0.36431	-0.54495	0.41039
2002	0.51485	-0.4131	-0.60349	-0.3552	-0.35972	0.41285
2003	0.59938	-0.39104	-0.57126	-0.35904	-0.37243	0.40813
2004	0.55193	-0.37188	-0.572	-0.32576	-0.44489	0.38802
2005	0.95831	-0.33183	-0.40735	-0.30392	-0.33204	0.38935
2006	0.4527	-0.39797	-0.45879	-0.34834	-0.19821	0.40144
2007	0.68971	-0.39258	-0.3036	-0.21743	-0.22016	0.4924
2008	0.41195	-0.3404	-0.42848	0.01583	-0.19571	0.43283
2009	0.52853	-0.28409	-0.43922	0.07822	-0.18841	0.36433
2010	0.78899	-0.27081	-0.08409	0.14084	-0.09691	0.48693
2011	1.04306	-0.12533	-0.22465	0.14953	0.02176	0.56243
2012	1.31141	-0.14113	-0.13906	0.15896	-0.12761	0.55869
2013	1.36354	-0.02267	0.07794	0.30952	0.04191	0.57292
2014	1.36234	-0.02298	0.07726	0.30454	0.04105	0.57019
2015	1.36112	-0.02303	0.07701	0.30188	0.04007	0.56998

资料来源：根据SPSS软件计算得到。

表4-3 果洛州2001—2015年人口资源环境承载力指数动态比较

年份	s_1：人口经济活动支撑力指数平均值	s_2：资源供给支持力指数平均值	s_3：生态环境承载力指数平均值	T：人口资源环境综合承载力指数平均值
2001	-0.46656	-0.39033	0.023262	-0.16737
2002	-0.46171	-0.02266	0.135888	-0.13397
2003	-0.42953	0.006577	0.132986	-0.11438
2004	-0.32664	-0.04317	0.016338	-0.1291
2005	-0.19472	0.194568	0.021702	-0.00458
2006	-0.27145	-0.08356	0.134104	-0.09153
2007	-0.13675	0.047217	0.161026	0.008057
2008	-0.05709	-0.03891	0.085052	0.01733
2009	-0.01128	-0.01397	0.113102	0.009893

续表

年份	s_1：人口经济活动支撑力指数平均值	s_2：资源供给支持力指数平均值	s_3：生态环境承载力指数平均值	T：人口资源环境综合承载力指数平均值
2010	0.379147	0.027358	0.086223	0.160825
2011	0.769348	0.102382	−0.13614	0.2378
2012	0.97759	0.070667	−0.2205	0.27021
2013	1.383705	0.038061	−0.13903	0.390527
2014	1.320007	0.056243	−0.00041	0.390518
2015	1.304668	0.086661	0.04768	0.390477

资料来源：根据 SPSS 软件计算得到。

以上数据表明，西部大开发以来，随着经济发展水平不断提高，青海省果洛州人口资源环境承载力也在稳步提高，其经济发展与人口资源环境承载力呈现比较协调的状态。但是 2014 年、2015 年由于经济活动支撑力有所回落，资源供给支持力和生态环境承载力稳定稍有上升，影响到综合承载力上升趋势转为平稳（见图 4 - 1），这也说明，三江源区域提升综合承载力将是一个长期过程，从长期看，能够实现综合承载力稳定缓慢上升。

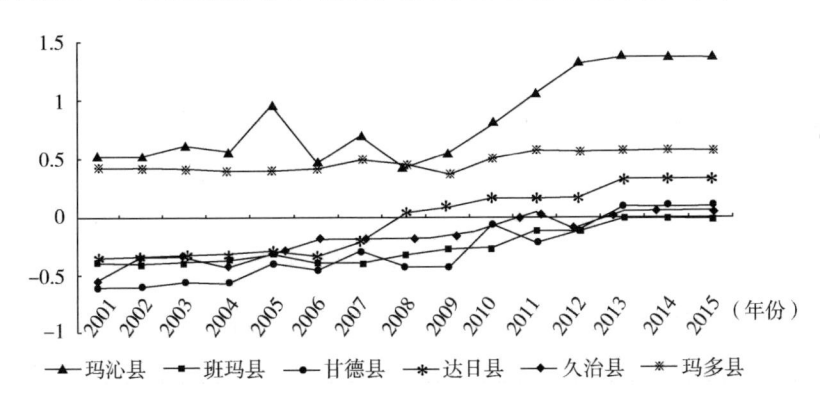

图 4 - 1　果洛州各县 2001—2015 年人口资源环境综合承载力指数变动情况

2. 各子系统对人口资源环境承载力的影响不同

从图 4 - 2 可以清晰看出，青海省果洛州人口资源环境综合承载力呈现逐年上升的趋势，在 2007 年之前，综合承载力均值为负值，并且其中贡献较大的因素是生态环境承载力，人口经济活动支撑力作用非常小，资源供给支持力不稳定。但是 2010 年以来，人口经济活动支撑力对果洛州综合承载力的提升起到了重大支撑作用，资源供给支持力的贡献趋于稳定，生态环境承载力指数逐步下降。

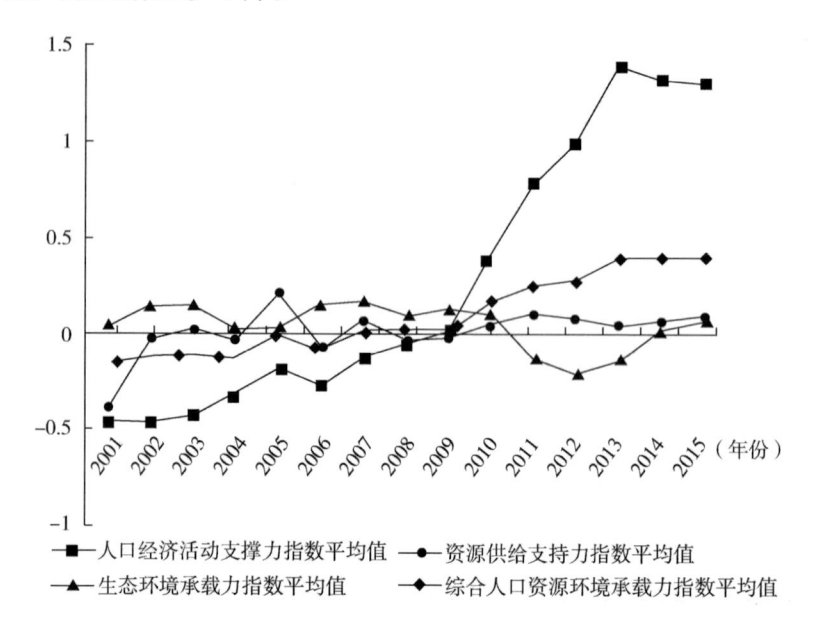

图 4-2　2001—2015 年果洛州人口资源环境综合承载力指数平均值变化情况

3. 各县人口资源环境承载力水平存在差距

从综合承载力绝对量对比可以看出，2015 年综合承载力指数最高的玛沁县为 1.36112，分别是班玛县、甘德县、达日县、久治县、玛多县的 60.10 倍、17.67 倍、4.519 倍、33.96 倍、2.388 倍，各县综合承载力差异很大。具体表现在综合承载力各指标上，各县的发展水平均有差异。2015 年也没有发生太大变化。

第一，各县人口经济活动支撑力指数表现出上升状态，但是指数差异很大。

从表 4-1 可以看出，2001—2015 年，果洛州各县人口经济活动支撑力指数表现出上升状态。玛沁县 2001 年为 0.91670，2005 年为 1.91028，2010 年为 2.49738，2015 年达到 5.00012，约是"十五"时期末期的 2 倍；班玛县 2001 年为 -0.73710，2005 年为 -0.49389，2010 年为 -0.07207，

2015年达到0.67655；甘德县2001年为-0.93944，2005年为-0.76121，2010年为-0.19300，2015年达到0.62231；达日县2001年为-0.85487，2005年为-0.82707，2010年为0.09082，2015年达到0.89962；久治县2001年为-0.79808，2005年为-0.62288，2010年为-0.08267，2015年达到0.39941；玛多县2001年为-0.38657，2005年为-0.37352，2010年为0.03442，2015年达到0.44886。

第二，各县资源供给支持力指数变化不大，但是指数升降有分化。

从表4-1可以看出，2001—2015年，果洛州各县资源供给支持力指数变化不大，但是各县发展趋势不同。玛沁县、班玛县和玛多县资源供给支持力呈现下降趋势，甘德县、达日县和久治县资源供给支持力呈现微弱上升态势。其中，资源供给支持力下降幅度最大的是玛多县，从2001年的1.80490下降至2015年的1.58003，降幅为12.45%；上升幅度最大的是甘德县，从2001年的-0.69504上升至2015年的-0.30004，上升56.83%。

第三，各县生态环境承载力不均衡，指数呈现上升与下降两种趋势。

从表4-1可以看出，2001—2015年，果洛州各县生态环境承载力与资源供给支持力指数变化相似，玛沁县、班玛县、达日县和玛多县生态环境承载力呈现下降趋势，甘德县和久治县生态环境承载力呈现上升态势。其中，生态环境承载力下降幅度最大的是玛沁县，从2001年的0.31063下降至2015年的-1.13978，累计下降-1.45041；上升幅度最大的是久治县，从2001年的-0.19545上升至2015年的0.30142，上升0.49687。

4. 果洛州总体人口资源环境承载力与全省重点开发区域存在差距

从表4-4和图4-3、图4-4、图4-5可以看出，果洛州总体人口资源环境承载力与青海省重点开发区域平均水平相比有一定差距。从图4-3看出，在人口经济活动支撑力方面，"十二五"规划实施以前，果洛州人口经济活动支撑力一直低于全省重点开发区域平均水平。"十二五"时期以来，人口经济活动支撑力增强，说明果洛州通过生态移民减轻压力，并且结合产业结构调整促进区域经济发展的成效是明显的，区域人口经济活动支撑力明显增强。从图4-4可以看出，2005年以前，果洛州资源供给支持力略高于全省重点开发区域平均水平；但是2005年至今，果洛州资源供给支持力一直低于全省重点开发区域平均水平。这主要是因为全省经济发展已经逐步从依赖自然资源转向自然资源与科技资源并重，但是果洛州科技资源匮乏，自然资源质量下降，资源供给支持力后劲不足。从图4-5可以看出，2010年以前，果洛州环境污染较少，因此生态环境承载力优于全省重点开发区域同期平均水平，但是"十二五"时期以来，随着经济增长，区域环境污染增加，环境治理不足，其生态环境承载力呈现下降态势，对这种状况要引起足够的重视和警惕。从图4-6可以看出，2010年以前，果洛州人口资源环境综合承载力指数略低于全省重点开发区域平均水平，"十二五"时期以来，人口资源环境综合承载力指数逐步提升，并与重点开发区域平均水平的差距逐步缩小。

表4-4 2001—2015年果洛州人口资源环境承载力与全省重点开发区域平均水平对比结果

年份	s_1：人口经济活动支撑力指数平均值 果洛州	青海重点区域	s_2：资源供给支持力指数平均值 果洛州	青海重点区域	s_3：生态环境承载力指数平均值 果洛州	青海重点区域	T：人口资源环境综合承载力指数平均值 果洛州	青海重点区域
2001	-0.46656	-0.15222	-0.39033	-0.38087	0.023262	-0.17938	-0.16737	-0.2386
2002	-0.46171	-0.1187	-0.02266	-0.30904	0.135888	-0.1148	-0.13397	-0.19317
2003	-0.42953	-0.09575	0.006577	-0.2411	0.132986	-0.07341	-0.11438	-0.14422
2004	-0.32664	-0.08515	-0.04317	-0.00345	0.016338	-0.07641	-0.1291	-0.05685
2005	-0.19472	-0.04052	0.194568	0.036944	0.021702	-0.06121	-0.00458	-0.03371
2006	-0.27145	-0.03338	-0.08356	0.259912	0.134104	-0.02113	-0.09153	0.067575
2007	-0.13675	0.035125	0.047217	0.143636	0.161026	-0.01475	0.008057	0.03513
2008	-0.05709	0.023282	-0.03891	0.211091	0.085052	0.0275	0.01733	0.093732
2009	-0.01128	0.073166	-0.01397	0.207039	0.113102	0.13262	0.009893	0.123648
2010	0.379147	0.105571	0.027358	0.260162	0.086223	0.103474	0.100825	0.154672
2011	0.769348	0.526735	0.102382	0.38099	-0.13614	0.268505	0.190678	0.252719
2012	0.97759	0.52286	0.070667	0.268798	-0.2205	0.302521	0.311021	0.364362
2013	1.383705	0.568875	0.03806	0.260734	-0.13903	0.317817	0.390527	0.410709
2014	1.320007	0.553071	0.056243	0.255357	-0.00041	0.301453	0.390518	0.488237
2015	1.304668	0.516200	0.086661	0.241918	0.04768	0.317745	0.390477	0.524198

资料来源：根据SPSS软件计算得到。

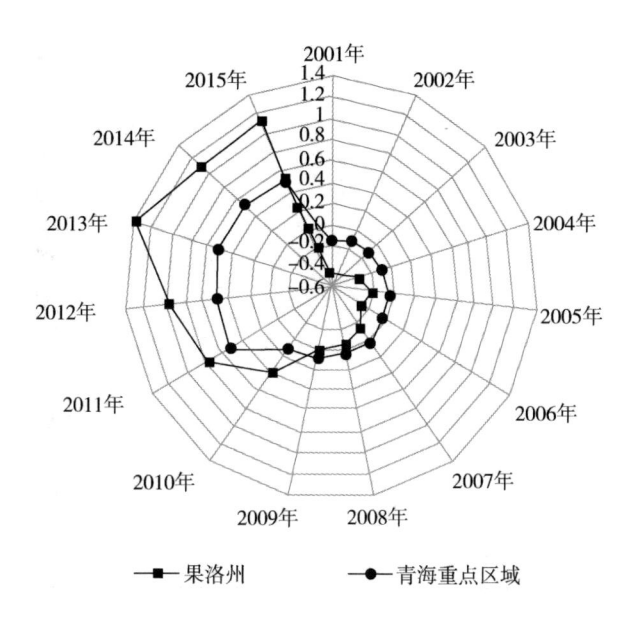

第四章 青海省三江源区域人口资源环境承载力评价

图 4-3 2001—2015 年果洛州人口经济活动支撑力与全省
重点开发区域平均水平对比

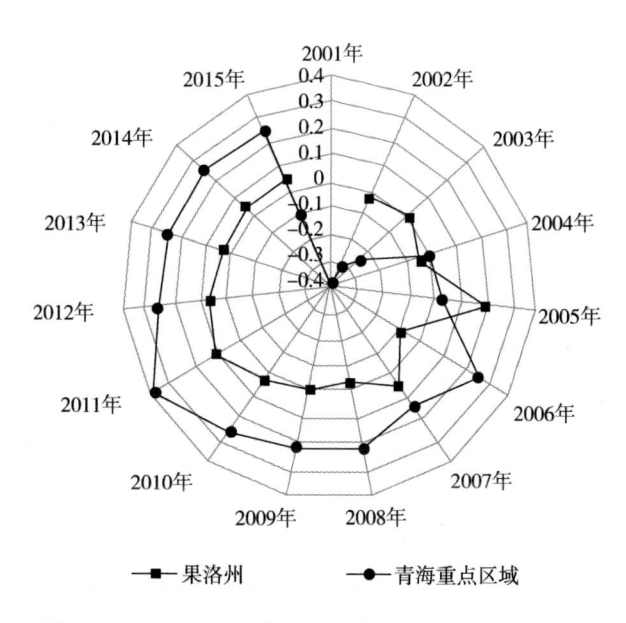

图 4-4 2001—2015 年果洛州资源供给支持力与全省
重点开发区域平均水平对比

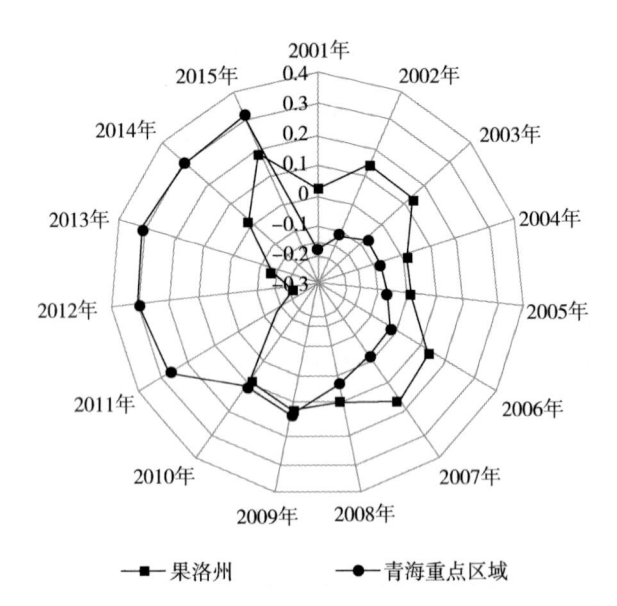

图 4-5　2001—2015 年果洛州生态环境承载力指数与全省
重点开发区域平均水平对比

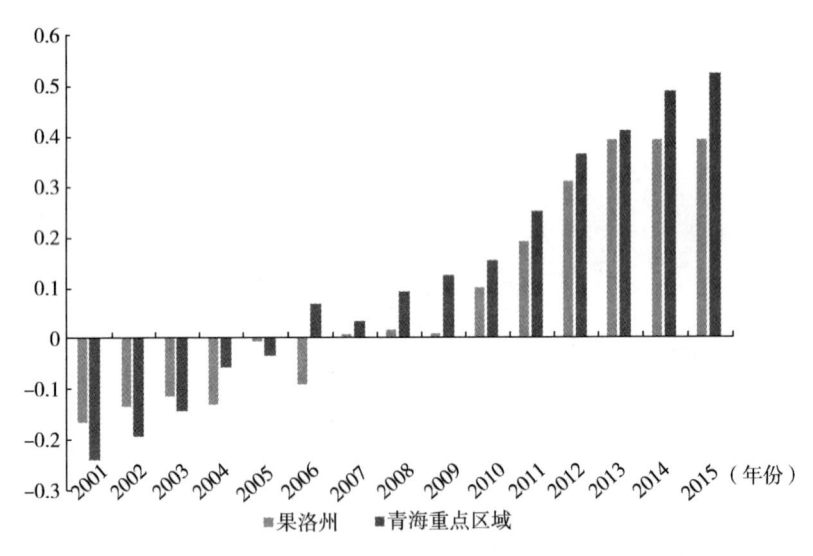

图 4-6　2001—2015 年果洛州人口资源环境综合承载力指数与
全省重点开发区域平均水平对比

从图 4-6 可以看出，果洛州在"十一五"时期以前，其人口资源环境综合承载力水平较低，与全省重点开发区域差距不大；"十一五"时期，其人口资源环境综合承载力水平有所提升，但是与全省重点开发区域的差距拉大；"十二五"时期以来，果洛州人口资源环境综合承载力水平迅速提升，并且与全省重点开发区域的差距有所缩小。

四 基于熵值法的果洛州人口资源环境承载力评价

本章基于分层构权 GPCA 模型得出了果洛州 2001—2015 年人口资源环境承载力评价结果，以下用熵值法对果洛州 2001—2015 年的人口资源环境承载力做出评价，不仅使我们对果洛州人口资源环境承载力现状和发展态势有更加清晰的认识，也从其他角度验证了前述分析结果的客观性和科学性，同时对本章的决策建议提供支撑。

权重是指权衡被评价体系中各个因素重要性程度的量值，在综合指标体系的测度中，确定指标权重的方法有主观赋权法和客观赋权法（主观赋权法是根据评价者主观上对各指标的重视程度来决定权重的方法，客观赋权法是根据各指标所提供的信息量来决定指标权重的方法）本章采用熵值法确定权重，以消除主观赋权的人为因素干扰。

1. 熵值法理论依据与原始数据整理

假定需要评价果洛州 m 年的人口资源环境综合承载力，评价指标体系包括 n 个指标。这是个由 m 个样本组成，n 个指标做综合评价的问题，便可以形成评价系统的初始数据矩阵，即：

$$X = \begin{pmatrix} x_{11} & \cdots & x_{1n} \\ \vdots & \vdots & \vdots \\ x_{m1} & \cdots & x_{mn} \end{pmatrix} X = \{x_{ij}\}_{m \times n} \ (0 \leq i \leq m, \ 0 \leq j \leq n) \quad (4-1)$$

其中 x_{ij} 表示第 i 个样本第 j 项评价指标的数值。

（1）数据标准化处理

由于各项指标的量纲、数量级均有差异，所以为消除因量纲不同对评价结果造成的影响，需要对各指标进行标准化处理，计算如下：

$$x'_{ij} = \frac{x_j - x_{\min}}{x_{\max} - x_{\min}}; \ x'_{ij} = \frac{x_{\max} - x_j}{x_{\max} - x_{\min}} \quad (4-2)$$

其中，x_j 为第 j 项指标值，$x_{\max}$ 为第 j 项指标的最大值，$x_{\min}$ 为第 j 项指标的最小值，x'_{ij} 为标准化值。若所用指标的值越大越好，则选择前一个公式；若所用指标的值越小越好，则选择后一个公式。

计算第 j 项指标下第 i 年份指标值的比重 y_{ij}，得：

$$y_{ij} = \frac{x'_{ij}}{\sum\limits_{i=1}^{m} x'_{ij}} (0 \leqslant yi_j \leqslant 1) \tag{4-3}$$

由此，可以建立数据比重矩阵，即：

$$Y = \{y_{ij}\}_{m \times n}$$

（2）计算指标信息熵值 e 和信息效用值 d

计算第 j 项指标的信息熵值的公式为：

$$e_j = -K \sum\limits_{i=1}^{m} y_{ij} \ln y_{ij} \tag{4-4}$$

其中，K 为常数，$K = \frac{1}{\ln m}$。

某项指标的信息效用价值取决于该指标的信息熵 e_j 与 1 之间的差值，它的值直接影响权重的大小，信息效用值越大，对评价的重要性就越大，权重也就越大，即：

$$d_j = 1 - e_j \tag{4-5}$$

（3）计算评价指标权重

利用熵值法估算各指标权重，其本质是利用该指标信息的价值体系来计算，其价值体系越高，对评价的重要性就越大（或称权重越大，对评价结果的贡献越大）。

第 j 项指标的权重为：

$$w_j = \frac{d_j}{\sum\limits_{i=1}^{m} d_j} \tag{4-6}$$

（4）计算样本的评价值

采用加权求和公式计算样本的评价值，即：

$$U = \sum\limits_{i=1}^{n} y_{ij} w_j \times 100 \tag{4-7}$$

其中 U 为综合评价值，n 为指标个数，w_j 为第 j 个指标的权重。显然 U 越大，样本效果越好，最终比较所有的 U 值，即得出结论。

（5）数据来源

本章选择果洛州 2001—2015 年的 23 个指标作为样本，所用数据均来自于2002—2016年《青海统计年鉴》,部分数据是整理计算后的结果。

2. 果洛藏族自治州人口资源环境综合承载力水平实证分析

(1) 权重计算

根据熵值法对果洛州2001—2015年23个指标进行整理,计算权重如表4-5所示。

表4-5　　　　果洛州人口资源环境承载力评价指标权重

总体层	系统层	状态要素层	变量指标层	评价指标权重
人口资源环境综合承载力	人口经济活动支撑力	人口压力	总人口(万人)	0.044854622
			人口密度(人/平方千米)	0.045309937
			城镇化率(%)	0.027254762
			人口自然增长率(‰)	0.040523763
		经济发展	GDP(万元)	0.057933181
			人均GDP(元)	0.056796407
			非农业产值比重(%)	0.04759709
			非农从业比重(%)	0.045483242
			农民人均纯收入(元)	0.048039479
			肉类和奶类总产量(吨)	0.033800512
			城镇固定资产投资完成额(万元)	0.049999208
	资源供给支持力	自然资源	人均耕地和草地面积(公顷)	0.047756587
			行政区域土地面积(平方千米)	0.020074734
			森林覆盖率(%)	0.021773483
			水域面积率(%)	0.020229826
		科技资源	农业科技与服务业单位数(个)	0.043426904
			专业技术人员数(人)	0.043376088
			普通中学专任教师数(人)	0.058223005
	生态环境承载力	环境污染	万元GDP电耗(千瓦)	0.018997155
			单位耕地化肥施用量(吨)	0.043338677
			民用汽车拥有量(辆)	0.0477196
		环境治理	污水处理厂数(个)	0.069681077
			垃圾处理站数量(个)	0.067810662

从上述指标权重值可以看出，各项指标在人口资源环境综合承载力综合测度过程中的相对重要程度是不同的，经济发展、科技资源和环境治理层面的各项指标普遍权重较高，说明这些因素在果洛州人口资源环境综合承载力中起着相对重要的作用。

（2）基于熵值法的果洛州人口资源环境综合承载力评价值计算

运用表4–5计算出的评价指标权重，对果洛州的人口资源环境综合承载力进行综合测度，计算出15年来果洛州的人口资源环境承载力得分情况，详见表4–6、图4–7、图4–8。

表4–6的数据结果也显示出果洛州2001—2015年人口资源环境综合承载力变动趋势与前文中使用全局主成分分析法得出的变化趋势基本一致，说明计算结果比较可靠。

表4–6 基于熵值法的果洛州人口资源环境综合承载力评价值（2001—2015年）

年份	人口经济活动支撑力		资源供给支持力		生态环境承载力		综合承载力评价值
	人口压力	经济发展	自然资源	科技资源	环境污染	环境治理	
2001	1.2628324	1.8875444	0.8488704	0.8228139	0.7715612	0.6442622	6.2378846
2002	1.2086988	1.8656973	0.7648438	0.7793398	0.7503399	0.7925198	6.1614395
2003	1.2537289	2.0761965	0.8294017	0.7830098	0.8023252	0.6442622	6.3889243
2004	1.2197595	2.0833403	0.8244641	0.7993424	0.8397522	0.7925198	6.5591784
2005	1.1598852	2.0406249	0.8109989	0.8557081	0.8358828	0.7925198	6.4956197
2006	1.1174341	1.9201311	0.7901115	0.8875168	0.6801045	0.6442622	6.0395602
2007	1.0158235	2.2508726	0.7627914	1.2563544	0.6284813	0.6442622	6.5585854
2008	1.1019708	2.0604171	0.7589171	0.8044135	0.7254609	0.7925198	6.2436991
2009	0.9641376	2.1546850	0.7343924	1.0534488	0.7485994	0.9229249	6.5781882
2010	1.0451119	2.1944035	0.7302994	0.9164638	0.6939906	1.1581193	6.7383884
2011	0.9414063	2.2037315	0.6426537	0.9756341	0.7018003	1.1581193	6.6233452
2012	0.8981057	2.4663794	0.6877667	1.0671462	0.7431677	1.2885244	7.1510901
2013	0.8582288	2.8086054	0.6431769	1.2197061	0.6885325	1.1581193	7.3763690
2014	0.8942131	2.9291962	0.6096732	1.2109375	0.6841971	1.1581193	7.4863364
2015	0.8529716	3.0230867	0.5451017	1.0707646	0.7113475	1.1581193	7.3613915

资料来源：根据Excel软件计算得到。

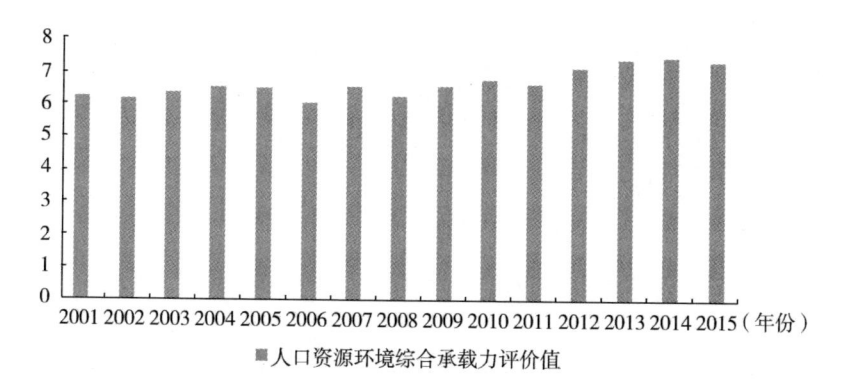

图 4-7 果洛州 2001—2015 年人口资源环境综合承载力变动

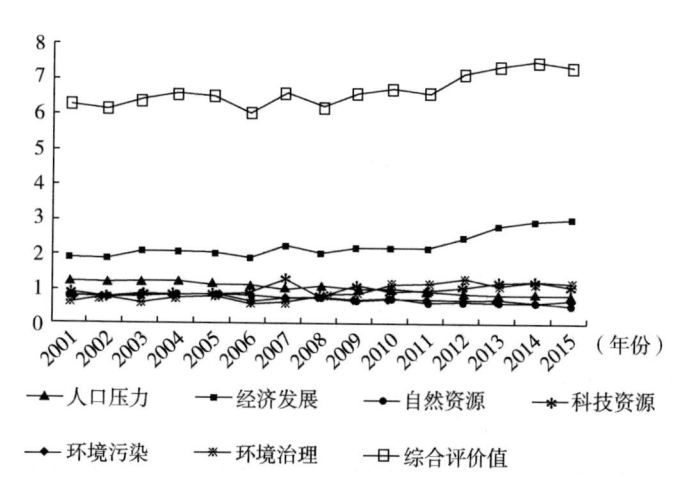

图 4-8 果洛州 2001—2015 年人口资源环境综合
承载力各要素评价值变动

（3）基于熵值法的果洛州各县人口资源环境综合承载力评价结果

基于熵值法计算出果洛州各县人口资源环境综合承载力指标体系权重，并计算出各县综合承载力各要素得分情况。其中，玛沁县 2001—2015年人口资源环境综合承载力各要素评价值计算结果见表 4-7、图 4-9；班玛县 2001—2015 年人口资源环境综合承载力各要素评价值计算结果见表 4-8、图 4-10；甘德县 2001—2015 年人口资源环境综合承载力各要素评价值计算结果见表 4-9、图 4-11；达日县 2001—2015 年人口资源环境综合承载力各要素评价值计算结果见表 4-10、图 4-12；久治县 2001—2015 年人口资源环境综合承载力各要素评价值计算结果见表 4-11、图 4-13；玛多县 2001—2015 年人口资源环境综合承载力各要素评价值计算结果见表 4-12、图 4-14。

表 4-7　玛沁县 2001—2015 年人口资源环境综合承载力各要素评价值变动

年份	人口资源环境综合承载力					
	人口经济活动支撑力		资源供给支持力		生态环境承载力	
	人口压力	经济发展	自然资源	科技资源	环境污染	环境治理
2001	1.0449835	2.0407391	1.0073420	1.4177098	0.4643746	0.2822257
2002	1.2684521	2.0677394	1.1679408	1.1937584	0.4672381	0.2822257
2003	1.2785315	2.2478999	1.2331804	1.1630146	0.4704564	0.2822257
2004	1.2396799	2.1835787	1.2070026	1.1473492	0.4733952	0.2822257
2005	1.2228962	2.1619312	1.2025561	1.1680640	0.4731466	0.2822257
2006	1.1983755	2.1140344	1.1780547	1.6875393	0.4737928	0.2822257
2007	1.0298689	2.3285872	1.1181075	1.9642286	0.4109415	0.2822257
2008	1.0651256	2.1618719	1.1136597	1.6463250	0.4774743	0.2822257
2009	0.9273723	2.3299935	1.0614564	1.9366856	0.4865902	0.2822257
2010	0.9779800	2.2956514	1.0565077	1.0584280	0.4172639	0.2822257
2011	0.9074176	2.2966386	1.0304341	1.0831598	0.4246250	0.2822257
2012	0.8745038	2.4753013	1.0107931	1.0853105	0.4104732	0.5644514
2013	0.7663725	2.9085831	1.3951509	1.2256393	0.3359798	0.2822257
2014	0.8475529	3.1397080	1.4155618	1.2296975	0.3125301	0.2822257
2015	0.8068242	3.1361605	1.2372316	1.1231908	0.3466727	0.2822257

资料来源：根据 Excel 软件计算得到。

表 4-8　班玛县 2001—2015 年人口资源环境综合承载力各要素评价值变动

年份	人口资源环境综合承载力					
	人口经济活动支撑力		资源供给支持力		生态环境承载力	
	人口压力	经济发展	自然资源	科技资源	环境污染	环境治理
2001	0.7471016	2.0059413	0.9997827	0.9879046	0.7089929	0.5349784
2002	0.7140529	1.8591760	1.2317206	1.2159532	0.7525178	0.5349784

续表

年份	人口资源环境综合承载力					
	人口经济活动支撑力		资源供给支持力		生态环境承载力	
	人口压力	经济发展	自然资源	科技资源	环境污染	环境治理
2003	0.7127837	2.0293128	0.9421382	1.0478967	0.7396393	0.5349784
2004	0.7044595	1.9646011	0.9412052	1.0993184	0.7348259	0.5349784
2005	0.6962312	1.9466306	0.9402724	1.0345855	0.7615771	0.5349784
2006	0.6830466	1.9455844	0.9307910	1.2502344	0.7834700	0.5349784
2007	0.6076176	1.9907052	0.9156281	1.2615330	0.7933481	0.5349784
2008	0.6547790	2.0117066	0.9146733	1.7513324	0.8131173	0.5349784
2009	0.6688116	2.0503979	0.9279933	1.5951379	0.8283942	1.0699568
2010	0.6506796	2.1725214	0.9058494	1.4639165	0.7786184	1.0699568
2011	0.6309770	2.2906997	0.8307120	1.4810572	0.7862998	1.0699568
2012	0.6212754	2.4706341	0.8997654	1.3610730	0.7203193	1.0699568
2013	0.5532840	2.8115882	0.7889480	1.3610730	0.7277493	1.0699568
2014	0.5796940	3.0225463	0.7201419	1.2925106	0.7419447	1.0699568
2015	0.5520478	3.0205430	0.7036018	1.3782137	0.7452675	1.0699568

资料来源：根据 Excel 软件计算得到。

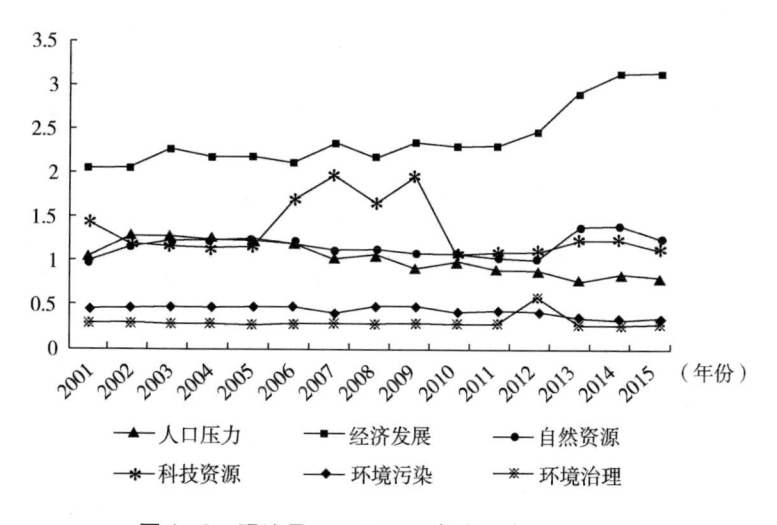

图 4-9 玛沁县 2001—2015 年人口资源环境综合承载力各要素评价值变动

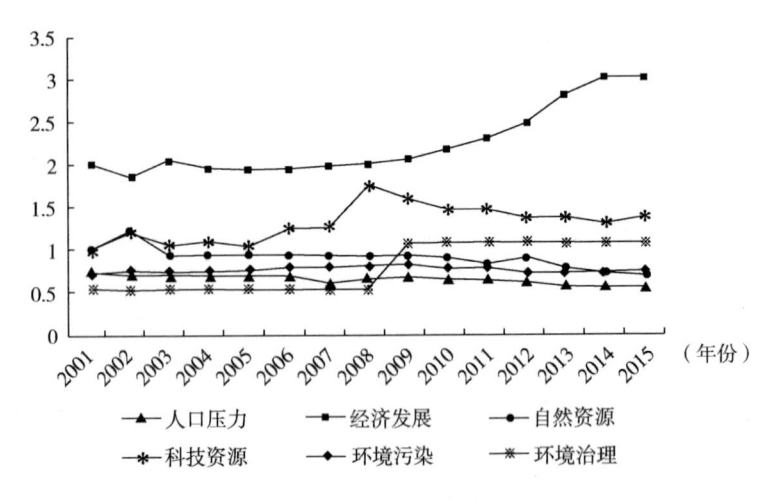

图 4-10 班玛县 2001—2015 年人口资源环境综合
承载力各要素评价值变动

表 4-9 甘德县 2001—2015 年人口资源环境综合承载力各要素评价值变动

年份	人口经济活动支撑力		资源供给支持力		生态环境承载力	
	人口压力	经济发展	自然资源	科技资源	环境污染	环境治理
2001	1.0359057	1.4568409	0.7513596	1.3312547	0.5274375	1.1746713
2002	1.0142039	1.4235874	0.7038002	1.3626029	0.5690543	1.1746713
2003	1.0132409	1.5973103	0.7732805	1.3953380	0.5587469	1.1746713
2004	1.0034613	1.5336720	0.7732791	1.3989140	0.5666004	1.1746713
2005	0.9897471	1.5950199	0.7513544	1.3373274	0.5842307	1.1746713
2006	0.9864694	1.6262069	0.7407317	1.4237505	0.5954704	1.1746713
2007	0.8726241	1.7435551	0.7205609	1.2898930	0.6099916	1.1746713
2008	0.8995348	1.7422866	0.7019417	0.9668723	0.5951280	1.1746713
2009	0.9850791	1.7586869	0.6686944	0.9770022	0.6116270	1.1746713
2010	0.8441673	1.7954033	0.6847007	0.9851061	0.5959948	1.7538045
2011	0.8529047	1.7547538	0.7165882	0.9851061	0.5655718	1.7538045
2012	0.8140623	1.8677995	0.6043219	1.0884310	0.5526070	2.3493427
2013	0.8298732	2.0993946	0.6730429	1.0112191	0.5423670	2.3493427
2014	0.6993861	2.1130549	0.6284256	1.0033518	0.5131127	2.3493427

第四章　青海省三江源区域人口资源环境承载力评价

续表

年份	人口资源环境综合承载力						
	人口经济活动支撑力		资源供给支持力		生态环境承载力	
	人口压力	经济发展	自然资源	科技资源	环境污染	环境治理
2015	0.7112640	2.1068184	0.4925369	1.0317157	0.5262206	2.3493427

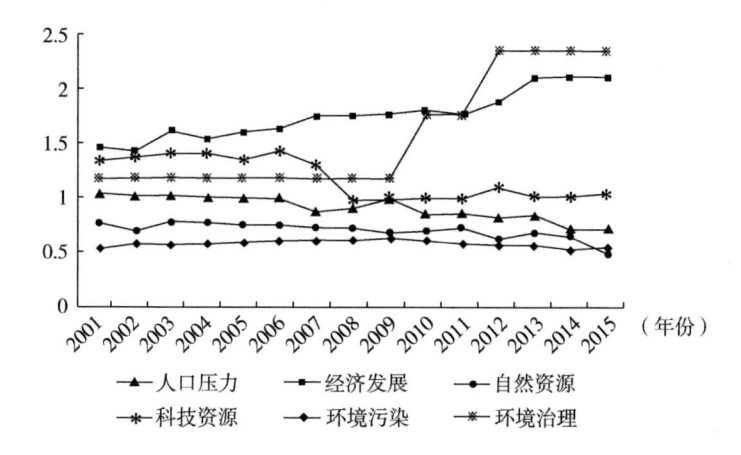

资料来源：根据 Excel 软件计算得到。

图 4-11　甘德县 2001—2015 年人口资源环境综合
承载力各要素评价值变动

表 4-10　达日县 2001—2015 年人口资源环境综合承载力各要素评价值变动

年份	人口资源环境综合承载力						
	人口经济活动支撑力		资源供给支持力		生态环境承载力	
	人口压力	经济发展	自然资源	科技资源	环境污染	环境治理
2001	0.9423073	1.6290290	0.4997503	0.7557516	0.5623434	1.1447085
2002	0.9125314	1.6550718	0.4157667	0.7766942	0.5941692	1.7170628
2003	0.9125314	1.7950958	0.4810029	0.7875395	0.5931208	1.1447085
2004	0.8980870	1.8409319	0.4810022	0.7859314	0.6045063	1.1447085
2005	0.9035062	1.7908693	0.4637552	0.8028729	0.6443675	1.1447085
2006	0.8850163	1.7217573	0.4742330	0.8209734	0.6577931	1.1447085
2007	0.8850163	1.8344644	0.4742570	0.9763257	0.6604461	1.1447085
2008	0.8643833	1.9709577	0.4914780	1.1660605	0.6841309	1.1447085
2009	0.9585278	2.0287497	0.4435711	1.0011787	0.6981597	1.7170628

续表

年份	人口资源环境综合承载力					
	人口经济活动支撑力		资源供给支持力		生态环境承载力	
	人口压力	经济发展	自然资源	科技资源	环境污染	环境治理
2010	0.8567974	2.1073595	0.4066459	0.9769527	0.6563748	2.2894171
2011	0.8749754	2.2009109	0.3836265	0.9914256	0.6618873	2.2894171
2012	0.8746395	2.3691830	0.3836231	1.2197043	0.6394679	2.2894171
2013	0.9814959	2.5307592	0.3876131	1.2237806	0.6178021	2.2894171
2014	0.8388666	2.5910680	0.3186378	1.1381760	0.5883250	2.2894171
2015	0.8078682	2.5314460	0.3132333	1.1504074	0.5673463	2.2894171

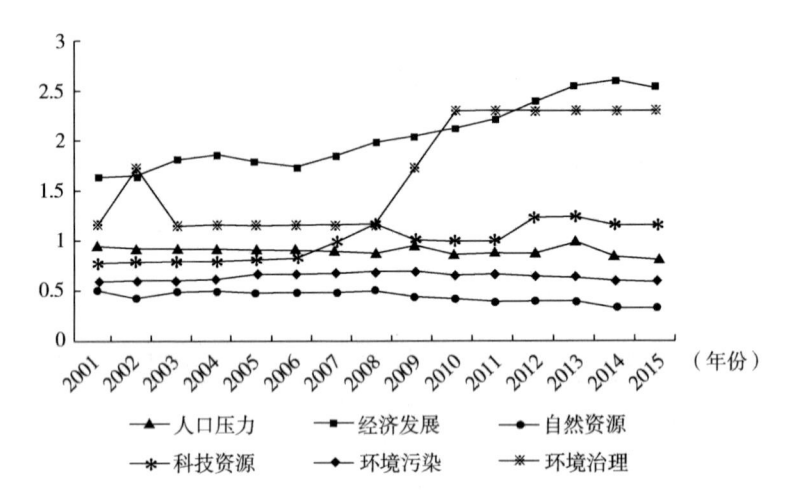

资料来源：根据 Excel 软件计算得到。

图 4-12　达日县 2001—2015 年人口资源环境综合承载力各要素评价值变动

表 4-11　久治县 2001—2015 年人口资源环境综合承载力各要素评价值变动

年份	人口资源环境综合承载力					
	人口经济活动支撑力		资源供给支持力		生态环境承载力	
	人口压力	经济发展	自然资源	科技资源	环境污染	环境治理
2001	0.9031416	1.7301446	0.7805828	0.8523550	0.6661639	0.8171904
2002	0.9032435	1.8352290	0.7069993	0.8663720	0.6849339	0.8171904

续表

年份	人口资源环境综合承载力					
	人口经济活动支撑力		资源供给支持力		生态环境承载力	
	人口压力	经济发展	自然资源	科技资源	环境污染	环境治理
2003	0.9034644	1.9630751	0.7805717	0.8632571	0.7073947	0.8171904
2004	0.8738125	2.0343636	0.7805661	0.8648146	0.7195831	1.2005490
2005	0.8611140	2.0389629	0.7805606	0.8585848	0.7349942	1.2005490
2006	0.8858783	1.9963906	0.7211203	0.9659967	0.7478324	0.8171904
2007	0.8010998	1.9812728	0.7045126	1.2132792	0.7564398	0.8171904
2008	0.8287713	1.9435240	0.7045168	0.9050274	0.7679261	1.2005490
2009	0.7617285	2.0751781	0.7045122	0.9264432	0.7795814	1.2005490
2010	0.7957083	2.1597673	0.7031008	1.2506575	0.7137598	1.4174649
2011	0.7947484	2.0858403	0.9858007	1.2996081	0.6817133	1.6343807
2012	0.8009365	2.4286744	0.6822473	1.2996081	0.5854338	1.6343807
2013	0.7305099	2.6030472	0.6101664	1.3167399	0.6312780	1.4174649
2014	0.7801153	2.6038798	0.6522089	1.1461344	0.6326751	1.4174649
2015	0.6828442	2.6022587	0.6451745	1.1087558	0.6623225	1.4174649

资料来源：根据 Excel 软件计算得到。

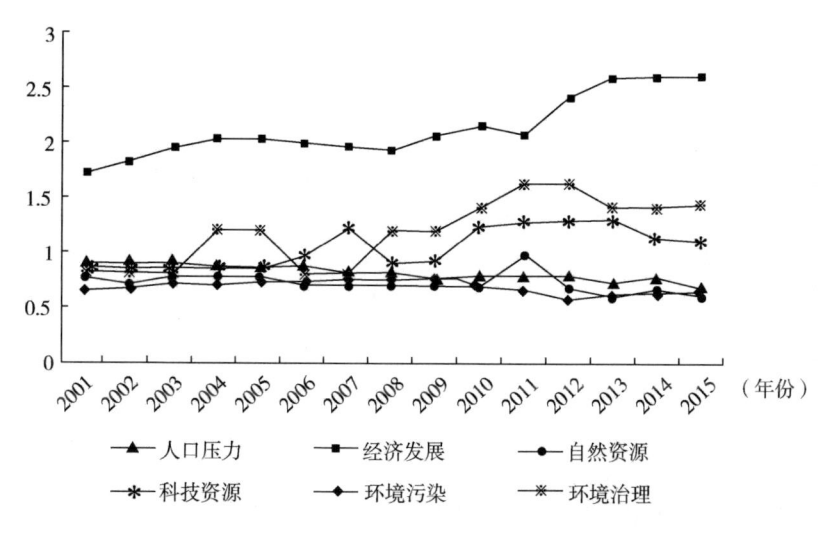

图 4-13 久治县 2001—2015 年人口资源环境综合承载力各要素评价值变动

表4-12 玛多县2001—2015年人口资源环境综合承载力各要素评价值变动

年份	人口资源环境综合承载力						
	人口经济活动支撑力		资源供给支持力		生态环境承载力	
	人口压力	经济发展	自然资源	科技资源	环境污染	环境治理
2001	1.5080625	1.6271085	1.0357715	1.0318891	0.5058464	-0.6095415
2002	1.4969812	1.6952178	0.9617813	1.3636629	0.5302536	0.6095415
2003	1.5083163	1.8985973	1.0357587	1.1755252	0.5399320	0.6095415
2004	1.4279592	2.0106273	1.0357525	1.2339539	0.5549122	0.6095415
2005	1.3468919	2.0107412	0.9514312	1.1881594	0.5726654	0.6095415
2006	1.3373252	1.9926230	0.9503118	1.3191798	0.5878365	0.6095415
2007	1.1011220	2.0408424	0.8789648	1.2834369	0.5984437	0.6095415
2008	1.1640352	1.9039255	0.8178078	0.8718206	0.5985118	0.6095415
2009	1.1670586	1.9227745	0.8178029	1.0926835	0.6110510	1.2190829
2010	1.0921930	2.0286042	0.8800609	0.9193451	0.5895195	1.2190829
2011	1.0864411	1.9339660	0.8800376	0.8819403	0.5416203	0.6095415
2012	1.0213727	2.3650515	0.8422668	0.8981299	0.5673548	1.2190829
2013	1.0123195	2.5070564	0.6803767	0.9959973	0.5640901	1.2190829
2014	0.9805571	2.5270544	0.6225923	0.9636180	0.5342903	1.2190829
2015	0.8352115	2.4896650	0.5879711	1.0445663	0.5210030	1.2190829

资料来源：根据Excel软件计算得到。

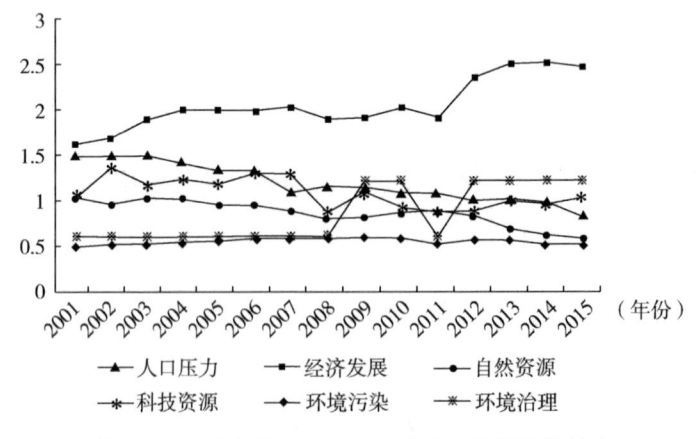

图4-14 玛多县2001—2015年人口资源环境综合承载力各要素评价值变动

五 果洛州人口资源环境承载力预测

利用 EViews 6.0 的模型预测功能，预测 2015—2025 年果洛州人口资源环境承载力三个子系统的承载力指数平均值及综合承载力指数平均值，见表 4-13。

表 4-13　果洛州 2015—2025 年人口资源环境综合承载力指数预测值

年份	果洛州人口资源环境综合承载力指数平均值	全省重点开发区域综合人口资源环境承载力指数平均值
2015	0.390	0.524
2016	0.421	0.588
2017	0.429	0.654
2018	0.432	0.722
2019	0.501	0.792
2020	0.558	0.813
2021	0.597	0.845
2022	0.621	0.851
2023	0.643	0.859
2024	0.655	0.860
2025	0.694	0.863

资料来源：根据 eNews 软件计算得到。

从果洛州人口资源环境综合承载力指数预测结果可以看出，按照目前的开发态势，"十三五"时期青海省果洛州综合承载力平稳上升，综合承载力指数平均值 2015 年为 0.390，到 2025 年预计上升为 0.694，预计上升幅度为 77.94%。但是从图 4-15 可以看出，与全省重点开发区域相比，果洛州 2025 年人口资源环境综合承载力水平预期值能达到全省重点开发区域平均水平的 80.41%，还存在一定差距。

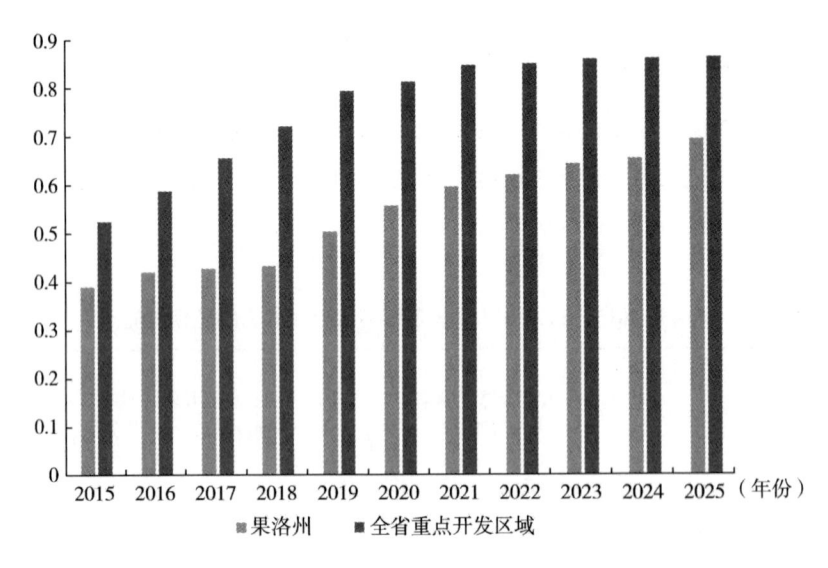

图 4-15　果洛州 2015—2025 年人口资源环境承载力
预测值与全省重点开发区域对比

第二节　评价结果分析

一　果洛州人口资源环境综合承载力逐年提升，但各子系统作用不同

从表 4-6 可以看出：果洛州 2001 年以来人口经济活动支撑力中，人口压力指标的得分越来越少，说明西部大开发以来，随着三江源生态保护工程实施生态移民措施的推进，该区域人口压力减弱了；经济发展指标的得分越来越高，说明果洛州在保护过程中实施恰当的开发，推进了区域经济发展，有助于实现人口生态环境承载力的进一步提升；在资源供给支撑力系统中，自然资源得分越来越低，科技资源得分越来越高，说明在综合测度中自然资源的重要性明显减弱，科技资源在综合测度中重要性逐渐加强；生态环境承载力子系统中，环境污染指标变动不大，环境治理的分值逐渐增加，说明果洛州主要以农牧业为主的产业结构环境污染较少，但是未来经济开发和发展过程中，加强环境污染治理（包括生产污

染和生活污染）是确保果洛州人口资源环境承载力持续稳定提高的重要渠道。

在综合指标体系中，经济发展、环境治理和科技资源的得分逐年提高，说明果洛州在经济取得较快发展的基础上，充分运用科技逐步替代对自然资源的依赖，同时加强环境治理，才有利于增强果洛州人口资源环境承载力持续稳定地提升。

二 果洛州各县人口资源环境综合承载力子系统作用也不相同

从表4-7、图4-9可以看出，在玛沁县2001—2015年人口资源环境综合承载力各要素评价结果中，只有经济发展子系统分值的提高支撑着人口资源环境承载力提升，环境治理系统没有表现出太大变化，其余各子系统均呈现下降趋势。

从表4-8、图4-10可以看出，在班玛县2001—2015年人口资源环境综合承载力各要素评价结果中，经济发展、科技资源和环境治理子系统分值均有所提升，促进了班玛县人口资源环境综合承载力上升。

从表4-9、图4-11可以看出，在甘德县2001—2015年人口资源环境综合承载力各要素评价结果中，经济发展和环境治理子系统得分稳定上升，对人口资源环境综合承载力的提升做出主要贡献，同时人口压力下降，自然资源贡献呈下降态势，说明未来经济发展不能过度依赖自然资源，应当实现经济发展转型，实现可持续发展。

从表4-10、图4-12可以看出，在达日县2001—2015年人口资源环境综合承载力各要素评价结果中，经济发展、科技资源和环境治理子系统得分上升支持了该县综合承载力提升，但是该区域人口压力还比较大。

从表4-11、图4-13可以看出，在久治县2001—2015年人口资源环境综合承载力各要素评价结果中，经济发展、科技资源和环境治理子系统得分增加是综合承载力提升的主要支持要素，其区域人口压力下降，自然资源的贡献也逐步下降。

从表4-12、图4-14可以看出，在玛多县2001—2015年人口资源环境综合承载力各要素评价结果中，经济发展和环境治理子系统得分增加，资源支撑力下降，人口压力也逐步下降，但环境污染有所上升。

从各县总体情况来看，随着西部大开发和三江源生态保护工程的实施，果洛州各县人口压力均有所下降，经济发展水平有所提升，但是区域科技资源不足，环境污染治理还较薄弱，将成为未来发展的制约因素。除此之外，果洛州各县表现出的自然资源子系统贡献下降，除了自然资源利用效率下降之外，与实施退牧还草等生态环境保护措施也有较大关系。这反映出果洛州作为三江源保护区范围内的经济区域，为了生态环境保护，在经济社会发展方面做出的牺牲。

三 基于生态足迹的果洛州人口资源环境承载力评价

1. 生态足迹理论方法概述

生态足迹（Ecological Footprint）是指生产一定人口所消费的资源和吸纳这些人口消费产生的废弃物所需要的生物生产性土地的总面积（Wackernagel，1996）。1996年以后，William 和 Wackernagel 又从不同侧面对其进行了解释：" 一个国家范围内给定人口的消费负荷""用生产性土地面积来度量一个给定人口或经济规模的资源消费和废物吸收水平的账户工具"（李利锋，2000），"能够持续地提供资源或消纳废物的、具有生物生产力的地域空间"（Winiom，1997）。总之，生态足迹这一形象化概念既反映了人类对地球环境的影响，又包含了可持续性机制。它用生态空间大小表示人类对自然资本的消费及自然系统能够提供的生态服务功能，从而对人类活动的可持续性做出评价。其度量尺度可为一个国家、一个城市、一个产业或一个人；而生态足迹的大小受人口规模、生活水平、技术和生态生产力等因素的影响。

（1）生物生产性土地

生物生产性土地是生态足迹模型计量分析的基础，它是指具有显著的光合作用活动和生物量生产的土地或水域，也即具有生物生产能力、资源再生能力和自净能力的土地或水域，而其他不具有生物生产能力或人类目前还无法利用的土地面积则不计入生物生产性面积中，如沙漠、深海等。生态足迹模型所有指标都是基于生物生产性土地这一替代自然资本的概念而定义的，它为各类自然资本提供统一的度量基础，将纷繁复杂的自然资本极大地简化为容易建立等价关系的不同土地类型。根据生产力大小的差异，在生态足迹模型账户计算中，将生物生产性土地面积划分为耕地、草地、林地、水域、建设用地和化石能源用地共6类。在研究人类活动消费的各种资源、排放的废弃物以及自然生态供给时，将这些消费项目和自然生态供给折算成相应的生物生产性面积。这6类生物生产性土地如下：

一是耕地（Arable land or Cropland），即人类进行作物种植的土地类型，这是最具有生物生产能力的土地类型，人类消费的食物、动物饲料、纤维、油料等均来源于耕地。

二是草地（Pasture or Grazing Land），用来饲养牲畜以获得人类所需的肉类、皮毛和奶等消费项目。

三是林地（Forest area），这包括天然林和人工林，主要提供人类所需的木材、造纸用材以及保持水土、调节气候和CO_2吸收等生态环境功能。

四是水域（Fishing ground），指人类开展渔业捕捞或从事渔业生产的水域面积，为人类提供鱼虾等水产品。

五是建设用地（Built – up land），指为人类提供住房、交通、工业和水电站等基础设施而占用的土地。由于建设用地一般都占用最肥沃的可耕地，因此建设用地的扩张能明显地造成生物生产量的降低。

六是化石能源用地（Energy land），指吸收化石能源燃烧过程中排放出的CO_2所需的林地面积（此处并未包括化石能源及其产品排放出的其他有毒气体，也未包括海洋所吸收的那部分CO_2）。

（2）计算方法

在计算生态足迹时，生物生产性面积主要考虑6种类型：化石能源用地、耕地、林地、草地、建设用地和水域。由于各种生物生产性土地类型的生态生产力不同，需使用世界平均生产力将资源消费量及废物吸纳量转化为所需要的生物生产性面积。引入均衡因子，使不同类型的生物生产性土地转化为等价的生态生产力，从而合计出总的生态足迹。

生态足迹的计算公式：

$$EF = \left[\sum_{i=1}^{n} \frac{P_i + I_i - E_i}{EP_i} \right] EQ_i \qquad (4-8)$$

式（4-8）中：EF为总生态足迹；EP_i为生态生产力（全球平均）；

P_i 为资源生产量；I_i 为资源进口量；E_i 为资源出口量；EQ_i 为均衡因子。化石能源用地、耕地、草地、林地、建设用地及水域的均衡因子分别为 1.1、2.8、0.5、1.1、2.8、0.2。

生态承载力（又称生态足迹供给）计算公式：

$$EC = \sum_{i=1}^{n} A_i EQ_i Y_i \quad (4-9)$$

式（4-9）中：EC 为总生态承载力；A_i 为不同类型生态生产性土地面积；EQ_i 为均衡因子；Y_i 为不同类型生态生产性土地产量调整系数。耕地、林地、草地、水域、建设用地的产量因子分别取 1.66、0.91、0.19、1、1.66。在计算青海省重点开发区域生态足迹供给时，扣除 12% 的生物多样性保护面积。

人均生态盈余/赤字的计算公式：

$$ER' = EC' - EF' \quad (4-10)$$

式（4-10）中：EF' 为人均生态足迹；EC' 为人均生态承载力。$ER' > 0$ 表示该地区生态土地资源的供给量大于人们的消耗使用量，该地区处于生态承载力范围以内，即存在生态盈余；$ER' < 0$ 表示该地区对生态土地资源的占用量超过了生态承载力所允许的范围，即出现生态赤字。

2. 果洛州 2009—2015 年生态足迹计算原理

根据生态足迹理论及其概念模型，青海省重点开发区域的生态足迹需求的计算主要包括两部分：一是生物资源的消费，二是能源的消费。本章计算生态足迹所需要的数据和资料，其中生物资源和能源消费量数据来源于 2010—2015 年《青海统计年鉴》，各类土地面积数据来源于 2009—2015 年《青海省土地利用变更调查报告》。采用联合国粮农组织 1993 年计算的有关生物资源的世界平均产量资料，将青海省重点开发区域的消费转化为提供这类消费所需要的生物生产性土地面积。用各地区不同物品的消费量除以该消费品生物生产性土地的全球平均产量，即得到相应的生态足迹，进一步归类合并可得到不同类型的生态足迹。

(1) 生物资源账户的计算

生物资源消费部分主要包括农产品、动物产品、林产品和木材等。对各个细目的分类，最好按照不同的动植物类别来进行，但在地区生态足迹的核算中很难将这些细目统计清楚。根据《青海统计年鉴》的相应分类和实际核算需要，本章将生物资源消费部分调整成如下九类：粮食产量、油料产量、蔬菜产量、糖料产量、水果产量、肉类产量、奶类产量、禽蛋产量和水产品产量。以上的前四种资源都是由耕地这类生物生产土地生产出来的，水果产量是由林地这类生物生产土地生产出来的，肉类产量、奶类产量和禽蛋产量是由草地这类生物生产土地生产出来的，水产品产量是由水域这类生物生产土地生产出来的，所以对应的需要转化为耕地足迹、林地足迹、草地足迹和水域足迹。用消费量除以生产该消费的生物生产性土地的世界平均产量，就可以得到对应的生态足迹面积。以玛沁县2015年数据为例给出具体计算过程，见表4-14。

表4-14　玛沁县2015年生物资源账户的生态足迹计算结果

生态足迹类型	种类	全球平均产量（千克/公顷）	玛沁县产量（千克）	生态足迹（公顷）	人均生态足迹（公顷/人）	人均合计（公顷/人）	均衡因子	均衡生态足迹
耕地	粮食产量	2744	57000	20.7726	0.0004	0.0013	2.8	0.0035
	油料产量	1856	64000	34.4828	0.0007			
	蔬菜产量	18000	98000	5.4444	0.0001			
	糖料产量	4893	0	0.0000	0.0000			
林地	水果产量	3500	0	0.0000	0.0000	0.0000	1.1	0.0000
草地	肉类产量	33	6066000	183818.1818	3.8295	4.1575	0.5	2.0788
	奶类产量	502	7903000	15743.0279	0.3280			
	禽蛋产量	400	0	0.0000	0.0000			
水域	水产品产量	29	0	0.0000	0.0000	0.0000	0.2	0.0000

（2）能源消费账户的计算

能源消耗主要包括原煤、原油、天然气、热力和电力的消耗量。根据我国能源折算系数（邱大雄，1995），将能源的具体消耗量折算为统一的能量单位，再以该化石能源全球平均能源足迹为标准，计算出所需的化石能源用地和建设用地的大小。这里的"全球平均能源足迹"表示某种燃料燃烧释放相当量热值时，同时产生的CO_2需要1公顷林地一年时间的吸收。由于青海年鉴中没给出原煤、原油、天然气和热力的消耗量,故只计算电力的消耗量,折算成建设用地,以玛沁县2015年数据为例给出具体计算过程,见表4－15。

表4－15 玛沁县2015年生物能源消费生态足迹

项目	全球平均能源足迹（GJ/hm²）	折算系数*	总消费量（千瓦时）	总生态足迹（hm²）	人均生态足迹（hm²/人）	均衡因子	均衡生态足迹	生产面积类型
电力	1000	0.0036	212768977.5	765.9683	0.0160	2.8	0.0447	建设用地

注：* 表示单位为 GJ/（kW·h），电力千瓦时与热量折算系数是根据每千瓦时耗煤397克，再根据每克煤释放的热量进行换算。

3. 果洛州2011—2015年总生态足迹计算结果

（1）果洛州人均总需求生态足迹与承载力计算结果

2011—2015年果洛州人均总需求生态足迹与承载力计算结果见表4－16。

表4－16 2011—2015年果洛州人均总需求生态足迹与承载力　　单位：公顷/人

区域	2011年 需求足迹	2011年 承载力	2012年 需求足迹	2012年 承载力	2013年 需求足迹	2013年 承载力	2014年 需求足迹	2014年 承载力	2015年 需求足迹	2015年 承载力
果洛州	2.4959	5.3848589	2.3897	5.123221	2.6427	4.811706	2.3075	4.724793	2.0338	4.560513
玛沁县	2.1046	3.597448	2.0054	3.483653	2.1017	3.243604	2.1270	3.370927	2.0750	3.506853
班玛县	3.3796	6.6613597	3.3984	6.638268	3.7696	5.775435	3.5700	6.122838	2.7491	6.142661
甘德县	2.8098	2.916952	2.2002	2.48331	2.8842	2.636369	1.2648	2.335884	0.7815	2.267327
达日县	1.7368	4.1373605	1.9058	4.139045	2.4570	4.277938	1.9445	3.422913	1.8773	3.343983
久治县	3.2682	6.1064303	3.1772	5.745525	2.7469	4.481781	3.3975	5.294155	3.2936	5.165514
玛多县	1.9100	16.088224	1.9746	15.38041	1.8004	15.01452	2.0467	14.84184	1.9377	14.36832

（2）2011—2015年果洛州总生态盈余（赤字）计算结果

2011—2015年果洛州总生态盈余（赤字）计算结果见表4－17和图4－16。

表4-17　　2011—2015年果洛州各县生态盈余（赤字）变动情况　单位：公顷/人

区域	2011年	2012年	2013年	2014年	2015年
果洛州	2.8889589	2.733521	2.169006	2.417293	2.526713
玛沁县	1.492848	1.478253	1.141904	1.243927	1.431853
班玛县	3.2817597	3.239868	2.005835	2.552838	3.393561
甘德县	0.107152	0.28311	-0.24783	1.071084	1.485827
达日县	2.4005605	2.233245	1.820938	1.478413	1.466683
久治县	2.8382303	2.568325	1.734881	1.896655	1.871914
玛多县	14.178224	13.40581	13.21412	12.79514	12.43062

从表4-17看出，果洛州各县总体都存在生态盈余，2015年生态盈余水平最高的玛多县为12.43062，生态盈余水平最低的玛沁县为1.431853公顷/人。2011—2015年，果洛州整体生态盈余呈下降趋势，从2011年的2.8889589公顷/人下降为2015年的2.526713公顷/人。班玛县和甘德县生态盈余经历了下降到上升的转变，反映出该区域三江源生态保护工程起到了保护生态的作用。玛沁县、达日县、久治县、玛多县生态盈余下降，说明经济活动对生态的压力正在增加。

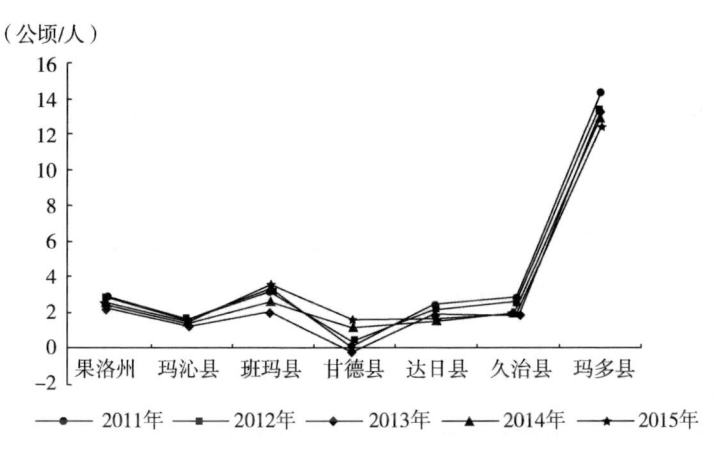

图4-16　2011—2015年果洛州各县生态盈余（赤字）变动情况

对比表4-17与第三章评价结果可以明显看出，果洛州整体生态盈余高于青海省东部重点开发区域的水平，尤其玛多县生态盈余远高于青海省整体水平，反映出果洛州宝贵的生态价值。

4. 果洛州2011—2015年各类用地生态足迹计算结果

（1）果洛州各类用地生态足迹与承载力计算结果

2011—2015年果洛州各类用地生态足迹与承载力计算结果见表4-18至表4-22。

表4-18　　2011—2015年果洛州人均耕地总需求生态足迹与承载力

单位：公顷/人

区域	2011年 需求足迹	2011年 承载力	2012年 需求足迹	2012年 承载力	2013年 需求足迹	2013年 承载力	2014年 需求足迹	2014年 承载力	2015年 需求足迹	2015年 承载力
玛沁县	0.0052	0.00593911	0.006	0.00574688	0.005	0.005344	0.004	0.005544	0.001	0.005303
班玛县	0.0562	0.039609	0.055	0.039413	0.047	0.034240	0.049	0.036281	0.046	0.035884
甘德县	0	0	0	0	0	0	0	0	0	0.000
达日县	0	0	0	0	0	0	0	0	0.000	0
久治县	0	0	0	0	0	0	0	0	0	0.000
玛多县	0	0	0	0	0	0	0	0	0.000	0
果洛州	0.0103	0.007861	0.0099	0.007469	0.009	0.006997	0.008	0.006861	0.007	0.006667

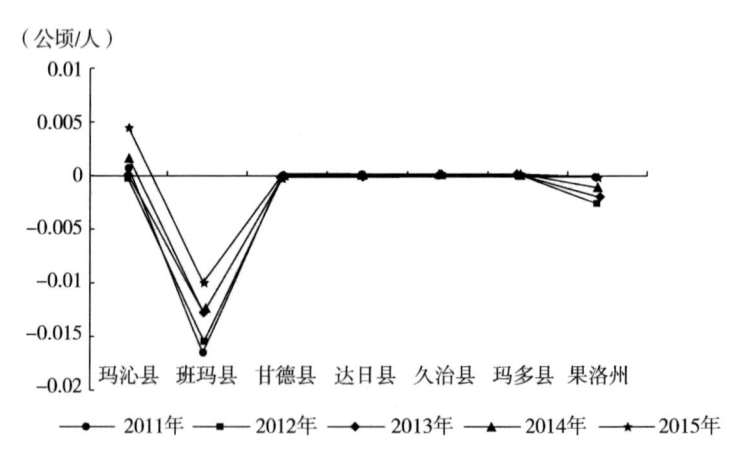

2011—2015年果洛州人均耕地生态盈余（赤字）结果见图4-17。

图4-17　2011—2015年果洛州人均耕地生态盈余（赤字）结果

2011—2015年果洛州人均林地生态盈余（赤字）结果见图4-18。

表4-19　　　　　2011—2015年果洛州人均林地
总需求生态足迹与承载力　　　　　　单位：公顷/人

区域	2011年 需求足迹	2011年 承载力	2012年 需求足迹	2012年 承载力	2013年 需求足迹	2013年 承载力	2014年 需求足迹	2014年 承载力	2015年 需求足迹	2015年 承载力
玛沁县	0	1.3360282	0	1.2929305	0	1.2024252	0	1.247329	0	1.2269529
班玛县	0	5.4325246	0	5.4117103	0	4.7081833	0	4.9910011	0	4.9386479
甘德县	0	0.8447714	0	0.7189544	0	0.7630197	0	0.6758174	0	0.6534141
达日县	0	0.5610945	0	0.5610945	0	0.5797977	0	0.4638381	0	0.4541496
久治县	0	3.6468164	0	3.428597	0	2.674306	0	3.1586291	0	3.0857377
玛多县	0	0.1221254	0	0.1167375	0	0.1134021	0	0.1118049	0	0.1072723
果洛州	0	1.9650426	0	1.868768	0	1.7526006	0	1.719146	0	1.6808209

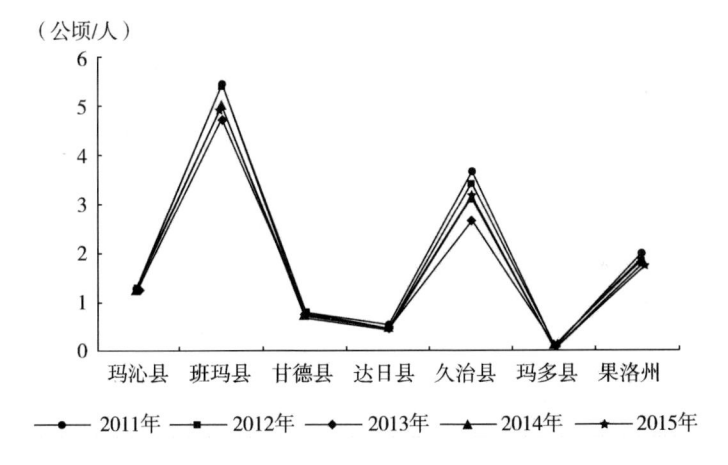

图4-18　2011—2015年果洛州人均林地生态盈余（赤字）结果

表4-20　　　　　2011—2015年果洛州人均草地总需求生态
足迹与承载力　　　　　　单位：公顷/人

区域	2011年 需求足迹	2011年 承载力	2012年 需求足迹	2012年 承载力	2013年 需求足迹	2013年 承载力	2014年 需求足迹	2014年 承载力	2015年 需求足迹	2015年 承载力
玛沁县	2.0781	25.015586	1.9651	24.208069	2.0718	22.512485	2.0788	23.35165	2.0277	22.962715
班玛县	3.3234	18.727759	3.343	18.655313	3.7222	16.230091	3.5205	17.20488	2.7028	17.024254

续表

区域	2011年 需求足迹	2011年 承载力	2012年 需求足迹	2012年 承载力	2013年 需求足迹	2013年 承载力	2014年 需求足迹	2014年 承载力	2015年 需求足迹	2015年 承载力
甘德县	2.8098	23.35763	2.2002	19.878645	2.8842	21.0968	1.2628	18.68553	0.7790	18.062958
达日县	1.7368	41.357317	1.9058	41.356897	2.457	42.735229	1.9414	34.18804	1.8736	33.473434
久治县	3.2681	31.81527	3.1772	29.909626	2.7469	23.32944	3.3975	27.55426	3.2936	26.916341
玛多县	1.9099	149.64979	1.9744	143.0471	1.8004	138.94416	2.0467	136.9777	1.9377	131.41056
果洛州	2.4798	37.53998	2.3706	35.700149	2.6269	33.479384	2.2868	32.83910	2.0266	32.103056

2011—2015年果洛州人均草地生态盈余（赤字）结果见图4-19。

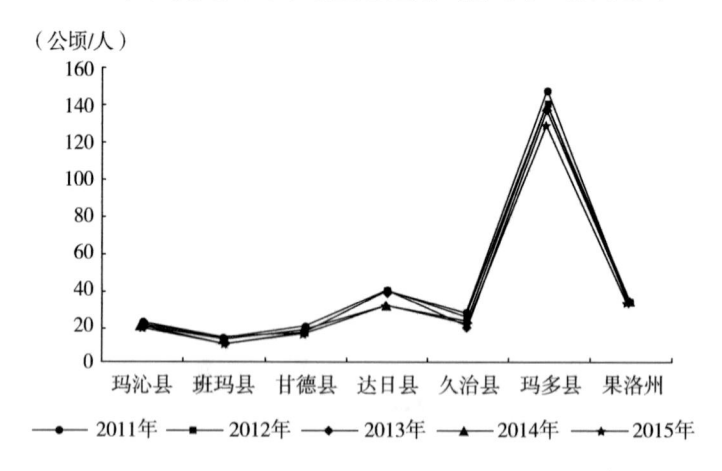

图4-19 2011—2015年果洛州人均草地生态盈余（赤字）结果

表4-21　　　　　　2011—2015年果洛州人均建设用地
总需求生态足迹与承载力　　　　　　单位：公顷/人

区域	2011年 需求足迹	2011年 承载力	2012年 需求足迹	2012年 承载力	2013年 需求足迹	2013年 承载力	2014年 需求足迹	2014年 承载力	2015年 需求足迹	2015年 承载力
玛沁县	0.0213	0.0450696	0.0343	0.04	0.0253	0.04	0.0447	0.0451463	0.0462	0.091408
班玛县	0	0.0339488	0	0.03	0	0.03	0	0.0320148	0	0.0522483
甘德县	0	0.0420804	0	0.04	0	0.04	0.002	0.034344	0.0025	0.0353439
达日县	0	0.0331748	0	0.03	0	0.03	0.0031	0.0280971	0.0037	0.0257031

续表

区域	2011年 需求足迹	2011年 承载力	2012年 需求足迹	2012年 承载力	2013年 需求足迹	2013年 承载力	2014年 需求足迹	2014年 承载力	2015年 需求足迹	2015年 承载力
久治县	0.0001	0.0448982	0	0.04	0	0.03	0	0.0401484	0	0.0376827
玛多县	0.0001	0.1019108	0.0002	0.10	0	0.11	0	0.1215289	0	0.1482243
果洛州	0.0058	0.0450307	0.0092	0.04	0.0068	0.04	0.0124	0.0428406	0.0001	0.0275956

2011—2015年果洛州人均建设用地生态盈余（赤字）结果见图4-20。

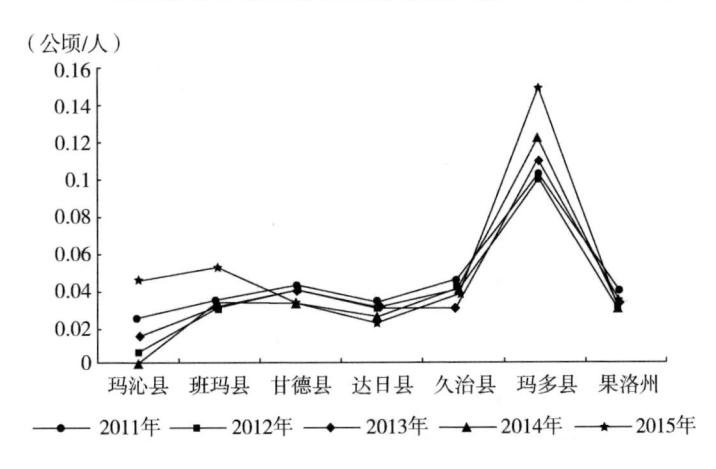

图4-20 2011—2015年果洛州人均建设用地生态盈余（赤字）结果

表4-22　　　　　2011—2015年果洛州人均水域总需求
生态足迹与承载力　　　　　　单位：公顷/人

区域	2011年 需求足迹	2011年 承载力	2012年 需求足迹	2012年 承载力	2013年 需求足迹	2013年 承载力	2014年 需求足迹	2014年 承载力	2015年 需求足迹	2015年 承载力
玛沁县	0	0.6853798	0	0.663271	0	0.616995	0	0.640037	0	0.629551
班玛县	0	0.053665	0	0.053547	0	0.046586	0	0.049381	0	0.048847
甘德县	0	0.2726879	0	0.232065	0	0.246288	0	0.218141	0	0.210904
达日县	0	0.2837432	0	0.283743	0	0.293201	0	0.234561	0	0.22966
久治县	0	0.2876341	0	0.271527	0	0.211591	0	0.250163	0	0.244388
玛多县	0	17.347072	0	16.58176	0	16.10737	0	15.88033	0	15.23651

续表

区域	2011年 需求足迹	2011年 承载力	2012年 需求足迹	2012年 承载力	2013年 需求足迹	2013年 承载力	2014年 需求足迹	2014年 承载力	2015年 需求足迹	2015年 承载力
果洛州	0	1.7000506	0	1.616924	0	1.516406	0	1.48745	0	1.454278

2011—2015年果洛州人均水域生态盈余（赤字）结果见图4-21。

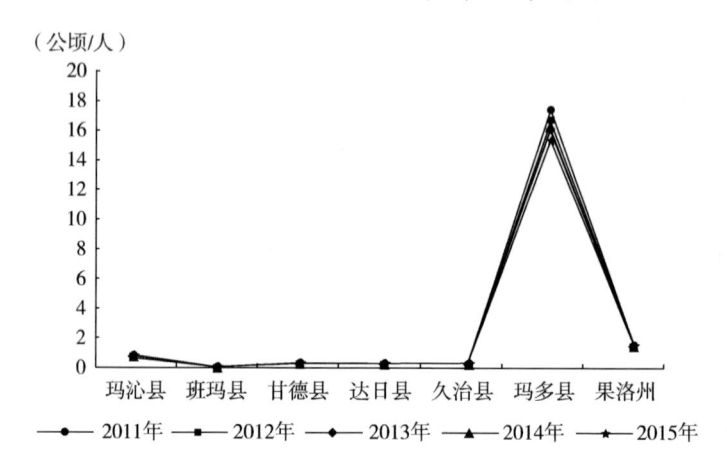

图4-21　2011—2015年果洛州人均水域生态盈余（赤字）结果

分析表4-18至表4-22和图4-17至图4-21的果洛州人均生态足迹构成情况，可以得出以下结论。

第一，人均生态足迹需求中，草地类型比重很大，构成生态足迹需求量的绝大部分。从各年的变化趋势看，2012年前除甘德县外，其他县域都处于缓慢的上升趋势，但上升幅度缓慢，2013年都有下降的趋势，人均生态足迹较大的有班玛县和久治县，就整个果洛州而言，2011年之前有缓慢的上升趋势，之后开始下降，说明果洛州对资源的分配利用正往好的方向发展。

第二，从耕地人均总需求生态足迹来看，全州都较少，略显高的仅有班玛县。林地人均总需求生态足迹为0。从草地人均总需求生态足迹来看，其值较大，是人均生态足迹总需求中所占比重最大的，除甘德县2012年、2013年有下降趋势，班玛县在2013年有下降趋势外，其余的都有缓慢的上升趋势，但幅度很小。从县域而言，人均草地生态足迹较大的有班玛县和久治县。水域人均总需求生态足迹为0，完全没有开发利用。从建设用地人均总需求生态足迹来看，变化幅度也不大，只有玛沁县的值较大。

5. 果洛州万元GDP生态足迹变化分析

万元GDP生态足迹是衡量一个地区GDP生产所占用生态足迹的一个指标，它表示的是每万元GDP所占用的生态足迹，是一个GDP生产的生态效率指标，反映了技术进步和生活水平的提高对可持续发展和生态安全的影响。与之相似的指标还有万元GDP能耗等，均是衡量经济发展效率的指标。万元GDP生态足迹计算公式如下：

万元GDP生态足迹 = 总生态足迹/GDP

该指标越高，表明目标地区生态足迹利用效率越低，反之则其资源利用效率越高。2011—2015年果洛州万元GDP生态足迹计算结果见表4-23。

表4-23　　2011—2015年果洛州万元GDP生态足迹变化情况

区域	2011年	2012年	2013年	2014年	2015年
玛沁县	1.3619	0.8154	0.6222	0.5086	0.5014
班玛县	6.1105	5.2233	5.2865	4.1503	2.9066
甘德县	7.9158	5.6336	5.266	2.2864	1.3060
达日县	4.2244	3.7743	3.9052	3.4377	2.9593
久治县	6.0952	4.4418	3.8997	3.5673	3.1850
玛多县	3.3075	2.3892	1.7735	1.7923	1.5957
果洛州	3.2708	2.2075	1.8698	1.4202	1.2232

从表4-23及图4-22可以看出，2011—2015年青海省果洛州的万元GDP生态足迹处于下降趋势，特别是甘德县，下降幅度极大，表明青海省果洛州资源利用效率稳定提高，社会生产生活方式正朝着合理利用资源、能源，由粗放式生产向集约式生产方式的转变，州内各产业的总体情况正在朝着可持续发展方向前进，经济增长对环境和资源的依赖和压力在减轻，诸如资本和技术等要素在经济增长中的作用日益增强。从数值上来看，各县域的数值有较大的区别，班玛县万元GDP生态足迹较大，玛沁县万元GDP生态足迹最小，甘德县万元GDP生态足迹下降最快，说明果洛州各县域之间的资源利用效益差异大，各县应当充分发挥区域特色，实施

差异化可持续发展战略。

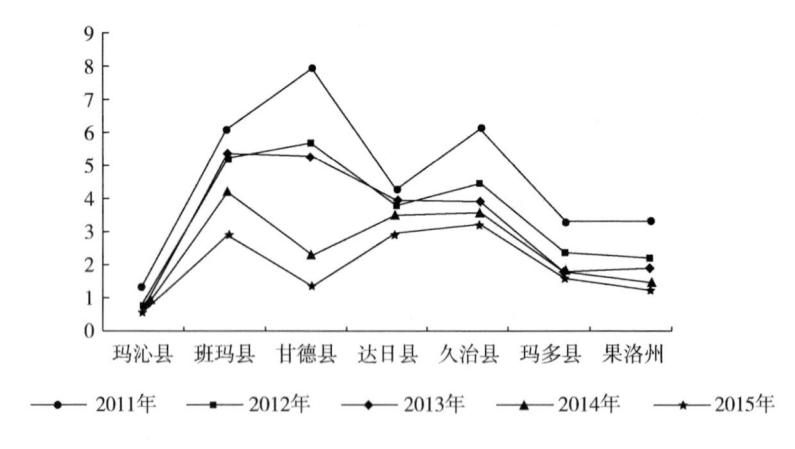

图 4-22　2011—2015 年果洛州万元 GDP 生态足迹趋势

第三节　果洛州人口资源环境承载力影响因素分析

一　果洛州产业结构比较落后，影响人口资源环境承载力

从表 4-16 可以看出，2011—2015 年果洛州甘德县和玛多县生态足迹需求在上升，其余各县人均总需求足迹呈下降态势，说明随着三江源保护工程的实施，果洛州的生态环境保护成效明显。但是在生态承载力方面，果洛州各县的生态承载力都呈现下降趋势，形势不容乐观。

据调查，三江源区农牧民人均年收入低于青海省农村居民人均年收入，收入来源结构比较单一，基本依赖于家庭经营性收入。国家对三江源区的发展也给予了很大的支持和帮助，但当地农牧民的收入水平依然较低，主要收入来源也未发生改变。对虫草的依赖程度并未降低，冬虫夏草已成为影响三江源区农牧民收入的一个重要资源。三江源区不同类型农牧民收入差异较大，牧民人均收入是生态移民收入的 2—3 倍，而生态移民的工资性收入却是牧民的 2 倍，这说明三江源区生态移民的生存方式改变，收入来源减少。生态移民工资性收入高达 1/4，说明移民在逐渐进行转产就业。虫草收入增长对有虫草收入的牧户总收入增长的贡献率很高，这说明有虫草收入的农牧民收入的增长几乎完全依赖于虫草采集收入的增长，有虫草收入的农牧民通过虫草采集获得的收入已成为推动他们收入增长的主要因素；虫草采集给当地农牧民带来了巨大的经济利益，虫草收益的好坏关系到三江源区的经济安全。虫草的"寸金寸草"效益加剧了当地及周边居民对虫草资源的强烈渴求，势必影响到三江源区的生态环境和社会安定。过度采挖引起的生态环境破坏导致虫草产量降低。要依托虫草这一优势资源，发展特色产业，促进农牧民增收；加快当地经济发展，降低农牧民对虫草资源的经济依赖程度，以确保现有的虫草资源不再减少；加快虫草资源半人工培养的试验研究，增加虫草的产量，减少市场对野生资源的依赖程度（李芬、张林波、徐延达、巢世军，2013）。

从表4-18和图4-17可以看出，在人均耕地方面，玛沁县略有生态盈余，班玛县则表现出生态赤字，其余地区没有耕地。总体来看，2011—2015年果洛州耕地生态赤字在缩小，说明退耕还林成效明显。从表4-19和图4-18可以看出，果洛州各县林地生态盈余水平较高，但是发展不平衡。班玛县和久治县人均林地生态盈余大于2，但是甘德县、达日县、玛多县林地生态盈余小于1。总体来看，2011—2015年果洛州人均林地生态盈余经历了先下降、后上升的变动。2011年以前，林地生态盈余下降明显，2012—2013年有所回升。从表4-20和图4-19可以看出，果洛州各县草地生态承载力发展也有很大差距，各县都存在生态盈余，盈余水平最高的是玛多县。但是，2011—2015年，果洛州人均草地生态盈余处于下降态势。草地退化严重、自然灾害频发。由于人口增加，草地资源被过度消耗，使得草地退化，草地载畜量大增，造成了部分地区实际载畜量远高于理论载畜量（罗玉珠，2013）。

说明该区域人类经济活动对草地的依赖程度依然很高，未来必须实施生活方式改善和产业结构转型，才能切实减轻草地生态压力。

二 果洛州生产方式比较落后，制约人口资源环境承载力提升

虽然从表4-23及图4-22可以看出，2011—2015年青海省果洛州的万元GDP生态足迹处于下降趋势，但是，果洛州万元GDP生态足迹平均值为1.9983，是青海省重点区域平均水平的3.81倍。2015年，除了玛沁

县万元 GDP 生态足迹为 0.5014 之外，其余各县万元 GDP 生态足迹均大于 1。说明果洛州与青海省重点开发区域之间的资源利用效益差距很大，果洛州区域产业结构和生产生活方式需要尽快优化，即由粗放式生产向集约式生产方式转变，进一步减轻经济增长对环境和资源的依赖和压力，充分发挥资本和技术等要素在经济增长中的作用，使资源利用效率稳定提高，社会生产生活方式朝着合理利用资源、能源，保护生态环境的方向转变，实现可持续发展目标。

三 果洛州人口资源环境承载力与全省重点区域存在差距

果洛州与全省重点开发区域人口资源环境承载力水平的差距有进一步拉大的趋势，主要原因有：一是果洛州产业结构单一。虽然有畜牧业、水电、旅游等优势资源，但加工链条短，产品附加值低。人均生产总值和农牧民人均纯收入仍低于全省平均水平。二是果洛州基础设施薄弱。与经济快速发展相比，社会综合服务能力低，道路、排水、防洪等设施不完善，仍然有数万名农牧民饮水困难。三是果洛州社会事业发展滞后。教育、医疗卫生设施落后，信息不通畅，专业技术人员缺乏，科技贡献率低。

四 果洛州自然灾害导致生态环境承载力下降

表 4-24 统计了 1974—2012 年果洛州自然灾害情况，可以看出果洛州自然灾害发生比较频繁，对当地草地畜牧业有很大破坏，也影响到承载力水平的提升。

表 4-24　　　　　　1974—2012 年果洛州自然灾害统计情况

年份	牲畜死亡（万头/万只）			直接经济损失（万元）	受灾范围（州、县）	灾害类型
	牛	羊	马			
1974	25	181	—	—	果洛州全境	雪灾
1977	3	5	—	—	果洛州全境	雪灾
1981	1.09	0.1	—	—	果洛州全境	雪灾
1987	—	—	—	—	甘德县、达日县、玛沁县	雪灾
1988	—	38.02	—	—	甘德县、达日县、玛沁县	雪灾

续表

年份	牲畜死亡（万头/万只）			直接经济损失（万元）	受灾范围（州、县）	灾害类型
	牛	羊	马			
1989	—	38.21	—	—	甘德县、达日县、玛沁县等	雪灾
1990	—	11.12	—	—	甘德县、达日县、玛沁县等	雪灾
1991	—	—	—	150	甘德县、达日县、玛沁县等	洪灾
1992	—	—	—	201.27	班玛县	洪灾
1993	—	113.85	—	—	果洛州全境	雪灾
1994	—	2.28	—	—	果洛州全境	雪灾
1997	—	96.16	—	—	果洛州全境	雪灾
1999	—	7.89	—	—	果洛州全境	雪灾
2008	7.41	6.27	0.12	—	玛沁县、班玛县、达日县	雪灾
2012	0.96	0.42	0.0032	4457.52	玛沁县、甘德县、达日县	雪灾

资料来源：相关年份《果洛州统计年鉴》，后期数据未获得。

五 果洛州承担生态保护重任，影响人口资源环境承载力

果洛州位于国家级自然保护区三江源的核心地带，以实施三江源生态保护和建设总体规划为重点，"十一五"时期果洛州累计实施退牧还草1691万亩，完成"黑土滩"治理15.9万亩，沙漠化土地防治24.96万亩，湿地保护11万亩，退耕还林面积3万亩，荒山种草2万亩，封山育林1万亩，草场可持续发展能力显著增强。

截至2013年，生态移民项目搬迁牧户3172户，共14704人，退牧还草工程方面，项目设计30410户，减畜229.289万头只，完成禁（休）牧面积5044.96万亩；2018全州有各类牲畜存栏131.8万头只，比2010年下降22.5%。全州肉类总产量17000吨，比2010年下降31.39%（见表4-25）。

表4-25　　　　　　果洛州主要畜牧业产品产量　　　　　　单位：吨

品种	1978年	1985年	1990年	1995年	2000年	2005年	2010年	2018年
牛奶	43095.95	30467.2	31351	31757.89	37570.99	36837	35068	24401
肉类	8876.2	8498.5	11943	17144.54	24268.02	28388	24830	17000

续表

品种	1978年	1985年	1990年	1995年	2000年	2005年	2010年	2018年
羊毛	1931	1383.7	1130	1083.16	999.84	948	578	272
牛羊绒	711.15	567.87	605	634.69	641.53	603	504.54	509.72

资料来源：各年《果洛州统计年鉴》。

第四节 小结

由本章分析可知，作为重要的生态保护区，青海省果洛州人口资源环境综合承载力随着西部大开发不断深入实施，也呈现提升之势。通过评价发现，果洛州承担着三江源核心区生态保护的重要职能，但是综合承载力水平与全省重点开发区域相比还存在差距。这主要是由果洛州区域发展水平与生态环境决定的，同时也说明果洛州为了整个三江源生态保护工程的实施，做出了巨大贡献。果洛州应当得到更多的财政支持，以提高基础设施水平，改善技术能力和生产生活条件，缩小区域差距；同时，有效提升人口资源环境综合承载能力，更好地担负起生态经济职能，维护区域社会稳定与经济社会可持续发展。

第五章　海西州城乡美丽协调发展研究

党的十八大指出,要大力推进生态文明建设,努力建设美丽中国,实现中华民族永续发展。而建设美丽中国,核心就是要按照生态文明要求,通过生态、经济、政治、文化及社会五位一体的建设,实现人民对"美好生活"的追求,实现民族伟大复兴的"中国梦"。

走中国特色新型城镇化道路、建设美丽中国是未来发展的主要趋势,是提高我国人民幸福生活指数的重要途径。2012年中央经济工作会议指出,要把生态文明理念和原则全面融入城镇化的全过程。然而,如何将特色新型城镇化与美丽中国建设融合,是一个值得深思的问题,也是摆在我们面前急需解决的现实问题。

第一节　海西州城乡美丽协调发展背景与思路

一　发展背景

我国经济发展进入新常态,社会、经济等宏观和微观的运行体系都面临重大调整,"稳增长"理论和方法出现了"双变"。针对调整伴随的强烈阵痛和经济下行压力,中国放弃了沿用多年、数度轮回的强刺激做法,由过去的总量调控改为"区间调控",投资方式由"大水漫灌"改为"喷灌"和"滴灌";投资投向由以往的粗放式"面投"改为精准式"定投";更加注重向补齐城乡基础设施等短板倾斜。

中国新型城镇化不能再走西方城镇化以及工业化污染的老路,而必须将美丽中国建设作为重要的内容之一。中国新型城镇化的美丽之路，在于物质文明建设与生态文明建设、精神文明建设同步协调发展。推进城镇化，要突出"新型""美丽"，要突出特色、生态、多元、文明和可持续性。美丽城镇是小城镇的完善和提升，是在更高层面上打造的小城镇。概括地讲，其总体特点是："生态优美、设施配套、宜居宜业、社会和谐、人民幸福。"

2013年，中央一号文件第一次提出了要建设"美丽乡村"的奋斗目标。事实上，要实现美丽中国的奋斗目标，就必须加快美丽乡村建设的步伐，美丽乡村建设是美丽中国建设的重要组成部分。美丽乡村是一个全面的、综合的、统领新农村建设工作全局的新提法，是社会主义新农村建设的重要抓手。美丽乡村建设，绝不仅仅只是为了给村庄一个美丽的外表，关键在于提升农村、农民的生活水平和生活质量，推动城乡一体化发展。

开展美丽家园建设，为持续发展腾出环境容量和发展空间。青海最大的价值在生态，最大的贡献在生态，最大的责任也在生态。我们必须以对国家人民、对子孙后代高度负责的态度，坚持以资源环境承载力为基础，以自然规律为准则，以可持续发展、人与自然和谐相处为目标，建设生产发展、生活富裕、生态良好的文明社会，为走向社会主义生态文明新时代做贡献（胡维忠、苏海红，2014）。

海西州作为全省的资源富集区、循环经济试验区、城乡一体化建设示范区，在城乡建设方面开展了"党政军企金融共建示范村"活动、"千村建设、百村示范"工程等诸多改革。在新时期，更需要认真分析评价城镇化建设和乡村发展的特点、特色与优势，总结经验，深入分析发展和建设中存在的问题，这对于实施"美丽城镇""美丽乡村"建设，进一步提升海西州城乡发展水平和质量，继续引领全省城乡建设有重要意义。

二　发展机遇

随着国际国内形势发生新变化，青海省也面临新的挑战和机遇。重要机遇有：一是2020年全面建成小康社会；二是国家对青海省生态战略定位提升；三是国家重视藏区经济社会发展；四是共建丝绸之路经济带的良好区域合作开放契机；五是"新四化"深度融合发展；六是全面深化改革激发新活力。面临的主要挑战有：一是发展差距大，不仅与发达省份存在差距，与西部省份比较也存在差距，尤其是经济结构、发展动力机制的差距；二是生态环境恶化趋势没有从根本上遏制，处于生态文明建设的关键时期；三是区域、城乡发展不平衡，处于统筹城乡发展的关键阶段；四是基础设施薄弱仍是基本省情。

生态文明与美丽中国紧密相连，建设美丽中国，核心就是要按照生态文明要求，通过生态、经济、政治、文化及社会建设，实现生态良好、经济繁荣、政治和谐、人民幸福。要紧紧围绕全面提高城镇化质量，加快转变城镇化发展方式，以人的城镇化为核心，以城市群为主体形态，以综合承载能力为支撑，以体制机制创新为保障，走以人为本、"四化"同步、优化布局、生态文明、文化传承的中国特色新型城镇化道路；要有序推进农业转移人口市民化，优化城镇化布局和形态，提高城市可持续发展能力，推动城乡发展一体化；要统筹推进人口管理、土地管理、资金保障、城镇住房、生态环境保护等制度改革，完善城镇化发展体制机制（国新办，2014）。

青海省打造美丽城镇的基本途径是以人的城镇化为核心，加快城镇基础设施建设、公共服务设施、城镇保障房建设，发展特色产业，建立城镇管理长效机制，着力提升城镇综合承载力（青海省政府，2014）。

三 发展原则

海西州作为全省循环经济的核心区、经济发展的领先区、统筹城乡发展的示范区，在规划新时期的"美丽城镇""美丽乡村"的建设时，一定要充分、综合考虑国内新形势和省情新变化。

海西州发展原则是：以两山理论为依据，以保护青海省生态环境质量为原则，以共建丝绸之路经济带、全面深化改革、国家支持青海省藏区经济社会发展和新一轮西部大开发为契机，以"新四化"深度融合发展为主要方式，以加强城乡公共服务设施建设和基础设施配套建设为重点，全面实施统筹城乡发展战略和四个发展总体要求；坚持以人为本，切实改善和提高城乡经济结构和生活水平，进一步改变城乡面貌，使城镇和乡村有层次、有差别，能够彰显文化、民族特色。通过生产方式现代化推进生活方式现代化，充分发挥现代经济体系中的信息、物流、交通对区域经济发展的推动作用,坚持物质文明建设与生态文明建设、精神文明建设同步协调发展,促进海西州建成一批突出特色、生态、多元、文明的"美丽城镇""美丽乡村",促进城乡经济社会协调发展,加快城乡一体化进程,实现可持续发展的人居环境建设。

其具体原则有:因地制宜、实事求是、注重实效的原则;科学规划、产城联动、节约投资的原则;合理布局、注重特色、节约土地的原则;政府扶持、社会参与、尊重民意的原则;创新机制、完善制度、管理民主、适应经济发展新常态的原则。

四 海西州城乡美丽协调发展的建设目标

依据国家和青海省经济发展新背景,参照城镇总体规划要求和区域经济发展阶段特征,海西州城乡美丽协调发展以道路畅通、环境优美、生活便利、生产先进、安全环保、信息通达、城乡一体和民主文明为综合建设目标。

1. 城镇协调发展建设目标

第一,实施城镇节能降耗工程,推广建筑节能技术,建设覆盖城镇范围的可再生能源系统,提高清洁能源利用率;实施城镇生态环境及整治工程,加强中心城镇的环境综合整治和城市周边工业园区污染治理,县城、重点小城镇及主要旅游景点生活污水和垃圾处理设施建设,实施交通干线、旅游景区环境综合整治工程,建设绿色屏障;结合各镇实际,着重塑造城镇风貌特色、历史文化特色、产业特色等,最终达到城乡美丽协调建设预期目标。

第二,将智慧城市、无线城市、数字乡镇等新理念引入城镇建设,实施城镇智能应用工程,加强城镇基本通信、广播电视和计算机网络建设和融合、提高信息传输和共享能力,逐步健全和完善城镇基础信息资源体系和城镇智能管理信息基础数据库,提高信息化、智能化水平;推进建设地理空间信息平台、智慧城乡空间信息平台等一批智慧城镇的信息基础设施,加强城镇化发展相关领域信息的整合、交换和共享。

第三,工业化是新型城镇化的发动机,城镇化是工业化的推进器。只有坚持城镇建设与产业支撑协调发展,以产兴城、以城促产、产城联动,才能为城镇化打下坚实基础。另外,产业集聚区是吸纳、实现农民转移就业的重要平台,要加快发展步伐,加强科学统筹规划,高标准建设产业集聚区，培育产业集群，实现产城互动。通过产业集聚区在中心城市和县城周边的集中布局，引导流动人口向产业集聚区就近转移就业，以就业促进流动人口社会融合，促进农民逐渐向非农产业转移。

第四，改善城镇体系、形态和布局，应立足资源环境承载力、产业发展潜力和人口增减趋势，坚持核心带动、轴带发展、节点提升、对接周边，突出中心城市带动、大中小城市和小城镇协调发展这一重点，抓住提升格尔木市的增长极作用、优化格尔木与德令哈分工合作、增强其他二级节点城镇支撑能力、提高县城和小城镇发展质量等关键因素。

2. 海西州乡村协调发展建设目标

乡村协调发展包含两层意思：一是指生态良好、环境优美、布局合理、设施完善；二是指产业发展、农民富裕、特色鲜明、社会和谐。要实现乡村协调发展，必须科学规划布局，整洁村容环境，实现创业增收、乡风文明、管理民主和谐。必须坚持实事求是、分类指导、宜建则建、宜改则改、宜合则合、宜搬则搬的原则，真正尊重农民意愿，不强迫命令、不强制拆迁，防止"一刀切""被上楼"。

第一，狠抓基础设施建设，全面打造"生态示范村"。随着农民收入的不断提高，群众对生活品质和生活环境的要求也越来越高。要整合资金，加强基础设施建设，全面实施"村庄整治工程""农村清洁工程"，全面打造"国家级生态村"。通过村委会动员，号召村民积极开展庭院美化，充分发挥农牧民的主体作用，引导广大村民积极参与村庄整治工作，有效促进"美丽乡村"建设的全面开展。

第二，促进产业经济发展，全面创建"绿色小康村"。立足各村资源优势，坚持以农牧业增效、农牧民增收为中心，以市场需求为导向，坚持生态立村、旅游富民、科技兴村、人才强村，着力培养旅游产业。在旅游资源优势区域，重点发展生态农牧业和乡村旅游；建造宜居小区，积极引导有条件的农牧户开展"农家乐"乡村特色旅游项目。通过美丽乡村建设和系列的产业发展，逐步形成"一村一特色"的经济发展新格局。实现"三新一带动"，即特色产业新发展、农民生活新提高、村容村貌新变化，带动经济持续发展。

第三，做到四个结合，即与产业发展布局规划相结合、与民主文明建设相结合、与生态自然和谐社会相结合、与提高家园建设幸福感相结合，形成"人人是美丽乡村形象、处处是美丽乡村环境"的良好氛围。

第四，重点建设领域。一是根据村庄人口规模和产业特点合理确定公共设施配套，且配套规模应适用、适度。其中，公益性设施包括公共服务中心、小学、幼儿园、文化站、图书室、老年活动室、卫生所、健身场地、公厕等；经营性设施包括乡村金融服务网点、邮政、电信服务点、农资店、农贸市场、便民超市等。二是道路交通建设，实现户户通，村民出行方便；合理配置停车设施；提高村庄对外通达水平，中心村能够通公交。三是确保饮水安全与卫生设施齐备。安全饮水普及率100%；饮用水水质符合《生活饮用水卫生标准》有关规定；水压、水量满足使用要求。因地制宜，建立"户分类、村收集、镇转运、县处理"为主体的多种农牧区生活垃圾处理模式；合理配置垃圾箱（桶）、垃圾房及垃圾收集、转运设备；生活垃圾及时清扫、收集，日产日清，无暴露和积存垃圾；村庄保洁常态化，有专门保洁人员；农村清洁工程覆盖到中心村。进行污水治理，合理设置雨水排放沟渠（明沟或暗渠）；卫生厕户达90%以上；生活污水采取分散与集中相结合的处理方式。四是电力、电信条件改善，确保农牧区电网建设满足生产、生活要求；有线电视、网络、电话通村入户。五是特色鲜明，安全适用。引导农牧民开展住房风貌整治，体现地域及传统文化特色。农房建设按照"适用、经济、美观"原则，注重结构抗震安全。保护修缮具有传统建筑风貌和历史文化价值的民宅、公共建筑。结合村庄形态和自然条件，在村口适宜地方设置村庄标识。

实施美丽乡村建设工程，加快生活污水处理、村容村貌整治、清洁能源利用等工程建设步伐，建设社会主义新农村。

厘清了建设原则与目标，本章接下来将采用规范分析与实证分析的方法，综合应用区域经济学、城市经济学、发展经济学、区域发展战略学、区域规划学等理论，采用主成分分析法、因子分析、生态足迹法等方法，对海西州城乡协调发展开展综合评价。[①]

---

① 部分内容是依据作者参与完成的海西州"十三五"规划前期研究课题"海西州'美丽城镇'和'美丽乡村'建设研究"的最终成果补充修订。

第二节　海西州综合发展水平测度

一　海西州城乡美丽协调发展水平测度

1. 评价指标体系建立

通过对海西州城镇化与经济发展现状的综合分析，从"经济发展、人民生活、社会发展、资源环境"四个角度筛选出 37 个体现美丽协调内涵的评价指标，并根据其相互关系构成多层次分析模型（见表 5-1）。

表 5-1　海西州城乡美丽协调发展综合评价指标体系

海西州美丽城乡发展评价指标体系 A	经济发展 B_1	经济规模指标 C_1	地区生产总值 X_1，人均国民生产总值 X_2，工业总产值 X_3，地方财政一般预算收入 X_4，年末金融机构各项存款余额 X_5，社会销售品零售额总额 X_6，粮食总产量 X_7
		经济结构与效益指标 C_2	第二产业增加值占 GDP 比重 X_8，第三产业增加值占 GDP 比重 X_9，第二、第三产业从业人员数占总就业人数的比重 X_{10}，地方财政一般预算收入占 GDP 比重 X_{11}，工业增加值率 X_{12}，工业总产值利税率 X_{13}
	人民生活 B_2	人口发展指标 C_3	总人口 X_{14}，人口密度 X_{15}，人口自然增长率 X_{16}，城镇化水平 X_{17}
		生活质量指标 C_4	农村居民人均纯收入 X_{18}，每万人拥有医院床位数 X_{19}，参加养老保险人数 X_{20}，参加医疗保险人数 X_{21}
	社会发展 B_3	基础设施指标 C_5	境内公路里程 X_{22}，民用汽车拥有量 X_{23}，移动电话用户数 X_{24}，全年用电量 X_{25}，自来水受益村占比重 X_{26}
		科技教育指标 C_6	科研经费占 GDP 比重 X_{27}，教育经费占 GDP 比重 X_{28}，专业技术人员数 X_{29}，公共图书馆图书总藏量 X_{30}
	资源环境 B_4	自然资源禀赋指标 C_7	建成区绿化覆盖面积占总建成区面积比重 X_{31}，人均耕地面积 X_{32}，森林覆盖率 X_{33}
		环境治理指标 C_8	环保投资占 GDP 比重 X_{34}，污水处理厂数 X_{35}，垃圾处理站数 X_{36}，人均造林面积 X_{37}

2. 评价结论

从表 5-2 及图 5-1 可以直观反映出自国家实施西部大开发战略以来，

海西州城乡建设发展水平不断提高。发展综合得分从 2005 年的 -15.3480 提高到 2018 年的 28.7329，发展水平呈现出逐年上升的趋势。尤其是 2013 年以后，海西州城乡发展综合得分由负值转向正值，增长幅度较大，充分体现了在国家政策的支持下，柴达木循环经济试验区的建立等一系列政策措施的实施，对海西州城乡经济发展起到了积极推进作用。

表 5-2　　　　　　2005—2018 年海西州城乡发展综合评价结果

年份	F_1 得分	F_2 得分	F_3 得分	F_4 得分	综合得分	得分排名
2005	-17.8472	2.3647	0.0016	0.1329	-15.3480	14
2006	-14.39445	0.8814	-0.1714	-0.3224	-14.0069	13
2007	-12.0891	0.3323	0.7519	-0.0886	-11.0935	12
2008	-9.9351	-0.2622	0.0428	0.0681	-10.0864	11
2009	-96404	-0.1678	0.1444	0.1353	-9.5286	10
2010	-5.3673	-0.4921	0.0220	0.2330	-5.6044	9
2011	-3.7651	-0.8381	-0.0339	0.0531	-4.5841	8
2012	-0.1101	-1.2221	-0.0975	0.0243	-1.4054	7
2013	1.6094	-0.7412	-0.1394	-0.0762	0.6526	6
2014	5.4032	-1.9707	-0.1287	0.0323	3.3361	5
2015	8.2555	-0.5947	-0.0866	-0.1461	7.4281	4
2016	12.5018	-0.0673	-0.0761	-0.1334	12.2250	3
2017	18.6703	0.9788	-0.0130	0.0296	19.6657	2
2018	26.7088	1.7989	0.1670	0.0582	28.7329	1

资料来源：SPSS 软件计算得到。

首先，从图 5-1 和表 5-2 可以看出，2005—2018 年影响海西州城乡发展的四个因子的贡献并不相同，其中经济规模因子 F_1 对城乡区域发展起决定性作用，其他三个主因子贡献比较小，整体呈现出稳定发展的态势。

其次，在 2010 年之前，该地区经济发展总体规模小，总体发展水平低；2010—2015 年，经济总量规模增加成为带动城乡区域经济迅速发展的主要动因；在 2015 年之后，发展综合得分高于经济总量因子 F_1 的得分，说明未来海西州的城乡发展一定要由单纯重视经济发展转向重视社会发展、人口素质提高和资源环境改善来实现。

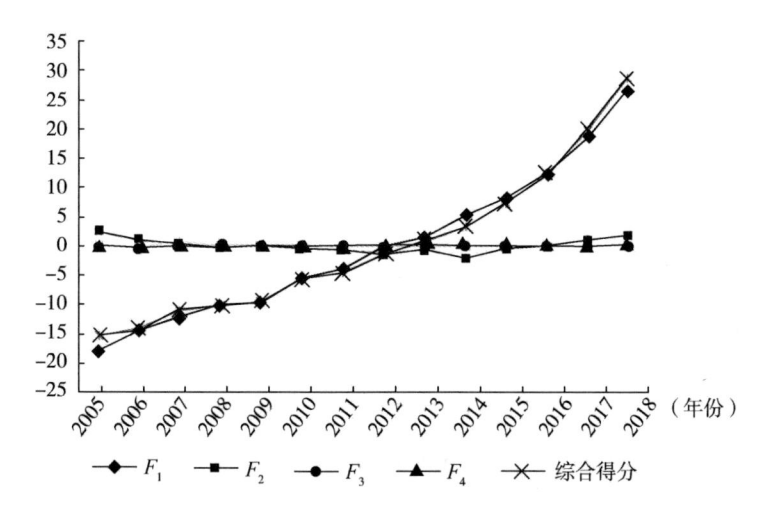

图 5 – 1　2005—2018 年海西州城乡发展水平变动情况

二　海西州新型城镇化水平评价

城镇美丽协调发展的本质是新型城镇化，因此本章研究我国 30 个民族自治州城镇化发展水平差异。只有明确海西州在全国民族自治州中的定位，才能够为制定海西州美丽城镇协调发展战略提供依据。

1. 城镇化水平综合评价指标体系构建

本文在遵循综合性、科学性、可比性、可得性等原则以及已有成果的基础上，构建了城镇化水平的综合评价指标体系，主要包括人口城镇化、经济城镇化、社会城镇化和发展动力 4 个方面 18 个指标（见表 5 – 3）。

表 5 – 3　　　　　　　城镇化水平综合评价指标体系

目标层	一级指标	二级指标	单位	指标属性
城镇化水平评价指标体系	人口城镇化水平	城镇化率 X_1	%	正
		年末城镇登记失业率 X_2	%	逆
		人口密度 X_3	人/平方千米	正
		人均 GDP X_4	元	正
		第二、第三产业对 GDP 的贡献率 X_5	%	正
		地方财政收入占 GDP 比重 X_6	%	正

续表

目标层	一级指标	二级指标	单位	指标属性
城镇化水平评价指标体系	经济城镇化水平	人均城镇固定资产投资 X_7	元	正
		进出口额占 GDP 的比重 X_8	%	正
		人均社会消费品零售额 X_9	元	正
	社会城镇化水平	电视综合人口覆盖率 X_{10}	%	正
		每千人拥有医院和卫生院床位数 X_{11}	张	正
		每千人拥有卫生技术人员 X_{12}	人	正
		城镇居民人均可支配收入 X_{13}	元	正
		城镇最低生活保障人数 X_{14}	人	逆
		城镇人均可支配收入与农民人均纯收入比 X_{15}	%	逆
	发展动力水平	GDP 增长速度 X_{16}	%	正
		每千人普通中学在校学生数 X_{17}	人	正
		人均邮电业务量 X_{18}	元	正

资料来源：各项指标数据通过《中国民族统计年鉴》和各民族自治州社会经济发展统计公报获得。由于篇幅限制，原始数据略。

2. 研究方法

主成分分析法是将原来选取的多个指标，利用线性变换的方法重新组合成尽可能少且互不相关的几个综合性指标，使这几个指标能尽量多地反映原指标所包含的信息，从而达到简化数据和揭示变量间关系的目的。根据前文构建的新型城镇化评价指标体系，利用统计软件 SPSS 21.0 对所构建指标体系的数据进行主成分分析，从而得到我国各民族自治州人口城镇化、经济城镇化、社会城镇化和发展动力 4 个方面的主成分，最后对我国各民族自治州综合排名进行聚类分析。各民族自治州各指标主成分得分排名情况见表 5 - 4。

表 5 - 4　　我国各民族自治州新型城镇化水平排名情况

项目	人口城镇化排名	经济城镇化排名	社会城镇化排名	发展动力排名	综合排名
海西蒙古族藏族自治州	1	1	4	3	1
西双版纳傣族自治州	3	9	1	12	2

续表

项目	人口城镇化排名	经济城镇化排名	社会城镇化排名	发展动力排名	综合排名
迪庆藏族自治州	28	2	12	4	3
昌吉回族自治州	5	6	1	6	4
巴音郭楞蒙古自治州	2	3	7	28	5
海北藏族自治州	8	11	8	2	6
海南藏族自治州	9	23	22	1	7
阿坝藏族羌族自治州	14	4	18	9	8
克孜勒苏柯尔克孜自治州	6	15	3	15	9
甘南藏族自治州	13	13	10	17	10
黄南藏族自治州	22	14	30	20	11
延边朝鲜族自治州	4	8	13	11	12
伊犁哈萨克自治州	7	18	9	21	13
怒江傈僳族自治州	23	10	21	27	14
黔东南苗族侗族自治州	25	20	24	7	15
楚雄彝族自治州	10	12	11	23	16
黔西南布依族苗族自治州	18	16	25	8	17
德宏傣族景颇族自治州	17	19	14	22	18
大理白族自治州	20	21	23	5	19
凉山彝族自治州	29	4	29	14	20
甘孜藏族自治州	26	27	5	25	21
果洛藏族自治州	12	22	19	19	22
博尔塔拉蒙古自治州	11	30	6	17	23
黔南布依族苗族自治州	19	17	27	10	24
玉树藏族自治州	15	25	15	29	25
文山壮族苗族自治州	16	28	26	16	26
恩施土家族苗族自治州	21	29	16	24	27
临夏回族自治州	24	26	28	13	28
湘西土家族苗族自治州	27	24	17	26	29
红河哈尼族彝族自治州	30	7	20	25	30

资料来源：根据 SPSS 软件计算得到。

3. 结论

从表5-4可知，全国30个民族自治州中海西蒙古族藏族自治州城镇化水平最高；分项指标来看，人口城镇化和经济城镇化也在第一位，社会城镇化在第四位，有待提高；发展动力上排在第三位，说明发展潜力巨大，城镇化水平可以进一步提高。

第三节 海西州城乡协调发展条件评价

以生态文明建设为基本出发点的城乡美丽协调发展需要一系列支撑条件，包括区域生态条件、生产条件、生活条件等。其中，生态条件是美丽协调发展的基础，也是实现人与自然和谐相处和可持续发展的根本保障；新型工业化是美丽协调发展的生产基础，是新型城镇化和现代化乡村建设的产业支撑条件；现代服务业发展是现代化生产生活的重要平台，也是实现人口转移就业和区域现代化发展的新动力；农业现代化发展既是缩小城乡发展差距的根本手段，也是为美丽协调发展提供物质保障的重要环节。只有在新型工业化、现代服务业和农业现代化水平不断提升的过程中，坚持生态环境保护，协调经济发展与生态环境保护的关系，才能实现城乡美丽协调发展目标。

一 海西州城乡协调发展的生态条件评价

建设美丽中国的核心就是要按照生态文明要求，通过生态、经济、政治、文化及社会五位一体的建设，实现人民对"美好生活"的追求，其中生态条件是基础，生态保护是归宿，人与自然和谐发展是目标。海西州城乡协调发展首先要进行生态条件诊断。

1. 海西州人口资源环境承载力评价

中国科学院可持续发展战略研究组组长、首席科学家牛文元教授1994年提出："资源环境承载力是指一个国家或一个地区资源的数量和质量，对该空间内人口的基本生存和发展的支撑力。"（牛文元，1994）经济社会发展需要资源环境支撑，海西州城乡发展也不例外。为了客观评价海西州发展进程中人口资源环境承载力状况，本章将通过建立评价指标体系，分别分析列入青海省柴达木重点开发区域的海西州的人口资源环境综合承载力差异。

依据前面章节建立的评价指标体系，以及应用多元统计中的全局主成分分析（GPCA）方法，基于分层构权 GPCA 模型，对海西州 2002—2015 年人口资源环境承载力状况做综合性、系统化、定量化评价（结果见表 5-5）。[①]

从表 5-5 中可以看出，列入柴达木重点开发区域的海西州二市二县三行委（不包括天峻县）在 2002—2015 年综合承载力在上升，其中格尔木的综合承载力属于第一级别，综合承载力最高，在省内重点开发区域中有较明显的发展优势；德令哈市与冷湖、大柴旦、茫崖的综合承载力位于第三级别，都兰县与乌兰县综合承载力位于第四级别。

表 5-5　海西州重点开发区域 2002—2015 人口资源环境综合承载力动态评价结果

地区	2002 年	R	2003 年	R	2004 年	R	2005 年	R	2006 年	R	2007 年	R	2008 年	R
格尔木	0.34511	3	0.42460	3	0.48344	3	0.50866	3	0.54736	3	0.50343	3	1.25961	1
德令哈	-0.24526	5	-0.17994	5	-0.12958	5	-0.01894	4	-0.08249	5	-0.04896	4	0.02066	4
乌兰县	-0.27450	6	-0.32816	6	-0.29954	6	-0.19700	5	-0.18549	5	-0.19298	5	-0.18384	5
都兰县	-0.35884	6	-0.32869	6	-0.31899	6	-0.19785	5	-0.27499	6	-0.35321	6	-0.29067	6
茫崖	0.02176	4	0.07024	4	0.07986	4	0.07682	4	0.15503	4	0.20820	3	0.13691	4
大柴旦	-0.05733	4	-0.02988	4	-0.00051	4	0.05428	4	0.06045	4	0.12420	4	0.05278	4
冷湖	0.01094	4	0.02968	4	0.03631	4	0.01312	4	0.04053	4	0.04600	4	-0.01049	4

地区	2009 年	R	2010 年	R	2011 年	R	2012 年	R	2013 年	R	2014 年	R	2015 年	R
格尔木	0.86644	2	0.67239	2	0.93347	2	0.84316	2	0.88384	2	1.17809	1	1.20912	1
德令哈	0.06666	4	0.03084	4	0.11361	4	0.13644	4	0.07871	4	0.15555	4	0.28719	3
乌兰县	-0.15404	5	-0.15271	5	-0.05400	4	-0.02709	4	-0.03346	4	0.01774	4	0.12581	4
都兰县	-0.29369	6	-0.39087	6	-0.34311	6	-0.05505	4	-0.02783	4	0.01322	4	0.07332	4
茫崖	0.18273	4	1.03280	2	0.44079	4	0.30957	4	0.25461	4	0.30350	4	0.31868	3
大柴旦	0.05361	4	0.06989	4	0.20745	4	0.16448	4	0.17447	4	0.19407	4	0.23973	3
冷湖	0.06806	4	0.20152	3	0.10768	4	0.06091	4	0.37312	4	0.26176	4	0.28168	3

注：R 代表综合承载力级别。

资料来源：根据 SPSS 软件计算得到。

---

① 由于开展本研究过程中仅收集到了国土二调数据（国土三调数据尚未公开发布），为了确保研究结论可靠性和数据的可比性，本章分析时间数据截至 2015 年。

2. 海西州各地区生态足迹与生态承载力评价

生态足迹（Ecological Footprint）是指生产一定人口所消费的资源和吸纳这些人口消费产生的废弃物所需要的生物生产性土地的总面积（Wackernagel，1996）。其生态足迹的计算公式为：

$$EF = \left[\sum_{i=1}^{n} \frac{P_i + I_i - E_i}{EP_i}\right]EQ_i \quad (5-1)$$

式（5-1）中：EF 为总生态足迹；EP_i 为生态生产力（全球平均）；P_i 为资源生产量；I_i 为资源进口量；E_i 为资源出口量；EQ_i 为均衡因子。化石燃料用地、耕地、草地、林地、建设用地及水域的均衡因子分别为 1.1、2.8、0.5、1.1、2.8、0.2。

生态承载力（又称生态足迹供给）计算公式为：

$$EC = \sum_{i=1}^{n} A_i EQ_i Y_i \quad (5-2)$$

式（5-2）中：EC 为总生态承载力；A_i 为不同类型生态生产性土地面积；EQ_i 为均衡因子；Y_i 为不同类型生态生产性土地产量调整系数。耕地、林地、草地、水域、建设用地的产量因子分别取 1.66、0.91、0.19、1、1.66。在计算青海省重点开发区域生态足迹供给时，扣除了 12% 的生物多样性保护面积。

人均生态盈余/赤字的计算公式为：

$$ER' = EC' - EF' \quad (5-3)$$

式（5-3）中：EF' 为人均生态足迹；EC' 为人均生态承载力。$ER' > 0$ 表示该地区生态土地资源的供给量大于人们对其消耗使用量，该地区处于生态承载力范围以内，即存在生态盈余；$ER' < 0$ 表示该地区对生态土地资源的占用量超过了生态承载力所允许的值范围，即出现生态赤字。

（1）海西州重点开发区域 2000—2015 年生态足迹计算结果

通过表 5-6 可知海西州重点开发区域 2000—2015 年生态盈余（赤字）变动情况。海西州重点开发区域的生态盈余差距较大，2015 年生态盈余最高的是都兰县，约是冷湖的 5.58 倍。虽然各地区都存在生态盈余，但是生态盈余表现出下降趋势，这意味着未来城镇化与乡村发展需要重视生态环境保护。

表 5-6　　　2000—2015 年海西州重点开发区域生态
盈余（赤字）变动情况　　　　单位：公顷/人

区域	2000 年	2005 年	2010 年	2015 年
格尔木	6.65	6.53	6.30	6.09
德令哈市	2.86	2.65	2.63	2.73
乌兰县	4.64	4.59	4.06	3.87
都兰县	8.37	8.13	7.53	7.81
茫崖	1.78	2.45	1.72	1.70
大柴旦	5.06	5.12	5.26	5.12
冷湖	2.20	1.39	1.40	1.40

资料来源：根据公式（5-3）计算得到。

将表 5-6 数据与青海省东部重点开发区域相比，海西州重点开发区域由于人口规模少，人口压力小，生态盈余有较大优势。这也为海西州未来"美丽城镇""美丽乡村"建设提供了生态基础。

（2）海西州重点开发区域 2000—2015 年万元 GDP 生态足迹分析

万元 GDP 生态足迹是衡量一个地区 GDP 生产所占用生态足迹的一个指标，它表示的是每万元 GDP 所占用的生态足迹，是一个 GDP 生产的生态效率指标，反映了技术进步和生活水平的提高对可持续发展和生态安全的影响。

$$万元 GDP 生态足迹 = 总生态足迹/GDP$$

该指标越高，表明目标地区生态足迹利用效率越低，反之则其资源利用效率更高。2000—2015 年海西州重点开发区域万元 GDP 生态足迹计算结果见表 5-7。

表 5-7　2000—2015 年海西州重点开发区域万元 GDP 生态足迹变化　公顷/万元

区域	2000 年	2005 年	2010 年	2015 年
格尔木	0.05	0.04	0.04	0.04
德令哈市	0.28	0.27	0.23	0.19
乌兰县	0.64	0.53	0.32	0.32
都兰县	1.64	1.31	1.15	0.81

续表

区域	2000 年	2005 年	2010 年	2015 年
茫崖	0.01	0.04	0.01	0.01
大柴旦	0.06	0.13	0.05	0.04
冷湖	0.01	0.01	0.005	0.004

从表5-7可以看出，2000—2015年海西州重点开发区域的万元GDP生态足迹都处于下降趋势。而且海西州重点开发区域万元GDP生态足迹差异很大，其中都兰县和乌兰县万元GDP生态足迹较大。

3. 结论

从以上分析可以得出以下结论。

第一，随着经济发展方式逐步转变，在重视科学技术要素投入的条件下，列入柴达木重点开发区域的海西州二市二县三行委1999—2012年综合承载力都在上升。

第二，海西州各地区综合承载力差异很大，其中格尔木综合承载力最高，有较明显的承载力发展优势；德令哈市与冷湖、大柴旦、茫崖的综合承载力位于第三级别，都兰县与乌兰县综合承载力位于第四级别。

第三，海西州重点开发区域由于人口规模小，人口压力小，生态盈余较大，为海西州未来城乡美丽协调发展提供较好的生态基础。但是生态盈余水平下降速度快，说明经济开发对生态环境的破坏在增加。

第四，西部大开发以来，海西州重点开发区域的万元GDP生态足迹都处于下降趋势，表明重点开发区域资源利用效率逐步提高，社会生产生活方式正朝着合理利用资源、能源，由粗放式生产向集约式生产方式的转变，区域各产业的总体情况正在朝着可持续发展方向前进。但是海西州重点开发区域万元GDP生态足迹差异很大，其中都兰县和乌兰县区域生产活动比较落后，万元GDP生态足迹较大，反映出生态压力较大。

二 海西州工业化条件评价

新型工业化道路不仅仅只是一种发展工业化的新模式，它还是整个人类社会进步、文明、发展经济的新模式。新型工业化与新型城镇化密切相关，与"美丽城镇"建设密切相关，是区域新型城镇化的重要推动力。

新型工业化道路的特征是：科技含量较高型的经济；可持续发展型的经济；质量效益型的经济；协调发展型的经济；人力资源得到充分发挥型的经济。

1. 海西州新型工业化评价指标体系建立

传统工业化指标的特点是在很大程度上只追求数量和速度。没有考虑工业化发展对环境质量、人力资源的利用以及可持续发展等方面。本章结合海西州工业化发展的实际情况，参照任才方、毛文娟等构建的新型工业化水平评价指标体系，构建了如表5-8所示的评价指标体系。

表5-8　　　　　　　海西州新型工业化评价指标体系

一级指标	二级指标	三级指标
工业化进程	工业化水平	工业总产值；工业增加值
	结构变动	工业从业人员数
工业增长质量	经济效益	利税总额；年末金融机构存款余额；全社会固定资产投资额
	科技含量	科学技术支出；全年专利申请数
	信息化水平	互联网宽带接入用户；移动电话年末用户数
	人力资源利用	专业技术人员数；普通在校学生数

2. 评价结论

运用因子分析法，借助SPSS软件进行评价，评价结果见表5-9。

从表5-9可以看出：第一，海西州新型工业化水平在逐年提升。第二，海西州新型工业化发展过程中，工业化水平、结构变动及经济效益（F_1）对新型工业化的发展的贡献较大；科技含量、信息化水平与人力资源（F_2）对新型工业化发展的贡献较小。

表5-9　　　　　2005—2018年海西州新型工业化的因子得分值

年份	F_1	F_2	综合因子值 F
2005	-8.88	0.68	-7.13
2006	-10.38	4.37	-7.68

续表

年份	F_1	F_2	综合因子值 F
2007	-6.40	-0.47	-5.32
2008	-5.70	-0.60	-4.76
2009	-4.15	-0.38	-3.46
2010	-3.19	-1.04	-2.79
2011	-0.33	0.29	-0.22
2012	2.40	-1.42	1.70
2013	5.56	-1.26	4.31
2014	5.61	0.86	4.74
2015	11.16	1.91	9.47
2016	13.23	1.65	10.64
2017	15.00	1.48	12.53
2018	15.22	1.53	12.78

注：F_1 指工业化水平、结构变动及经济效益，F_2 指科技含量、信息化水平与人力资源。

三 海西州服务业发展基础评价

服务业与城镇化密切相关。城镇不断集聚经济和人口，不仅要提供生产性服务，也要提供生活性服务。生产性服务业，如融资服务、科技研发服务、中介服务等行业；生活性服务业，如医疗、健康、养老等行业[①]。2013年我国服务业占比46.1%，发达国家普遍占比70%多，相比之下，差距还较大，所以服务业还有较大发展空间（国新办，2014）。但是海西州服务业发展水平与质量如何，能否支撑"美丽城镇""美丽乡村"建设需要，必须要认真研究分析。

1. 海西州服务业发展综合水平评价

为更加客观真实地了解海西州城镇化和服务业发展之间的关系，本文

---

① 国家统计局依据新修订的（2017）《国民经济行业分类》（GBT 4754-2017）制定了新的《三次产业划分规定》，将第三产业划分为批发和零售业，交通运输，仓储和邮政业，住宿和餐饮业，信息传输，软件和信息技术服务业，金融业，房地产业，租赁和商务服务业，科学研究和技术服务业，水利、环境和公共设施管理业，居民服务、修理和其他服务业，教育，卫生和社会工作，文化、体育和娱乐业，公共管理、社会保障和社会组织、国际组织。

建立综合评价指标体系，计算服务业发展综合得分。

(1) 海西州服务业发展综合水平因子分析

本章从指标代表性和数据可得性角度，构建海西州服务业发展水平评价指标体系，该指标分为两层，其中一级指标为：服务业发展规模；服务业重点行业发展情况；服务业发展基础。具体评价指标体系如表 5 – 10 所示。

表 5 – 10　　　　海西州服务业发展水平评价指标体系

一级指标	二级指标
服务业发展规模 I	服务业产值（万元）X_1
	服务业产值比重（%）X_2
	服务业就业人数（人）X_3
	服务业就业人数比重（%）X_4
	人均服务业产值（万元）X_5
服务业重点行业发展情况 II	金融机构各项存款余额（万元）X_6
	城镇固定资产投资完成额（万元）X_7
	科学技术支出（万元）X_8
	电话用户（户）X_9
	民用汽车拥有量（辆）X_{10}
	中小学专用教师人数（人）X_{11}
	医院、卫生院床位数（张）X_{12}
服务业发展基础 III	城镇在岗职工工资总额（万元）X_{13}
	限额以上批发零售贸易业商业销售总额（万元）X_{14}

运用因子分析法可计算出各因子得分及综合得分，如表 5 – 11 所示。

表 5 – 11　　海西州服务业发展水平、城镇化水平及其协调度

年份	服务业发展综合得分（A）	城镇化水平综合得分（B）	协调度（C）
2000	– 0.89	– 4.06	– 1.19
2001	– 0.51	– 3.77	– 1.13
2002	– 0.43	– 3.43	– 1.12
2003	– 0.48	– 3.58	– 1.12

续表

年份	服务业发展综合得分（A）	城镇化水平综合得分（B）	协调度（C）
2004	-0.77	-3.33	-1.20
2005	-0.23	-2.48	-1.09
2006	-0.17	-3.26	-1.05
2007	-0.07	-0.90	-1.07
2008	0.24	0.10	1.31
2009	0.31	1.40	1.19
2010	0.67	3.38	1.18
2011	0.69	4.16	1.11
2012	0.95	5.36	1.11
2013	1.03	5.99	1.12
2014	1.24	6.16	1.25
2015	1.36	6.76	1.33
2016	1.44	7.75	1.29
2017	1.57	7.88	1.34
2018	1.82	7.95	1.36

由表5-11可以看出，海西州自2000年以来服务业综合发展水平逐步提高，尤其是自2008年以来综合得分为正，并且逐年上升。

(2) 海西州服务业发展与城镇化水平的相关性分析

为了更加准确地判断出海西州城镇化水平和服务业发展之间的相关性，利用经过计算得出海西州服务业发展的综合得分以及城镇化水平的综合得分（见表5-11），用 X 表示海西州服务业发展水平，用 Y 表示城镇化水平，应用EViews软件计算出相关系数为0.958803，表明海西州城镇化和服务业发展之间高度相关。以服务业发展综合得分 X 作为解释变量，城镇化发展综合得分 Y 为被解释变量，进行回归分析，建立一元线性回归方程，计算结果为：

$$\ln Y = -5.38E-07 + 7.099075\ln X$$
$$(-1.26E-06)\quad(11.19433)$$
$$R^2 = 0.919303 \quad F = 125.3131 \tag{5-4}$$

由式（5-4）可得，海西州服务业发展综合得分每提高1，其城镇化水平综合得分增加 7.099。符合城市化三阶段规律中，在城市化后期阶段（城市化率超过 70%），城市化的进一步发展将由服务业发展推动的经济发展一般规律。

2. 海西州服务业与城镇化发展协调性评价

协调度就是度量系统之间或者系统内部之间协调状况好坏的定量指标，参考部分学者对于协调度的定量研究，这里将协调度定义为：

$$C = (A+B) / (A^2+B^2)^{1/2} \qquad (5-5)$$

式（5-5）中，A 代表城镇化综合水平指数；B 代表服务业发展综合水平指数；C 为二者发展的协调度。当 A、B 均为正值且相等时，C 的值最大，为 1.414；当 A、B 均为负值且相等时，C 的值最小，为 -1.414；其他情况下，C 的值处于二者之间。协调度数值越大，表明协调程度越高。

运用表 5-11 中的相关数据，计算得出海西州城镇化发展综合水平和服务业综合水平的协调度（见图 5-2）。可以看出，2000—2007 年，海西州服务业发展与城镇化协调度较小，都为负值；从 2008 年开始，其协调度均为正值。说明海西州城镇化和服务业逐渐呈现协调发展趋势，2018 年其协调度最高，协调度为 1.36。

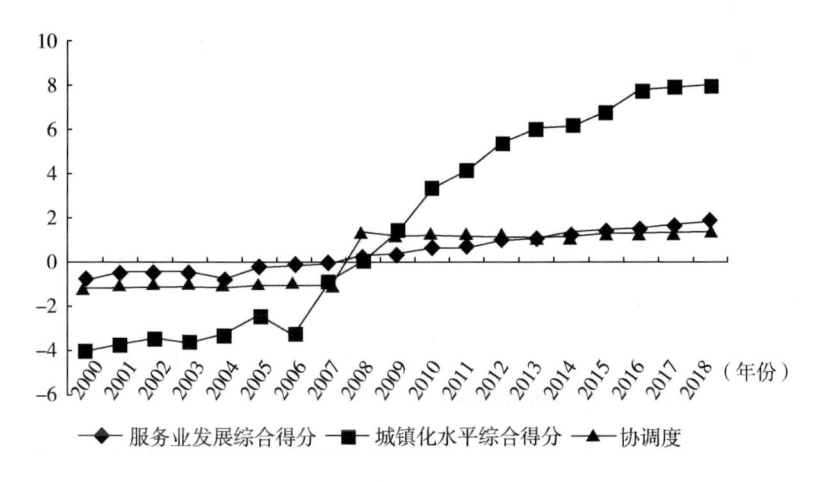

图 5-2 西部大开发以来海西州城镇化与服务业发展关系

3. 结论

（1）海西州服务业发展水平总体较低，并且发展相对缓慢；服务业劳动生产率低于全部产业劳动生产率的平均值,服务业经营效率低;服务业内部各行业发展不均衡,传统第三产业占主导;海西州服务业产业贡献率低于全国平均水平,但也有相对较大的发展空间。

(2) 海西州自 2000 年以来服务业综合发展水平逐步提高;服务业发展能够有效驱动城镇化综合水平提高;海西州城镇化和服务业逐渐呈现协调发展趋势。

四 海西州农业现代化水平评价

农业剩余是城镇化的首要条件。农业是国民经济的基础,因而也是农村城镇化的基础,农业发展是小城镇形成的先决条件。农业生产现代化进程中,农业劳动生产率不断提高,意味着它为非农产业提供农业剩余的水平不断提高,表明农业发展支持城乡发展的动力增强。

1. 海西州农业现代化综合水平分析

为研究影响海西州农业现代化发展水平的主要因素,建立海西州农业现代化发展综合水平评价指标体系,用 SPSS 软件中的因子分析法,计算出海西州农业现代化的总得分。

(1) 海西州农业现代化水平综合评价指标体系建立

根据农业现代化的含义,结合柴达木地区实际情况和可获得的数据资料,建立海西州农业现代化评价指标体系,见表 5-12。

表 5-12　　　　　　　　农业现代化评价指标体系

项目	指标
农业机械化	X_1 机总动力(万千瓦特);X_2 农村用电量(万千瓦时);X_3 农用运输车(辆);X_4 联合收割机(辆)
农业产业化	X_5 地区生产总值(亿元);X_6 第一产业增加值(万元);X_7 农作物播种面积(公顷);X_8 粮食产量(吨);X_9 肉类产量(吨);X_{10} 年末金融机构存款余额(万元);X_{11} 涉农贷款(万元)
生产技术科学化	X_{12} 农林水事务支出(万元);X_{13} 农业科技人员数(人);X_{14} 普通中学生在校人数(人);X_{15} 农村居民人均纯收入(元);X_{16} 工业企业数(个)
农业信息化	X_{17} 通电话的村所占比重;X_{18} 通有线电视的村所占比重;X_{19} 境内通公路和铁路里程数(千米)

(2) 海西州农业现代化水平评价

利用 SPSS 软件进行因子分析和主成分分析，计算出海西州农业现代化综合水平 F 变动情况见表 5-13 所示。可以看出，海西州农业现代化综合水平在 2014 年前增长较为缓慢，2014 年的总得分达到 3.31，且从 2014 年开始农业现代化水平增长迅速。说明海西州推动农业现代化的因子贡献各不相同，农业机械化因子对农业现代化贡献最大，农业产业化、农业生产技术科学化和农业信息化因子的贡献较小。

表 5-13　　　　　　海西州农业现代化因子得分与总得分

年份	F_1	F_2	F_3	F_4	总得分
2006	-12.36	-1.20	0.87	-1.65	-8.03
2007	-11.89	-2.68	0.89	-0.27	-7.79
2008	-9.93	-1.28	0.61	-0.27	-6.42
2009	-8.52	-0.72	-1.36	2.02	-5.52
2010	-7.17	-0.56	-1.06	1.45	-4.65
2011	-5.34	1.10	-0.89	0.40	-3.35
2012	-1.87	2.03	-0.46	0.85	-0.94
2013	0.11	0.69	-0.49	-3.02	-0.25
2014	4.03	3.68	1.44	0.67	3.31
2015	6.12	2.26	1.31	0.44	4.36
2016	9.36	2.05	0.66	-0.74	6.24
2017	16.82	-1.13	-3.53	-0.76	10.29
2018	20.65	-4.16	2.04	0.89	12.78

注：F_1 为农业机械化因子，F_2 为农业产业化因子，F_3 为农业生产技术科学化因子，F_4 为农业信息化因子。

(3) 海西州农业现代化与城镇化发展的协调性分析

只有城镇化与农业现代化协调发展，才能够互相促进，推动区域城镇化健康发展。在农业现代化发展和城市化的某些阶段，二者之间可能存在着较大差距，但只要二者的协调度在阈值范围内，这种状态也是可以接受的。结合协调度的计算办法，计算出海西州农业现代化与城镇化发展的协调度可以看出，海西州农业现代化与城镇化发展的协调度由低到高，协调度逐步提升，但是不稳定。2014年的协调度最高，为0.626，随后协调度出现下降（见表5-14）。①

表5-14　　　　　　农业现代化与城镇化发展的协调度

年份	2006	2007	2008	2009	2010	2011	2012
协调度	-0.278	-0.328	-0.372	-0.427	-0.481	-0.674	-0.725
年份	2013	2014	2015	2016	2017	2018	
协调度	-2.69	0.626	0.545	0.386	0.228	0.157	

通过图5-3看海西州农业现代化与城镇化发展的协调度更为直观。2006—2010年农业现代化水平低于城镇化水平，属于农业现代化滞后型，低度协调；2010—2012年农业现代化水平高于城镇化水平，属于城镇化滞后型，低度协调；2013—2018年农业现代化水平和城镇化水平都为正，协调度为正，表示协调发展。

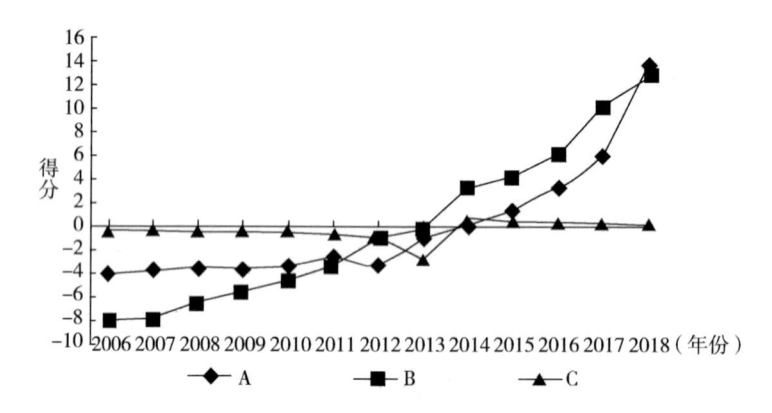

图5-3　海西州农业现代化与城镇化协调度分析

注：A表示农业现代化综合得分，B为城镇化水平综合得分，C为协调度。

（4）海西州农业现代化发展对城镇化的支撑作用分析

以农业现代化得分为X，城镇化得分为Y，用回归方法分析海西州农业现代化发展对城镇化的支撑作用。分析结果如下：

---

① 协调度计算办法参见本章海西州服务业与城镇化发展协调度计算。

$$Y = 0.001 + 0.648X$$
$$(0.001) \quad (8.192)$$
$$R^2 = 0.896 \quad F = 68.482 \quad\quad (5-6)$$

拟合优度检验：$R^2=0.896$，说明回归方程的解释能力为 89.6%，即海西州农业现代化对城镇化发展的 89.6% 做出解释，回归方程的拟合度较好。

从式（5-6）可以看出，2006—2018 年，农业现代化综合得分每增加 1，海西州城镇化综合得分增加 0.648，说明农业现代化对城镇化发展有较明显的支撑作用。

2. 结论

第一，西部大开发以来，海西州农业机械化水平、农业现代化水平、农业生产技术科学化水平和农业信息化水平均有明显提高。

第二，海西州农业现代化综合水平 2012 年前增长较为缓慢，从 2012 年开始农业现代化水平增长迅速。但是推动农业现代化的因子贡献各不相同，海西州还是主要依靠农业机械化发展，而农业产业化、农业生产技术科学化和农业信息化对农业现代化的贡献较小。

第三，从海西州农业现代化与城镇化发展的协调度分析，"十一五"时期以来经历了从不协调到逐步协调的发展过程。农业现代化对城镇化发展有较明显的支撑作用，农业现代化是海西州城乡美丽协调发展的重要保障和重要支撑。

第四节　海西州城乡美丽协调发展的制约因素与发展路径

一　海西州城乡美丽协调发展的制约因素

1. 产业发展不协调，产业结构层次较低

虽然海西州第二产业规模较大，但是工业新型化发展中科技及信息水平较低，人力资源对新型工业化发展的贡献也较小，工业发展主要依靠资源开发，工业污染程度较严重，环保设施等不完善。第一、第三产业发展较为滞后，农业发展方面，虽然农业机械化水平有所提高，但农业产业化、农业生产技术科学化和农业信息化还比较落后，对经济的贡献较少；第三产业发展慢、总量小、比重低，不能发挥劳动力"蓄水池"的作用。

工业化的过程是制造业加工深度不断提高的过程，是工业结构转变的过程。从海西州工业的内部结构来看，国有经济比重大，工业企业大多数集中在盐湖化工业，资源产品和初级产品工业占据工业主导地位，轻、重工业的比例不协调，低水平重复建设的情况依然存在。海西州制造业不发达，加工层次低，还没形成与优势资源紧密结合的综合产业链，资源优势并没有得到充分发挥。农业现代化程度也较低，现代设施农业发展滞后，农业科技投入少，农业产业化发展慢。第三产业规模小，并且传统产业比重大，新兴第三产业比重很小，服务业产业贡献率低于全国平均水平。

2. 水资源、生态环境制约发展

海西州气温低、干旱、少雨，具有高寒荒漠气候特征，荒漠化问题严重、水土流失面积较大，水域、湿地面积小，分别占总面积的3.6%、0.5%。生态脆弱使人居适宜、产业发展受限。从海西州美丽城乡建设生态条件评价结果可知，海西州各地区综合承载力差异很大，其中格尔木综合承载力最高，有较明显的承载力发展优势；德令哈市与冷湖、大柴旦、茫崖的综合承载力位于第三级别，都兰县与乌兰县综合承载力位于第四级别。从生态足迹计算结果来看，海西州生态盈余水平下降速度快，说明经济开发对生态环境的破坏在增加。而且海西州重点开发区域万元GDP生态足迹差异很大，其中都兰县和乌兰县的区域生产活动比较落后，万元GDP生态足迹差异较大，反映出生态压力较大。

3. 基础设施不完善

公共基础设施建设是经济发展的基础，对经济发展起支撑作用。海西州的公共基础设施综合实力始终处于较低水平。

交通运输方面，尚未形成完善的交通网络体系，运输能力不能满足经济发展需求。从铁路运输方面来看，海西州仅有一条国铁干线铁路，地方支线铁路通车里程短，且尚未形成网络，铁路运输缺口较大；从公路方面来看，公路运输网密度不足全国平均水平的20%。道路网络化程度低，尚有部分干道与次道、村与村之间的连接公路未建成。公路等级低，满足不了大运量要求；在其他运输方式中，虽然有机场，但开通航线少，吞吐量小，经济效益差。

通信建设方面，由于海西州部分地域人口密度小且居住分散，通信投资远大于其收入。通信设施建设主要集中在中心城区，其他地区特别是农村地区的通信设施水平和服务能力较为落后。随着工业化建设步伐的加快，城市建设、道路修建严重影响网络安全，通信设施的破坏等也是影响网络安全运行、导致信息不畅的原因。

4. 城乡要素流动不畅、配置失衡

一是城乡产业封闭运行。海西州的工业具有采掘强、制造弱、产业链短的显著特征，主要向市场提供初级工业品，与农牧业经济体系互不关联、各成一体。二是受到生活门槛、就业门槛、教育门槛限制，人力资源难以在城乡间自由流动，且受制于农业的传统生产方式，农牧民思想意识滞后、知识技能不足，农牧区可供转移的剩余劳动力数量不足、质量不高。三是从全社会固定资产投资在城乡的分配来看，以城镇为主；分产业来看，以第二产业为主，且重点集中在化工、天然气开采、有色金属矿采选及电力等领域。从财政资金的投放来看，近年农、林、水事务支出占全州一般预算支出的比例较小，财政转移支付力度不足（海西州人民政府，2014）。

5. 城镇规模普遍较小，缺乏特色

海西州现有城镇中，非农业人口1万人以上城镇只有5个，0.5万—1万人的城镇有3个，大多数镇人口在0.5万人以下。同时，海西州内市和县城、行委、城镇发展不充分，功能较为单一，生活配套服务还不完善；城区周边小城镇不发育，集聚规模有限；城镇间经济联系薄弱，城镇等级结构不合理。海西州虽然城镇化率已经达到70%，高于全国平均水平，但是资源型区域突出的城镇化质量低，产城分离，规模小、人口少、基础差、功能弱，辐射范围小，缺乏特色，难以吸引产业、人口集聚。城镇缺乏特色，不利于招商引资，难以推动城镇持续发展。

6. 社会公共服务设施不完善

完善的社会公共服务设施，包括教育服务设施、商业金融配套设施、环卫、文体与医疗保健设施等是城乡美丽协调发展的重要保障。海西州各地区公共服务设施数量少、水平低，建设布局不合理，不能满足居民生产生活需要，加之工业"三废"污染，严重制约海西州的发展。

海西州水利及市政设施建设不足，防灾水平低。一是水利设施建设不足，使控水及蓄水能力有限；耗水太多，用水效率低。二是城镇市政建设滞后，污水、环卫设施严重不足；城乡距离远，难以大区域集中，市政基础建设难度、成本较大。三是消防站建设数量不足，大部分乡镇和广大农村牧区消防水源建设几乎空白；城乡防洪体系尚未健全，抵御洪水能力差。

7. 区位条件制约

区位因素是影响一个地区工业发展的重要因素之一。虽然区位其本身并没有优劣之分，但是一个地区的区位条件却决定了该地区参与社会分工，吸纳资金、技术、信息等生产要素的成本与效率。海西州地处偏远，城镇与乡村布局分散，空间距离远，城市集聚效应难以发挥，乡村建设难度大、成本大。

二 海西州城乡美丽协调发展路径

海西州既是青海省城乡一体化示范区，也是"四区两带一线"的重要功能区，还位于兰青、青藏铁路沿线城镇发展带，社会经济地位极其重要。根据《青海省新型城镇化规划（2014—2020年）》对海西州"美丽城镇""美丽乡村"发展定位要求，本章因地制宜设计提出海西州独具特色的发展模式。

1. 海西州美丽城乡发展总体路径

根据《青海省新型城镇化规划（2014—2020年）》，柴达木地区（包括海西州格尔木、德令哈二市和乌兰、都兰、冷湖、大柴旦、茫崖）的主要任务是引导城镇建设与国家循环经济试验区建设相融合，加快发展循环经济和劳动密集型产业，进一步提升区域重要交通枢纽、电力枢纽和资源加工转换中心地位。壮大格尔木、德令哈等城市规模，着力打造13个重点城镇，建设成为全省城乡一体化发展示范区、产城融合先导区、吸纳就业重要地区（中共青海省委、青海省人民政府，2014）。

（1）强化格尔木城市地位

优化城市空间格局，合理划定城市边界，有效提高土地利用率，合理配置水资源，加快荒漠化土地治理，提高综合承载能力。加强集中供水、供热、排水等市政、公共服务设施和生态系统建设，加大住房建设力度。通过产业引导、政策优惠吸引农牧民转移，促进城市人口增长。充分发挥丝绸之路经济带重要节点城市的功能，进一步提升综合交通运输能力，加强与新疆、西藏等周边省区的联系，促进全省向西开放。加快推进新区建设，提升城市发展水平。新区按"一轴两带四片区"进行空间布局，建成融公共服务、产业研发、教育文化为一体，具有综合服务和休闲观光功能的绿色城区和全市产业升级的智力核心。

（2）充分发挥德令哈城市功能

合理配置、节约利用水资源，控制地下水开采，增强城镇发展的水资源保障，推进节水型城市建设。加强基础设施和公共服务能力建设，不断提高常住人口公共服务水平和质量。推进荒漠化土地治理，扩大绿洲、湿地等生态屏障面积，提高城市绿化水平，增强人口承载能力。加快推进新区建设，完善城市功能，建成彰显高原特色、产城融合、生态优美、宜居宜业的新城区。

（3）重视重点城镇和工矿区综合发展，优化城镇体系

海西州目前仅有2座城市，城市数量较少。可以将条件较好、人口经济规模较大、生态承载力较强的城镇发展为城市，提升区域对外交流合作的平台。比如在察汗乌苏镇、希里沟镇、新源镇、大柴旦、冷湖、花土沟镇等条件较好的城镇中选择1—2个重点培育为小城市，有效改善区域城镇体系。

在城镇化进程中，可以结合地区实际，推行"耕在田、居在镇，基础设施城镇化、生活服务社区化、生活方式市民化"的新型农村牧区城镇化模式，以住房建设、基础设施和公共服务设施配套建设、环境综合整治为主要内容，打造一批田园美、村庄美、生活美的美丽城镇、美丽乡村。加强清洁能源在新型农牧区、社区的使用推广，在条件具备的社区适度发展旅游服务、农畜产品加工、特色手工业、餐饮等产业，引导农牧民向城镇、中心村集中。

2. 海西州城乡美丽协调发展具体路径

海西州地域范围广，生产生活条件差异大，根据前文分析的海西州的生态条件、新型工业化水平、现代服务业发展以及农业现代化发展存在的

问题，结合青海省新型城镇化规划的要求，依据海西州不同地区发展条件，因地制宜，区别对待，实施不同的发展模式。

（1）中部主要城市双中心型发展

在一些地区的城镇体系中，最大的城市无论在规模上，还是在经济社会地位上都与第二位城市不相上下，这样的城镇体系被称之为双中心型城镇体系。在双中心型城镇体系中，两个最大的城市发展对区域经济起着举足轻重的作用。如果两个城市分工合理，相互协作，则可以产生1＋1＞2的效果，能够更好地带动整个地区城镇体系的发展；相反，如果两个中心城市盲目竞争，都搞"大而全"，城市之间必要的经济技术合作也难以开展，那么必然造成巨大的浪费和低效率。

海西州中部地区目前有两座城市，经济中心格尔木市和行政中心德令哈市，基本具备双中心型城市体系发展条件。

但是格尔木市和德令哈市的发展规模小，对地区经济发展的辐射带动作用较小，要改变这种现状，就必须合理规划两个城市的功能定位，建立合理的分工合作机制，提升中心城市的极化效应和扩散作用，更好地带动区域经济的发展。因此，应当加快基础设施建设，加强作为中心城市的教育、卫生、科技和文化等公共服务设施配套建设，提高城市承载能力，为服务业发展提供良好的发展平台和发展载体。

要依托资源优势，强化技术创新、培育优势产业、实现循环发展，形成各产业间纵向延伸、横向拓展，资源、产业和产品多层面联动发展的循环型产业新格局。要做大做强两个中心城市，拉大城市框架，增强中心城市的辐射带动作用，强化其对全州的综合服务能力。要提升、优化产业结构，构建现代服务业。

（2）西部工矿城镇产城一体化发展

根据区域城市化规律可知，城市化与区域经济发展是相辅相成的关系，城市化水平和质量的不断提升，能够为区域创造更多就业岗位，并不断提升区域竞争力。

海西州西部资源型城镇较多，发展较早，迫切需要提升城镇化质量，走以循环经济为主导、新型工业化和农业现代化发展为支撑的产城一体的新型城镇化道路。海西州西部地区要依托资源优势和可持续的开发资源，加强生态环境保护，提升产品附加值。城镇建设要与园区发展相结合，重点完善其服务功能，使海西州"聚宝盆"的功能持续发挥，为青海城乡一体化和区域经济可持续发展做出更大贡献。

第一，走发展特色经济的道路。

形成产品与服务的独特性是避免和克服昂贵的交易成本与规模经济不足的重要措施，更是培育强大的区域竞争力的重要手段。依据海西州的自然资源特色和经济发展趋势，提升柴达木循环经济试验区的特色工业发展质量。依托主要的交通干线和优势资源，发展特色产业，延伸"油气—盐化工""煤—焦—盐化工""煤化工—盐化工—建材""有色金属—天然气—盐化工"和"铁矿—焦炭—钢铁"五大循环产业链。各资源型城镇大力发展绿色、环保的光伏产业以及海西州的枸杞产业等特色农牧业，使资源型区域城镇化体现区域资源优势、依托资源优势，形成并持续利用资源优势的能力。

第二，用"新四化"的思路来规划园区的发展。

园区是一个地区经济发展的重要载体，反映了一个地区的经济发展水平，园区是走新型工业化、信息化、城镇化、农业现代化道路，实现"新四化"建设的摇篮和平台。

作为海西州来说，要根据本地区的特点，因地制宜，集中力量办好有地区特色的产业园区，使其能够发挥"带头、示范、辐射"的作用，能够产生"规模、集聚、洼地"的效应。要重视建立入园企业评价机制，大力吸引那些对本地经济发展具有较强辐射与带动作用，且技术含量高、对环境污染少，又有利于充分发挥本地区的比较优势的企业。重点扶持一批产业布局合理、产业集中度较高、区域特色十分明显、成长性好的工业园区、农业园区。注重产城一体化发展，发挥园区基础设施的生产支持功能与生活服务功能，可以大大减少投资，并且方便生产生活，也有助于海西州人口较少村庄的搬迁和集中安置。

3. 东部特色乡镇旅游服务发展

东部地区要依托资源优势和农牧区，坚持城乡统筹发展，结合"美丽乡村"建设、牧民定居计划、扶贫开发行动，整体规划城镇和农牧区建设，突出抓好小城镇建设，完善基础设施配套。对于东部条件较好的乡镇，要调整产业结构与空间布局；调整农业生产结构，把粮食等大宗农作物的种植向少数自然条件或市场销售适宜的地区集中；同时因地制宜地扩大畜牧养殖，林木、果蔬等经济效益较高的产业，形成若干个具有较强特色的农业产业化生产地，严格控制城市占地规模，严格控制耕地和淡水资源的使用，坚持不以牺牲农业和粮食、生态和环境为代价实现城镇化与农业现代化协调发展，确保区域农产品供应和农村经济全面发展。

积极发展农牧产品加工业，积极发展高产、优质、高效的绿色生态种植业及生态畜牧业。着力培育农牧产业化龙头企业，加快发展农副产品深加工、民族工艺品、牧区生产生活用品等工业部门，努力繁荣农牧区经济，以城带乡引导农牧民职业身份转换，促使生产要素、生活要素向旅游城镇（村落）集中，由传统分散生产方式向现代城镇集约化生产方式转变，促进城乡经济协调发展，推动农村剩余劳动力向城镇尽快转移。以县域为单位统筹三次产业发展，大力发展现代农牧业，着力做强第二、第三产业。

调整服务业发展结构，围绕特色旅游业发展，重视"吃、住、行、游、购、娱"系列服务设施建设和服务业发展；扶持发展科技服务、教育、卫生、社会保障、社会福利业、文化、体育和娱乐业等新兴服务业；重新规划布局，增强区域经济持续发展的新活力。

注重在新城新区建设中注入传统文化元素，发展有历史记忆、文化脉络、地域特貌、民族特点的美丽城镇，建设历史文化底蕴厚重、时代特色鲜明的人文城市。

4. 腹地规模较小乡镇特色单元发展

海西州有许多规模很小的乡村，布局分散，远离主要交通干线。对于这些规模小的乡村，可以采取迁移合并或就地完善生活功能两种建设模式。将地理条件艰苦、投资建设难度大的小型村、中型村，经过认真调查，提出切实可行的搬迁建设规划，集中安置在自然条件较好、经济条件较为发达的区域。这样一方面可以节约建设资金，减轻管理压力；另一方面通过集中建设乡村公共配套设施，也有助于改善乡村居民生活质量。在建设过程中，要充分考虑农牧区民族文化、生产特点和生活习惯，建设各具特色的田园乡镇。

第五节　海西州城乡美丽协调发展的保障措施

深入推动新型城镇化与新型工业化、信息化和农业现代化同步发展，这是当今中国现代化建设的必然要求。工业化是发展的动力，农业现代化是发展的根基，信息化为发展注入新的元素和活力，城镇化是一个载体和平台。"新四化"相辅相成，融合互动，从而推动现代化建设的进程。

青海省政府召开 2014 年美丽城镇建设专题会议，强调加快推进美丽城镇建设工作，提出要对美丽城镇风貌打造和规划品质进行严格审查把关，突出"地方、民族、高原、特色"的标准，杜绝低层次、低品位建设（青海省政府，2014）。海西州作为全省城乡一体化的示范区，要继续保持城乡建设的领先示范作用，必须重视启动"美丽城镇""美丽乡村"建设的保障措施。

一　加强科技人才队伍的建设，重视人才培养和劳动力就业培训

科学技术是第一生产力，科技人才是新的生产力的承载者和科技知识的传播者，是充满活力的新生产要素，是经济发展中最重要的资源，人力资本对经济增长的贡献不断增加，已成为经济发展中的"火车头"。海西州转型发展过程中要加快科技人才队伍的建设，引进、培养一支担当起新世纪历史重任的高素质科技人才队伍，为区域创新注入活力；同时，要重视人才培养投资和劳动力培训机构建设，确保产业转移过程中，各类从业人员及时便利地得到技能培训和提升，使其适应市场需求；要制订一套合理切实可行的人才培训计划，结合实际编写出适合的培训教材，采取灵活多样化的培训学习方式。

要着力稳定和扩大农民工就业，着力维护农民工基本劳动权益，着力提高农民工技能素质，有目的、有重点地培养和提高农牧民的从业能力和综合素质，学会使用网络平台进行商业经营和对外交流；着力促进农民工融入企业，子女融入学校，家庭融入社区，群体融入社会；着力做到"十有"，即进城有工作，上岗有培训，劳动有合同，报酬有保障，参保有办

法，维权有渠道，住宿有改善，生活有文化，子女有教育，发展有目标。

二 强化社会服务和行政管理

社会服务和行政管理等软环境建设对于海西州"美丽城镇""美丽乡村"具有重要的意义，能够体现"民主文明美"。其中，社会服务既包括生产领域的社会服务，也包括生活领域的社会服务。生产领域的社会服务主要指有关产业发展和产品营销的咨询、信息、科技、宣传、物流方面的服务，随着新型工业化、农业产业化、专业化、规模化发展，社会服务环节的质量和效率已经成为影响产业发展效益的重要因素。生活领域的社会服务包括居民日常衣食住行各方面，高质量的社会服务能够大大增加城镇居民和农牧区居民的消费效用，减少生活成本，提高生活满意度。行政管理主要指政府对产业发展中原材料供应、技术创新等方面的组织管理，这些环节关系到产业化发展的规模与水平，政府加强行政管理与服务，协调科技部门、财政税收部门、中介机构等与企业的关系，有助于提升企业市场竞争力（丁生喜，2017）。

三 重视城镇化带动服务业发展，为农业劳动力转移提供平台

依据各地经济发展基础、人口规模、资源状况和环境承载能力，在海西州建设特色鲜明的工业区、旅游区和商贸区，强化地域分工与合作，使各县、市、镇在区域经济发展中承担特定功能，为区域经济优化发展发挥特定功能。同时对于部分城镇，尤其是资源型城镇，及早规划产业结构转型，可以根据自身情况实行不同程度的"退二进三"政策，培育服务业发展。

海西州目前农牧民总共有46274户，伴随户籍制度改革，已经转户32617户，这些人口将来大都将在非农产业就业。由于海西州地域空间范围大，人口分布不集中，单纯依靠大中城市吸纳劳动力转移作用有限。因此，要重视中心镇和小城市建设，大中小城市协调发展。首先，小城镇离农村最近，农业劳动人口转移较方便，更应该把基础做好，规划好产业，使农牧民能够就近得到就业机会。而且小城镇因为离农村近，既能减轻各种成本，又能缓解中心城市的压力。其次，小城市和小城镇的发展空间大，城镇化成本相对较低，加快小城镇建设，使更多的农村人口向小城镇

地区转移，为农业产业化和规模化发展腾出更多空间。

四 促进海西州物流发展，缩小城乡区域差距

海西州城镇布局分散，乡村规模小，空间距离远，对外联系必须借助物流与信息行业发展，实现"美丽城镇""美丽乡村"建设的"创业增收、生活美"，不断提升物质文明、精神文明水平。

物流发展方面，以与全省同步或提前基本实现流通现代化为目标，加快企业自主创新步伐，积极引导现有物流企业向园区集中，通过资产整合、信息整合和功能整合，实现传统物流向现代化物流转型，实现物流业向专业化、多元化、规模化发展。引导企业建立现代企业制度，推进流通业结构调整，实现企业体制创新；支持流通企业加大科技投入，充分运用现代流通技术，推动连锁经营、物流配送和电子商务发展，实现技术创新；推进流通企业管理制度和管理方式变革，创造具有区域特色、符合国际惯例、切合流通企业实际的现代管理模式，实现管理创新。要提升发展理念，以较高的起点，抓好市场体系、现代流通体系和商贸信用体系建设，充分积聚后发优势，促进商贸流通业在更大范围、更广领域、更高层次上发展，争取在最短时间内在全省处于领先发展水平。

商贸流通配送体系发展目标为：一是推动物流配送服务业建设，基本完成物流园区、物流中心、物流配送三级物流体系构架。二是形成服务便捷、配送增值的城市和农牧区生活品物流体系。三是推广应用电子商务等物流技术，用现代专业物流技术支撑物流产业新发展。四是培养物流业高、中、初级人才队伍。五是实施物流规范化运作，向国际标准接轨。六是市区商品物流配送率达到95%以上，农村商品物流配送率达到80%以上。

五 促进信息化发展，提升城乡信息化水平

随着我国信息基础设施的建立和完善，开展电子商务的技术条件已日臻成熟。海西州是我国的偏远地区，区位劣势明显，发展电子商务，推进电子网络经营平台的建设，更能克服地域空间的限制。以网络为基础，以信息资源开发利用为核心，以政务信息化带动领域信息化、行业信息化和企业信息化；紧密结合扩大内需、市场建设、大力发展新型营销方式和新

兴流通产业的中心任务，提高经济效益，提高信息流通的规模化、规范化、组织化、数字化和网络化水平；加大商业信息化基础设施建设的投资力度，增加流通产业的科技含量，提高全行业的科技创新能力，全面建设海西州数字化服务业。

充分发挥海西州市区及各乡镇范围因特网基础设施优势的形成，利用大容量程控交换、光纤通信、数据通信、无线通信等多种技术手段的立体化现代通信网络，以及数字电视的开通，扩大各行各业及家庭、城市居民利用计算计、电视机、手机等终端访问因特网。

建设完善"数字海西"综合信息平台，并与国内外著名搜索引擎建立相关链接，扩大信息发布功能。规模以上工业企业和商贸流通企业、主要乡镇都建设开通有特色、功能较全、比较实用的网页。实施社区综合服务和社区物流配送体系的电子商务平台建设工程，扶持一批购物中心、超市建立网上商城。

六 重视生态环境保护，建设海西州绿色美丽家园

在大气环境质量保护方面，进行分区域、分级控制：一类区为自然保护区、风景名胜区和其他需要特殊保护的地区，执行一级环境空气质量标准，主要包括生态绿地等。二类区为城镇规划中确定的居住区、商业交通居民混合区、文化区，执行二级环境空气质量标准。三类区为执行三级环境空气质量标准。大气环境防治具体措施为：一是加快能源结构调整步伐，大力发展沼气能源、太阳能、电能、风能，减少燃料用量。二是加快机动车辆污染防治。三是加大绿化覆盖率，形成点、线、面相结合的多层次敞开式绿地空间。

在水环境质量及水源地保护方面，确保地下水水质均达国家地表水Ⅲ类水域标准。水环境防治措施包括：村庄排水实行雨污分流制，污水经集中收集后排入污水处理厂，处理达标后排入自然沟渠。水源地保护方面，在各城镇、乡政府驻地的水源地设置二级保护区，在取水点周边50米范围内，构建生态隔离带，净化水质，提高养分资源的再利用率。取水点水质需满足 GB 5749-2006 的要求，水量不低于近、中期需水量的 95%。以乡为单位，由配备的环保员或防疫员兼任化验。

七 完善公共基础设施,创造优越的可持续发展环境

良好的基础设施是人民生活质量的保证,是区域可持续发展的基础。一方面,海西州必须从自身情况出发,增强对社会公共基础设施的投入力度,借鉴和吸收发达地区的发展模式,建设海西州社会公共基础设施。合理规划城市布局,增加对基础设施的财政投入,建设公共服务项目,提高生态环境保护意识,降低"三废"污染指数,依法处理违规行为;另一方面,国家必须给予制度和政策支持,为该地区制定有针对性的、倾斜的政策,通过转移支付帮助完善公共基础设施,给予技术和资金的援助,为地区经济可持续发展提供优越的发展环境。

其一,重视自然灾害预防。在应对自然灾害方面,建设和开发中应做好地质勘查,按地质勘查报告设计施工,禁止盲目建设,防止隐患。已规划为绿地的陡坡地带,不得强行建设建筑物。各建筑区域应尽量避免大挖大填,防止次生灾害。可能产生滑坡或岩崩的陡坡、陡岩地带或其他危害现有建筑物安全的地带,应做好抗滑抗崩等防灾治理。禁止在危险区内建设和开发。

其二,重视环卫工程设施建设。要统筹包括垃圾转运站建设,生活垃圾的无害化处理,工业固体废弃物的收运处理,危险废物的收运、处理设施;医疗垃圾无害化处置设施、环卫车辆配置等,都必须高标准建设,不能留下污染环境的隐患。

八 完善相关体制机制和配套政策措施,保障建设成效

根据国务院印发的《国务院关于进一步推进户籍制度改革的意见》,目前中国再无"农"和"非农"的区别,国家户籍改革迈出了至为重要的一步。但在转换称呼之外,更要加速推进"农"和"非农"背后附着的权利和福利的真正平等化。要统筹推进户籍制度改革与基本公共服务均等化,通过实施差别化的落户政策,把有能力、有意愿、长期在城镇务工经商的农民工及其家属逐步转为城镇居民。通过实施居住证制度,使在城镇就业居住但未落户的城镇常住人口能够享受相应的城镇基本公共服务。按照《国家新型城镇化规划(2014—2020年)》提出的常住人口城镇化率和

户籍人口城镇化率两个指标进行城镇化水平统计，体现户籍制度的人口登记管理功能和城乡公民名义上的平等。但户籍改革需要生产方式改革和生活方式改革的支撑，因此，要理顺城镇化和美丽乡村的平等关系、现代农业和现代工业的平等关系、农业产业工人和工人的平等关系。

应当按照《青海省新型城镇化规划（2014—2020年）》的相关规划设计，完善美丽城镇建设投融资体制、行政管理体制、户籍管理体制改革和土地、产业等方面的政策措施，保障海西州"美丽城镇""美丽乡村"建设目标顺利实现。

创新土地管理制度，以土地利用总体规划为引导，建立城乡土地资源统一优化配置的新机制。探索建立农村产权交易市场，促进农村土地使用权有序流转。构建有利于城镇化发展的财税体制，通过财政杠杆撬动中小城市、新兴城市和重点城镇的基础设施和公共服务设施建设，提高城镇对人口和经济的集聚能力。完善金融市场体系，拓宽城镇化发展投、融资渠道。创新投融资模式，拓宽城镇建设投融资渠道。鼓励合作社发展，除了种植合作社、养殖合作社，探索养老合作社、旅游合作社、医疗合作社等，支持"美丽乡村"的发展。改进惠农补贴方式，提高农业产业补贴。

第六章 环青海湖地区城镇化开发战略研究

环青海湖地区地处青藏高原，毗邻青海湖湿地，是青海省重要的牧业区，也是国家生态环境建设的战略要地。其海拔范围为3194—5174米，总面积29623.41平方千米，行政区划包括海北藏族自治州刚察县和海晏县、海西蒙古族藏族自治州天峻县、海南藏族自治州共和县。截至2008年年末，该地区总人口22.8万人，由汉族、藏族、蒙古族、回族等12个民族构成。整个湖区少数民族人口约占总人口的75%，在少数民族中则以藏族为主，约占少数民族人口的92%。西部大开发以来，随着环青海湖旅游业的发展和"环青海湖国际公路自行车赛"的举办，该地区县域经济发展较快。结合环青海湖地区社会经济发展状况和生态环境特点，在确定该地区城镇化开发原则以及城镇化战略目标的基础上，提出特色产业循环经济为主导的"候鸟型生态城镇化"战略模式，并分析了该模式在城镇人口、产业发展以及城镇空间方面的特点。最后结合区域实际情况提出环青海湖地区特色城镇化发展战略思路以及保障措施（丁生喜、王晓鹏，2013）。

第一节 发展现状与开发原则

一 环青海湖地区发展现状及城镇化意义

环青海湖地区四县2008年国内生产总值达553111万元，是2000年的

4.2倍，人均GDP为24272.41元，是青海省平均水平的1.40倍。2008年三次产业占GDP的比重分别为14.5%、59.7%、25.8%，2000年为20.2%、46.8%、33%。从产业结构演变来看，第一产业所占比重持续下降，第二产业所占比重不断上升。2008年三次产业就业比重分别为72.11%、7.01%、20.88%，2000年则为71.32%、7.94%、20.74%。从就业结构来看，草地畜牧业仍是该区域的主导产业，吸收区域72.11%的劳动力（青海省统计局，2009）。由于受经济发展水平、生态环境、民族文化等因素影响，环青海湖地区城镇化水平较低，2008年城镇化率仅为34.22%，远低于全国平均水平。

城镇化与环青海湖地区经济发展、生态安全和现代化建设密切相关。由于该区域城镇化发展落后，第二、第三产业吸收就业能力极为有限，加之畜牧业产业化程度低，粗放的畜牧业与生态环境矛盾日益突出。据统计，由于超载过牧，全区退化草场的面积约占天然草场总面积的36.8%（丁生喜、王晓鹏，2010）。草场退化不仅严重影响了畜牧业生产，而且使草地生态系统功能受到破坏，地区陷入"贫困—人口增加—生态环境破坏"的恶性循环。仅通过将本地劳动力向区外转移的办法不能从根本上解决青海湖湿地生态环境保护和区域经济发展的问题，因为从长远来看，青壮年劳动力远距离迁移和外出打工在获得经济收益的同时，对当地经济发展、民族文化传承、农牧民身心健康等方面都将带来更严重的负面影响。环青海湖地区只有通过合理的城镇化开发，才能够有效地将人口和经济活动集中在少数生态极上，实现产业结构、就业结构优化，从根本上减轻经济活动对生态环境的压力，促进生态经济良性循环，保护青海湖湿地安全，实现民族地区社会经济可持续发展。

二　城镇化开发原则

根据环境敏感型区域城市化规律（张敦富，2008），结合环青海湖地区生态经济现状，城镇化开发应遵循以下原则。

1. 公平与效益相结合

在环青海湖地区城镇化开发中，讲求效益，就是要选择城镇化的重点区域，而不是低水平均衡开发；通过有重点地选择培养1—2个城镇作为区域增长极，达到充分利用投资资源、提高基础设施建设的效果，产生规模经济效益和集聚经济效益。讲求公平，就是不仅要使转化为城市人口的农牧民完全城市化，更要保障现在乃至将来留居农牧区的少数民族农牧民也享受到现代城市的物质文明和精神文明的成果。

2. 政府与市场相结合

中华人民共和国成立以来，在城市化动力机制作用下，我国出现了自上而下的城镇化模式和自下而上的城镇化模式（姜爱林，2002）。前者是指发动的主体是政府，并由政府依靠行政力量、通过计划手段进行严格控制的城镇化；后者是指发动的主体是民间力量或社区组织、受市场因素支配、演化结果被政府认可的城镇化。由于市场的力量倾向于增大而不是减小区域间的差距，因此在经济发展落后的环青海湖地区城镇化的发展还是要以政府通过倾斜的政策扶持和基础设施投资来迅速改变城镇落后的面貌，然后通过市场机制吸引更多投资者和居民。

3. 经济社会发展与生态环境保护相结合

中国传统的农村城镇化战略走的是一条忽略资源有限性的非集约发展的道路（冯云廷，2006；高新才、毛生武，2002），为保护青海湖国际重要湿地，环青海湖地区城镇化应从粗放转向集约，把经济效益、社会效益和生态效益三者有机统一起来，走适度集中的可持续发展的城市化道路。在严格遵循青海省主体功能区划对该区域生态环境保护要求的前提下，将生态移民与小城镇建设相结合，将工业园区与城镇新区建设相结合，将产业集聚与人口集聚相结合，增强城镇吸纳农牧业劳动力的能力，起到促进农牧民进城务工、经商和保护草原生态环境的双重作用。

4. 因地制宜与因时制宜相结合

环青海湖地区的城镇化既要遵循城镇化一般发展规律，又要结合当地条件，选择适宜的发展模式，促进农牧民进城方式多样化，城镇规模、功能定位多样化，逐步形成区域城市和小城镇协调发展的格局。既要合理构建环青海湖地区城镇体系，又要全面考虑各级城镇的分工与联系，使其各具特色。

第二节 环青海湖地区特色城镇化开发战略目标

城镇化是统筹城乡、区域协调发展的重要途径。结合环青海湖地区的发展定位以及青海省主体功能区划对该区域开发的特殊要求，城镇化开发的顺序目标应当是提升重点发展城镇的区位优势，完善城镇等级体系，促进城乡一体化发展。

一 提升重点发展城镇的区位优势

在不同的区位上，区位因素不同，其区位利益具有很大的差别，从而决定了各个区位的相对优劣（郝寿义、虎森，2004）。通常情况下，大城市（镇）由于集聚的人口和生产要素比较密集，地区性投入和需求较大，有能力吸引区外的投入，外部需求也比较旺盛，对于城镇化主体（企业和居民）的拉力也比小城市（镇）更大。环青海湖地区目前有小城镇11座，区位条件差异较大，所以城镇化开发中应当突出重点，科学选择并着力提升重点发展城镇的区位优势，使其成为能够带动区域发展的"成长中心"城镇。

二 完善城镇等级体系

从城镇等级体系来看，首先，通过"成长中心"城镇的建设，使其发展成为城市，改变该区域目前没有一座城市的现状。其次，依据区位、交通、资源禀赋等条件，在现有的其他小城镇中选择有一定发展前途和潜力的中小城镇，培养"次级中心"城镇。最后，按照区域中心城市、特色功能城镇、县域中心城镇三个层次推进环青海湖地区城镇化，逐步形成较为合理的城镇体系。

三 促进城乡一体化

城乡一体化发展是我国构建和谐社会的重要内容，要求在城乡建设中

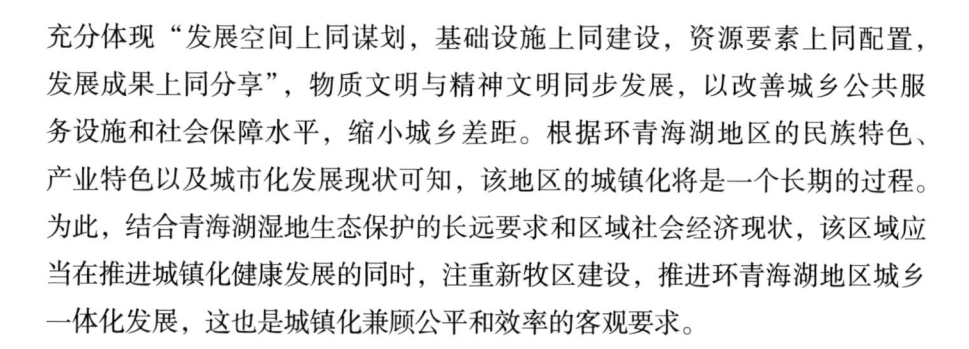

充分体现"发展空间上同谋划，基础设施上同建设，资源要素上同配置，发展成果上同分享"，物质文明与精神文明同步发展，以改善城乡公共服务设施和社会保障水平，缩小城乡差距。根据环青海湖地区的民族特色、产业特色以及城市化发展现状可知，该地区的城镇化将是一个长期的过程。为此，结合青海湖湿地生态保护的长远要求和区域社会经济现状，该区域应当在推进城镇化健康发展的同时，注重新牧区建设，推进环青海湖地区城乡一体化发展，这也是城镇化兼顾公平和效率的客观要求。

第三节 环青海湖地区特色城镇化战略模式确立

针对西部民族地区的特点，许多学者研究提出了一系列特色的城镇化战略模式（刘晓鹰、杨建翠，2005；王先锋，2003），如"小规模、多中心、多层次、适当集中"的城镇化模式、绿色城镇化模式、资源开发型模式、边贸带动型模式、"飞地"型城镇化模式、候鸟型"飞地"性旅游推进型城镇化模式等。纵观已有研究可以看出，在西部民族地区城镇化模式选择上均强调生态环境保护与特色资源开发相结合，城镇规模结构多元化，动力模式多元化。此外，主张结合地区实际，积极探索具有特色的城镇化模式和发展路径。环青海湖地区的城镇化总体上刚刚进入快速发展阶段，结合该区域城镇化的原则和目标要求，该区域推进"特色产业循环经济为主导的候鸟型生态城镇化"战略模式。

一 "特色产业循环经济为主导的候鸟型生态城镇化"战略模式的特点

1. 候鸟型人口

城镇人口是衡量城镇规模的重要指标，除常住人口、暂住人口之外，还包括流动人口。通常情况下，城镇常住人口占多数。而环青海湖地区城镇人口的特点是常住人口和暂住人口在数量上远远小于流动人口。以西海镇为例，2008年常住人口为9409人，暂住人口为3668人，流动人口达70

万人（青海省统计局，2009）。这些流动人口由季节性打工、旅游人员等组成。旅游旺季流动人口多，淡季人口少，城镇人口具有典型的候鸟型特征，这就意味着当地城镇在容纳人口方面应当具有弹性，既要保障旺季能够接待、容纳，也要保证淡季不空置，使城镇成为空壳。

2. 特色产业循环经济

环青海湖地区目前仍然以单程式经济活动为主，环境污染和资源浪费严重。发展循环经济，高效利用现有资源存量，是经济发展和湿地保护的必然要求。环青海湖地区特色产业主要有草地畜牧业、旅游业、资源开采和加工业等，极具优势特色，具备发展循环经济的基础。因此，在城镇产业发展中必须树立循环经济理念，根据区域资源禀赋优势和社会经济发展需要，以资源持续利用和低碳、节能、减排为目标，设计产业链，发展循环经济。以循环经济作为城镇经济发展的新动力机制，将循环经济与城镇生产、生活紧密结合，实现区域生态经济可持续发展。

3. 民族特色生态城镇

青海湖是国际著名的湿地，也是独特的旅游景观，由于生态环境比较脆弱，破坏容易恢复难。借鉴青海省生态城市化模式（马维胜，2002）的基本思路，在城镇建设方面，更应当以生态城市理论为指导，加强规划，将城镇建设与生态建设相统一。在环湖地区重点发展的城镇中，将多种自然生态元素充分保留和保护，在城镇建设过程中始终体现青海湖湿地独特的地域生态特征。另外，在环青海湖地区藏族人口居多，有浓厚的藏族文化和传统，因此，在城镇化进程中，不但要通过城镇景观体现少数民族特色，而且要通过产业、产品、服务彰显少数民族特色。既保持民族生产生活传统，又增加农牧民收入，同时减轻生态环境压力。

二　发展战略思路

根据环青海湖地区特色产业为主导的"候鸟型生态城镇化模式"特征，要推进该区域城镇化健康发展，就应当通过产业规划、发展循环经济以及选择重点建设城镇的思路来实施。

1. 通过特色产业发展推进城镇化

第一产业方面，环青海湖地区草场资源丰富，而且从事畜牧业的少数民族人口很多，因此仍要重视草地畜牧业，不断提升畜牧业产业化发展水平，促进地区畜牧业可持续发展。

第二产业方面，本地区目前以资源开采和粗加工为主的工业化发展对城镇化的推力不明显，应当提高技术水平，发展优势畜产品和青海湖特色资源产品加工业，重视开发太阳能、风能等新能源，通过在优势区域推进新型工业化发展来带动城镇化建设。

第三产业方面，结合环青海湖地区城镇人口的"候鸟"特征，城镇第三产业发展应当具有高度灵活性，与城镇居民、城镇周边农牧民的生产生活密切结合。比如，在环青海湖地区各城镇规划发展农家乐、牧家乐、家庭酒店等服务模式，既可以有效解决大量投资建设旅游服务设施的闲置浪费问题，又能够成为生态脆弱地区的生态移民在中小城镇定居下来的一种有效的就业模式，有利于提高居民收入水平。尤其要通过发展低碳生态旅游，增加旅游资源供给，推进旅游产品多样化和区域旅游一体化，不但促进旅游产业转型升级，而且以旅游业带动城镇现代服务业发展，提高城镇化质量。

环青海湖地区各县经济条件不同，环境各异，从产业规划方面可以发展旅游型城镇（如西海镇）、以民族文化产业带动经济发展的民俗型小城镇（如沙柳河镇）、以资源开发和加工业带动的小城镇（如木里镇、龙羊峡镇）、以商业和畜牧业产业化为特色的城镇（如恰卜恰镇、倒淌河镇），使环青海湖地区城镇各具特色。

2. 依靠科技进步，大力发展城镇循环经济

环青海湖地区城镇循环经济系统包括生产、服务循环系统，以及居民消费生活循环系统。在生产循环系统方面，该地区畜牧业循环经济的主要参与部门包括草地畜牧业及其产前、产后部门。工业循环经济体系的主要参与部门有特色资源生产和开采、加工业，流通与服务业等。旅游业循环经济则涉及吃、住、行、游、购、娱各个服务领域，并且这些特色产业之间也有密切的循环链存在（李丽萍、廖家军、徐建华，2003）。结合区域实际，设计构建环青海湖地区多产业横向扩展和资源深加工的纵向延伸相结合的"特色产业循环经济链"，如图 6-1 所示。

在居民消费生活循环系统方面，首先要引导城镇居民消费，开展绿色

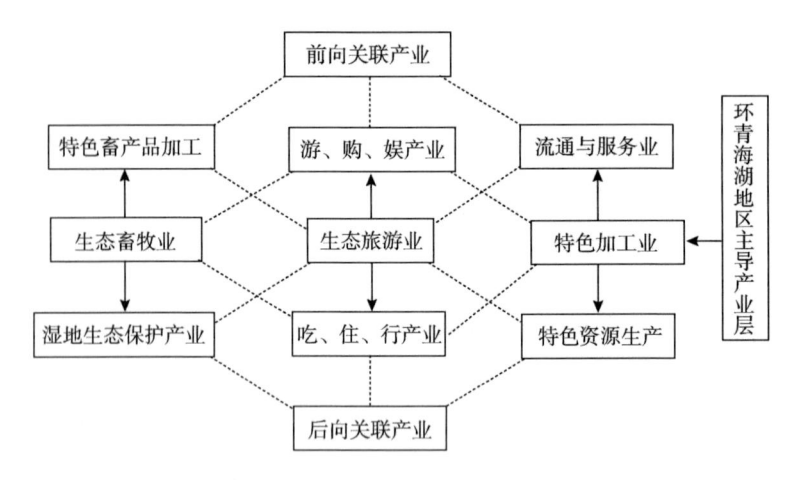

图 6-1 环青海湖地区"特色产业循环经济链"

消费宣传，发挥政府的引导作用与示范作用，增进公众环保意识。这样不仅能规范常住居民的行为，更是为了规范旅游旺季的大量流动人口的消费行为。其次，在生活垃圾处理上，应该改变目前的填埋、焚烧等末端治理为源头治理。相关机构应组织对城镇居民宣传、教育垃圾分类的益处及方法，实现垃圾分类处理，既保持城镇形象，又节约资源、保护生态环境。

除此之外，环青海湖地区地理位置偏僻，交通条件差，物流业发展缓慢，因此，在城镇服务业循环经济方面，应重视构建绿色物流业，提高路网等级，完善交通体系，在商品流通和运输中统筹规划、控制污染，为保护青海湖湿地生态环境安全服务。

3. 突出重点建设城镇，培育环青海湖地区大容量的城镇人口载体

要提高环青海湖地区城镇化的质量和效益，增强综合服务能力，在城镇建设方面，要求重新审视区域经济发展客观现状，科学选择城镇化的重点发展区域。根据空间重力模型计算结果可知，共和县的空间联系强度最大，目前具备成为环青海湖地区增长极的条件（丁生喜，2010）。共和县的区位不但是环青海湖南岸，同时也是青海省内黄河谷地的起点，离省会西宁市较近，处于青海省东西发展轴上，共和县城镇化的发展不仅能满足当地人口的需要，更有助于改善青海省两大重要的发展轴线（沿青藏铁路发展轴、沿黄河发展轴）的增长极分布状况，提升经济集聚、辐射能力，促进少数民族牧区劳动力转移和城镇化。因此，环青海湖地区城镇化的重

点区域应当在海南州府共和县，其次是海北州府所在地海晏县。

第四节 环青海湖地区城镇化的保障措施

环青海湖地区要通过加快城镇化进程来达到保护青海湖湿地的生态环境和实现区域可持续发展的目标，就要求各级政府提供必要的保障措施。

一 深化户籍制度和社会保障制度创新，促进人口城镇化

《青海省城镇体系"十一五"发展规划》已经提出，推进户籍制度改革，放宽城镇落户条件，有计划、有步骤地解决农民工在城镇的就业和生活问题，逐步实现农民工在劳动报酬、子女就学、公共卫生以及社会保障方面与城镇居民享有同等待遇。但是环青海湖地区少数民族居多，经济发展水平低，农牧民对于进城有很多顾虑。所以应继续加快社会保障制度创新，构建覆盖城乡的社会保障体系，建立健全有利于人口流动的社会保障制度。比如农牧民进入小城镇居住后可明确其土地承包经营权不变，使部分农牧民也处于"城镇候鸟"状态，以降低农牧民进城落户的风险成本。逐步形成农牧业人口自愿平稳有序进入城镇的体制，建立新型的城乡关系。

二 提高农牧民的文化素质和劳动技能

环青海湖地区农牧民整体素质较低，思想保守，是制约区域经济发展和城镇化的重要因素。只有优先发展教育，使农牧民掌握基本文化知识和技能，才能真正把广大农牧民转移到城市中来，并获得更好的发展。在环青海湖地区要坚持基础教育和职业教育并举，不断改善农牧区教育教学条件，努力推动"市场引导培训、培训促进就业"机制的形成，在为农牧区培育大量新型适用人才的同时，提高环青海湖农牧区劳动力的科技素质和牧外就业能力，拓宽就业门路，促进农牧民市民化和新型农牧民培育。

三 加强基础设施建设，增强城镇对经济活动主体的吸引力

城镇基础设施建设水平直接关系到企业生产发展与城镇居民的生活质

量，也关系到城镇竞争力和发展潜力。2008年环青海湖地区道路密度最大的海晏县仅0.22千米/平方千米，其余地区更少。整个地区没有一座污水处理厂，垃圾处理站也仅有3个，城镇配套基础设施建设落后是制约当地城镇经济发展的重要因素。今后必须合理规划用地，使城镇功能齐全、设施完善。尽快完善恰卜恰镇、西海镇等重点地区公共服务设施，形成具有合理发展布局、多样化服务功能、多层次消费特点的现代服务业体系。不断改善人居环境，打造生态宜居城市，从而吸引人口和产业向城镇集中。

四 加强行政管理机制创新，改善区域投资软环境

现代企业在决定选址时，往往并不一定是寻找生产成本最低的地方，而是趋向集中于制度相对完善、交易成本低的区域。环青海湖地区要实现特色产业的集聚发展，制度环境等软件要素是重要保障，应不断探索产业集聚、科技创新、人才引进等方面的激励措施，对重点发展产业在市场准入、办公用房、财税政策、用地审批、规划容积率等方面给予政策支持，营造良好的经济发展环境。不断深化体制改革和促进对外开放，使环青海湖地区的发展建立在高效规范的管理机制之上。并借青海湖的知名度和每年举办的环青海湖国际公路自行车赛的媒介，对外宣传区域特色、区域优势和各项优惠政策，加大招商引资。形成特色产业发展推动基础设施建设、资源深度开发和产业结构优化，最终实现区域生态经济和谐发展。

五 开展区域分工与合作，促进可持续发展

环青海湖地区四县虽然共同毗邻青海湖，但是行政区划上分别隶属三个自治州，由于经济区划与行政区划不一致，结果导致各自为政、重复建设、浪费资源。为了有效保护青海湖湿地生态环境和提高区域整体竞争力，环青海湖四县迫切需要加快区域经济合作。其当务之急是抓住青海湖这个国际品牌，尝试建立较高层次的合作磋商机制，在三州四县所辖环青海湖地区成立相应的直接接受省级领导的独立行政主体（孙发平、李军海、刘成明，2008），在青海省政府的协调下突破行政区划限制开展区域经济合作。比如依托优势资源和重点项目统筹规划基础设施建设，共同开展科技创新，联合对外进行招商引资等，加快资源优势转化为经济优势，

逐步形成协调发展、共荣共赢的整体合作局面，引导环青海湖地区从行政区经济向经济区经济转变。尤其是生态治理分工合作方面，不但要处理好环青海湖经济区与省内外发达地区间的生态补偿问题，而且要重视流域四县之间的利益协调机制的建立，才能确保青海湖湿地综合治理和生态安全。

环青海湖地区是天然环状区域，人口分布不均匀，宜居地分散，城镇如"飞地"，彼此不相连，所以该地区城镇化适宜实施"点—轴"开发。按照青海省主体功能区划的要求，通过重点区域城镇化开发，借助环青海湖分布的交通干线作为轴线，逐步建成一个"点—轴—圈"的环青海湖特色生态经济区，实现环青海湖区域经济可持续发展。

第七章 基于人口资源环境承载力的青海省区域经济发展战略研究

根据前面评价结果可以看出,青海省人口资源环境承载力方面,既存在人口压力问题、经济发展质量问题、技术资源要素支撑瓶颈的问题,也存在生态环境保护与治理方面的压力。持续提升青海省人口资源环境综合承载力,必须将人口与经济发展战略、科技创新战略、绿色发展战略系统配套,才能够实现青海省人口资源环境承载力不断提升,更好地承担生态责任,并有效将绿水青山转化成金山银山,不断满足青海省各族人民对美好生活的向往,实现青海省生态经济高质量发展。

第一节 以人为核心的新型城镇化战略

城镇化(城市化),是指农业用地非农化和农业人口非农化的过程。城镇化是人类文明进步和社会经济发展的大趋势,城镇化水平是一个区域经济体发展程度的重要衡量指标(丁生喜、王晓鹏,2015)。对于城镇化概念的内涵,既有侧重于空间变迁的"空间城市化""乡村城市化"观点,也有侧重于人的发展的"人口城市化"观点(陈一筠,1986)。我国学者大致认为城镇化是一个变传统落后的乡村社会为现代先进的城市社会的过程,其中包含着产业结构升级、消费水平提高、城市文明发展和人口素质提高(丁生喜等,2012;高佩义,1991;叶裕民,2001)。城镇化质量是在城镇化进程中与城镇化数量相对的反映城镇化优劣程度的一个综合概念,是考察城市化进程中聚集起来的社会资源的使用效率、结构效应以及对整个社会经济发展的作用和影响（沈正平，2013；吴颖婕，2012）。城镇化质量提升的过程应该体现为改善城市生活质量，促进空间和谐、社会和谐以及环境和谐，建设可持续发展城市，和谐城市（联合国人居署，2008；王玲杰，2014）。

由上文分析可以看出，青海省无论是重点开发区域还是非重点开发区域都面临人口压力问题。以人为核心的新型城镇化正是解决人口发展问题的重要战略路径。因此，本章根据中共青海省委十三届六次全体会议审议《关于贯彻新发展理念统筹推进新型城镇化的实施纲要（2019—2035年）》的内容，分析青海省城镇化特点以及存在的问题，紧密围绕青海省生态、经济、社会特点，提出青海省以人为核心的新型城镇化战略思路与战略措施。

一 以人为核心的新型城镇化战略内涵解析

新型城镇化的内涵更为丰富，一是城镇化与工业化、信息化、农业现代化协调互动，通过产业发展和科技进步推动产城融合，实现城镇带动的统筹城乡发展和农村文明延续；二是人口、经济、资源和环境相协调的可持续的城镇化；三是空间结构布局合理，以城市群为主体，大、中、小城市与小城镇协调发展；四是实现人的全面发展，建设包容性、和谐式城市和城镇（张占斌，2013）。

新型城镇化是我国现代化建设进程中的大战略和历史性任务。为有效推进新型城镇化，党中央、国务院先后出台一系列重大举措，对我国新型城镇化发展进行了顶层设计和总体部署，"中国特色新型城镇化道路"的内涵也不断丰富。2013年，党的十八届三中全会通过的《中共中央关于全面深化改革若干重大问题的决定》明确提出"坚持走中国特色新型城镇化道路"，同年，中央城镇化工作会议进一步强调"走中国特色、科学发展的新型城镇化道路"。2014年，中共中央、国务院印发《国家新型城镇化规划（2014—2020年）》，随后发布《关于进一步推进户籍制度改革的意见》《关于深入推进新型城镇化建设的若干意见》《关于实施支持农业转移人口市民化若干财政政策的通知》等文件，在推进人口管理制度改革、深化土地管理制度改革、创新城镇化资金保障机制等方面作出部署，激发新型城镇化的活力，提升新型城镇化的质量。可以看出，我国在推进城镇化进程中，已经从单纯注重城镇化速度转向注重城镇化质量、从土地城镇化转向以人为核心的人口—生态—经济协调发展的新型城镇化。

以人为核心的新型城镇化是在城镇这个载体质量不断提高的基础上实现人的发展，包括人口素质不断提升，可靠的社会保障，稳定的就业岗位，体面安全的居住场所，公平公正的社会环境，人与自然和谐相处的生活环境，不断缩小的城乡差距，历史文化得以传承，人与城市的共生发展。提高人口素质是核心，稳定就业是关键，公共服务和社会保障是支撑，制度建设是基础，人居环境质量的改善和居民幸福感、获得感是直接体现。

青海省以人为核心的新型城镇化要更加注重城乡居民教育、医疗等公共基础设施领域的均衡发展；更加注重就业结构转型与收入水平提高；更加注重居住条件与环境质量改善；更加注重城镇化区域间与城乡间平衡发展；更加注重城镇化一般规律与区域特色相结合；更加注重户籍城镇化与农牧民市民化同步推进；更加注重经济发展与生态环境协调可持续发展。

二 青海省城镇化发展现状与特点

青海省省委十三届六次全体会议以习近平新时代中国特色社会主义思想为指导，全面贯彻党的十九大精神，持续落实中央城镇化工作会议、中央城市工作会议部署，牢固树立新发展理念，把新型城镇化作为推进"一优两高"的重要抓手，就《关于贯彻新发展理念统筹推进新型城镇化的实施纲要（2019—2035年）（讨论稿）》进行讨论，围绕让城镇生活更美好、乡村生活更富足的发展目标，以促进人的城镇化为核心，以推动城镇高质量发展为导向，以主动融入"一带一路"等倡议为动力，加快统筹城乡发展，加强基础设施建设、基本公共服务、基层社会治理，强化人口、土地、环境、产业、服务等要素支撑，突出以人定城、以水定城、以地定城，推进产城融合、园城融合、乡城融合、文城融合，逐步形成"一群两区多点"的发展新格局，努力走出一条具有青海特色的新型城镇化发展道路，为建设现代化新青海提供强大动力和可持续发展的支撑。在中共青海省委十三届七次全体会议报告中，进一步强调了推动绿色发展，持续保障和改善民生，加快推进新型城镇化建设。

第七章　基于人口资源环境承载力的青海省区域经济发展战略研究

随着青海省城镇化水平不断提高,以大城市为中心、小城镇为基础的城镇体系已经形成。城镇化空间格局逐步优化,省会城市和其他城市、小城镇加速发展。城镇基础设施和公共服务不断加强,可持续发展能力不断增强。

1. 随着经济发展,城镇化水平稳定上升

西部大开发战略实施以来,青海省经济总量大幅度提升,人均GDP由2002年的6478元升至2018年的47689元,增长7.4倍(见图7-1)。

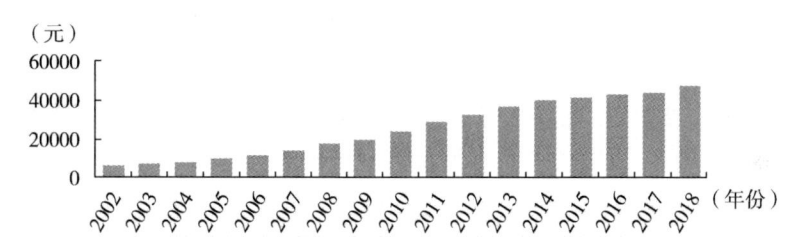

图7-1　青海省2002—2018年人均GDP变动

资料来源:《青海统计年鉴(2008)》。

在一系列政策的支持下,近年来,青海省的城镇化平稳发展,常住人口城镇化率也稳步提升。统计数据显示,截至2018年年末,城镇常住人口329万人,乡村常住人口274万人。城镇化率由2000年的34.82%提高到2018年的54.56%,城镇化速度年均提高1.097%。同期全国城镇化率由36.22%提高至59.58%,城镇化速度年均提高1.298%。青海省城镇化速度略低于全国平均水平,总体与经济发展比较协调(见图7-2)。

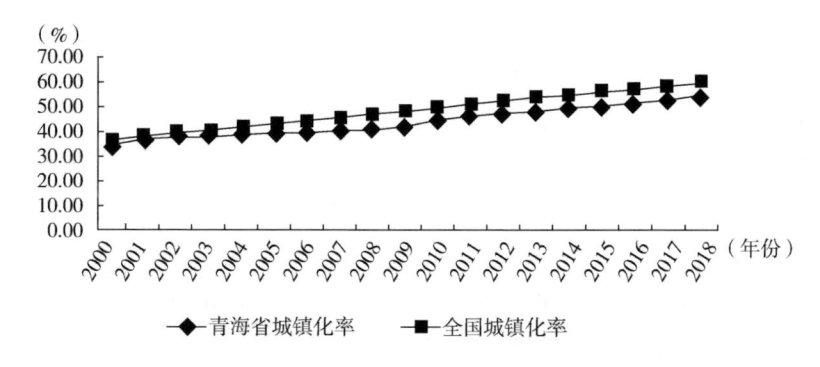

图7-2　2000—2018年青海省与全国城镇化率比较

2. 城镇化发展进入中期阶段

根据美国地理学家诺瑟姆的"S"形曲线理论，随着社会经济发展水平的提高，城市化水平由低到高将经过起步阶段（城市化水平在30%以下）、发展阶段（城市化水平由30%持续上升到70%左右）和成熟阶段（城市人口比重最终稳定在80%—90%）。从青海省城镇化水平来看，总体处于城市化中期阶段。

如果以城镇人口增长系数K（K=城镇人口增长规模/总人口增长规模）来衡量，青海省2001年K值为1.67，随后波动下降至2006年的0.4，然后又迅速上升到2010年的3，进而又波动发展，2018年K值为2.4，进入城市化的中期阶段（见图7-3）。这个阶段，总人口的增长全部表现为城镇人口的增长，乡村人口的绝对规模开始由上升转为下降，这是城市化过程中第二个重要的转折点，通过第三产业大规模发展导致的乡村劳动力转移是将城镇人口增长系数提升超过1的基本动力。但与全国平均水平相比，2001年全国K值为2.44，2018年则为3.38，这也说明青海省城镇化发展阶段相对滞后，仍需加快城镇化发展。

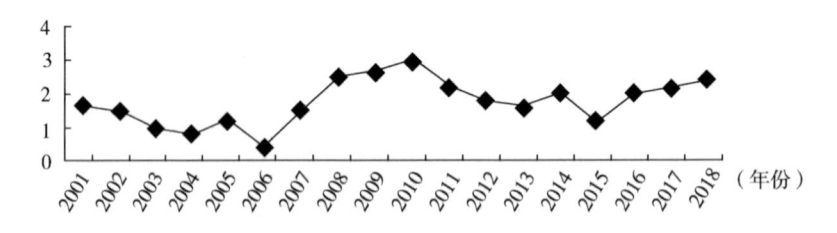

图7-3 青海省城镇人口增长系数变动

3. 城镇规模不断扩大，非农产业就业比重明显提高

随着青海省经济建设的发展以及农牧区基层综合改革，城镇数量迅速增加。2013年国务院批准海东撤地设市、玉树撤县设市，青海省形成2个地级市、4个县级市和143个建制镇构成的城镇体系。城市首位度也由2008年的16.062下降为2018年的2.12，城镇规模结构逐渐合理。

与此同时，青海省积极依托优势资源，立足产业基础，实施优势资源转换战略，不断推进产业结构的优化升级。2000—2018年，全省GDP年均增长11.06%，第二、第三产业增幅明显高于第一产业。2000年青海省三次产业占 GDP 比重分别为 14.6、43.3、42.1，2018 年为 9.4、43.5、47.1，第一产业比重下降，第二产业比重上升。经济快速发展和产业结构调整，促使三次产业就业结构进一步优化。2000 年全省劳动力在第一、第二和第三产业的就业比重为 55.82、12.61、31.57，2018 年为 35.1、22.4、42.5，非农就业比重合计达 64.9%，就业结构的转变也促进青海省城镇化的快速推进。

三 青海省城镇化存在的问题

青海省地处青藏高原，受到自然地理条件和脆弱的生态环境影响，在复杂的民族人口构成、内陆高原区位条件、资源型经济结构制约下，城镇化水平低于全国平均水平，城镇化质量不高。在城镇化快速推进过程中，仍然存在城镇空间分布与发展不均衡、县域经济发展滞后于城市经济发展、城镇体系等级结构不合理、区域间公共资源配置不平衡、城乡居民收入差距依然显著、农牧民市民化机制不完善等，阻碍了青海省新型城镇化的发展。

1. 城镇空间分布与发展不均衡

青海省 2018 年总人口 603 万人，西宁市和海东市土地面积仅占全省面积的 2.8%，人口则占全省总人口的 64%，其中省会西宁市 237.11 万人口，占 39.3%；海东市的户籍人口规模为 172.64 万人，占 29.4%。海北州、海西州、玉树州、果洛州人口分布不足 10 人/平方千米。城镇密度差距也很大，西宁市和海东市城镇密度分别为 43.42 座/万平方千米和 31.16 座/万平方千米，海西州和玉树州每万平方千米城镇数量不到 1 座。从各州市城镇化率来看，差距也十分显著。城镇化率最高的区域是西宁市和海西州，均超过 70%，同期果洛州城镇化率不足 30%（见表 7-1）。

表 7-1　青海省各地区 2018 年城镇化差异比较

地区	面积（万平方千米）	总人口（万人）	人口密度（人/平方千米）	城镇数（座）	城镇密度（座/万平方千米）	城镇化率（%）
西宁市	0.783	237.11	302.82	34	43.42	72.11
海东市	1.316	148.02	112.48	41	31.16	38.45

续表

地区	面积 （万平方千米）	总人口 （万人）	人口密度 （人/平方千米）	城镇数 （座）	城镇密度（座/ 万平方千米）	城镇化率 （%）
海南州	4.579	47.63	10.40	20	4.37	42.89
海西州	31.96	51.86	1.62	29	0.91	72.12
海北州	4.495	28.43	6.32	15	3.34	39.78
玉树州	19.779	41.66	2.11	18	0.91	36.65
黄南州	1.79	27.68	15.46	12	6.70	/
果洛州	7.575	20.84	2.75	14	1.85	27.88

注：/表示数据缺失，建制镇数量为2008年数据。
资料来源：根据《青海统计年鉴（2018）》计算整理。

从各州市人口规模变动来看，西宁市和海东市呈现人口显著上升趋势，其余地区除海西州之外，都缓慢上升，但是值得注意的是，海西州总人口从2000年的32.68万人缓慢上升至2014年的41.24万人，然后开始下滑，2017年为40.56万人。海西州人口数量下滑，与产业发展不景气有很大关系（见图7-4）。

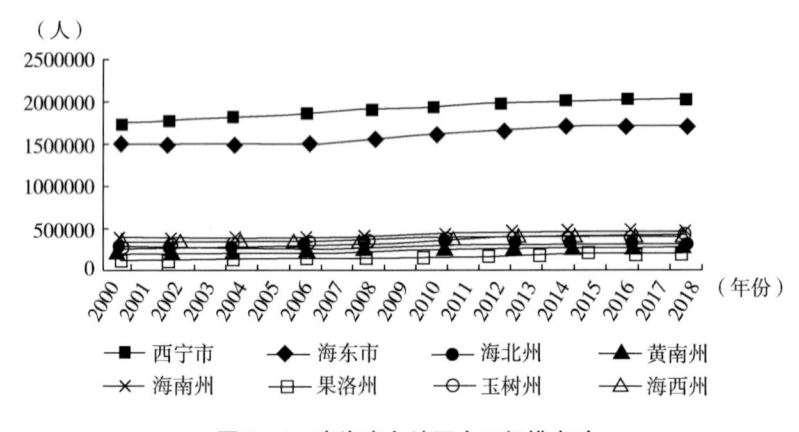

图 7-4 青海省各地区人口规模变动

2. 县域经济发展水平滞后于城市地区

青海省经济发展极不平衡，2018年地区生产总值中省会城市西宁市占比达44.9%，海西州及海东市占比分别为21.8%及15.8%，其余各地区合计占比约为17.5%，青南省的黄南州、玉树州、果洛州，占比分别为

3.1%、1.9%及1.4%。主要的城市化地区西宁市、海东市和海西州的第二产业增加值占全省第二产业增加值的比重为64.22%，第三产业的集中程度更高，2018年这三个地区的第三产业增加值占全省第三产业的73.75%。青海省经济高度集中在以西宁市为首的三个主要城市化区域，县域经济发展水平滞后于城市地区（见图7-5、图7-6）。

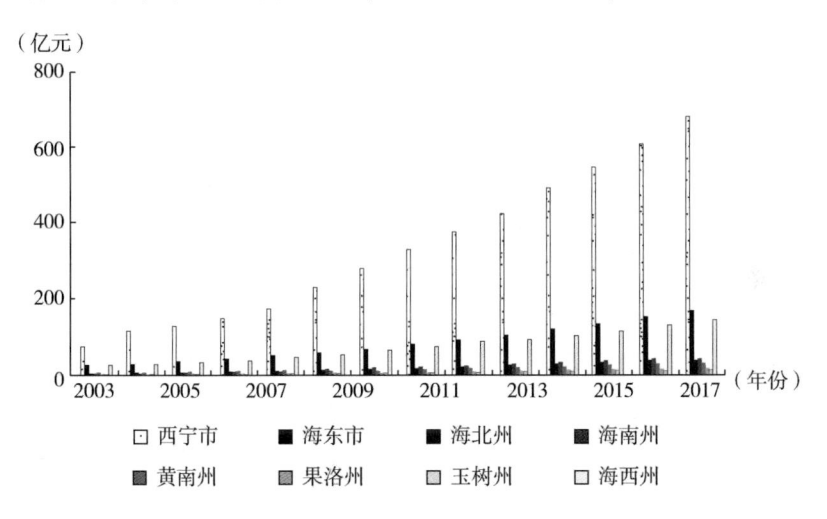

图7-5 青海省2003—2017年各地区第三产业生产总值变动

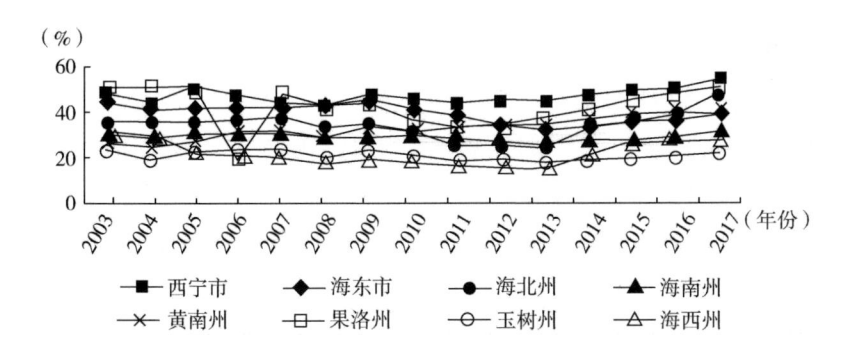

图7-6 青海省2003—2017年各地区第三产业增加值占GDP比重情况

3. 城镇体系等级结构不合理

根据梯度推移理论，创新是通过多层次的城市体系传递的。青海省现有大城市2个，小城市4个，其余均为小城镇，城镇结构上出现中等城市

· 181 ·

断层。中等城市断层就会阻碍创新成果沿各级城市扩散，制约腹地创新能力提升。而且青海省城镇总量的1/2集中在总面积不足全省3%的西宁市和海东市，广大牧区城镇数量很少。这种非均衡分布虽然有利于资金、人才的积累和资源、交通基础设施的集约利用，但是会影响经济均衡发展和区域公平。因此，迫切需要在有条件的区域发展城市，优化城镇等级体系和空间结构。

4. 区域间公共资源配置不平衡

（1）区域间基础教育发展不均衡

青海省农村各项社会事业发展明显滞后于城市。基础教育方面，据第六次人口普查，黄南州、玉树州、果洛州三地15岁及以上人口文盲率分别为22.37%、17.85%及11.94%，同期西宁市文盲率为3.44%。统计青海省各地区幼儿园建设情况可以发现，2017年青海省共1753所幼儿园，幼儿学生人数合计207248人，幼儿教师10663人，生师比为19.44，平均每所幼儿园学生人数119.45人。其中西宁共52所幼儿园，幼儿学生人数合计77539人，幼儿教师4471人，生师比为17.34，平均每所幼儿园学生人数149.11人；海东市共367所幼儿园，幼儿学生人数合计50629人，幼儿教师2021人，生师比为25.05，平均每所幼儿园学生人数137.95人；海西州共94所幼儿园，幼儿学生人数合计16760人，幼儿教师929人，生师比为18.04，平均每所幼儿园学生人数178.29人；果洛州共57所幼儿园，幼儿学生人数合计5795人，幼儿教师210人，生师比为27.59，平均每所幼儿园学生人数101.67人；海北州、黄南州、海南州、玉树州的幼儿园生师比分别为16.77、25.86、18.64和15.93。青海省各地区幼儿园教育发展存在不均衡，果洛州、黄南州和海东市压力较大（见图7-7）。

从表7-2可以看出，青海省各地区小学生师比最高的是玉树州（19.46），最低为黄南州（14.79）；中学生师比最高的是黄南州（14.82），最低的是海西州（11.95）。总体可以看出，各地区幼儿园教育生师比差距最大，说明幼儿教育发展最不均衡。

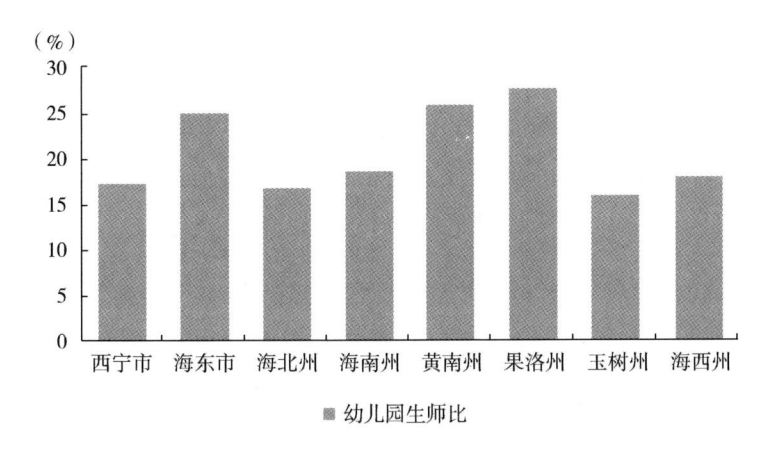

第七章　基于人口资源环境承载力的青海省区域经济发展战略研究

图7-7　青海省2017年各州市幼儿园生师比

表7-2　　　　　　　　青海省各州市中小学生师比

地区	人口（人）	小学生人数（人）	小学教师数（人）	小学生师比（%）	中学生人数（人）	中学教师人数（人）	中学生师比（%）
西宁市	2055817	150349	8154	18.44	123150	9275	13.28
海东市	1719789	119816	7469	16.04	85652	6669	12.84
海北州	296762	22453	1419	15.82	17460	1376	12.69
黄南州	279135	26192	1771	14.79	17277	1166	14.82
海南州	472849	41702	2524	16.52	28356	2267	12.51
果洛州	207255	18739	1196	15.67	9580	705	13.59
玉树州	409613	47334	2432	19.46	21642	1487	14.55
海西州	405658	38506	2354	16.36	26562	2222	11.95

资料来源：根据相关年份《青海统计年鉴》整理计算得到。

（2）区域间文化与医疗卫生发展不均衡

第一，各区域公共图书馆建设不均衡。从表7-2和表7-3可以看出，人口规模和密度最大的区域西宁市和海东市公共图书馆数量偏少，西宁市每万人0.03座，海东市每万人0.04座。

第二，区域间医疗卫生发展不均衡。目前，青海省县域（海北州、海南州、黄南州、果洛州、玉树州）平均每万人拥有医院数约0.32所，西宁市、海东市、海西州分别为0.38所、0.33所、0.72所，县域显著低于城市化地区；县域每万人拥有的卫生技术人员数为45.3人，城市化地区为78.86人，县域仅为城市化地区的57.4%，而乡村卫生医疗条件又要明显落后于城镇。各州医疗网点少、水平低、设施差的问题普遍存在。

表7-3　　　　　　青海省各州市公共图书馆建设情况对比

年份	西宁市	海东市	海北州	黄南州	海南州	果洛州	玉树州	海西州
2011	6	6	5	5	6	7	7	6
2012	6	6	5	5	6	7	7	6
2013	6	6	5	5	6	7	7	4
2014	6	6	5	5	6	7	7	5
2015	6	6	5	5	6	7	7	6
2016	6	6	5	5	6	7	7	9
2017	6	6	5	5	6	7	6	9
2018	7	7	5	5	6	7	1	9

资料来源：《青海统计年鉴（2018）》。

5. 城乡居民收入差距依然显著

从表7-4可以看出，青海省城乡居民收入差距最大为2006年，城乡居民收入比达3.82，随后逐步缩小，目前为3.03。黄南州城乡居民收入差距最大为2010年，达5.07，"十三五"时期虽然有所下降，但2018年差距仍为3.47，高于全省平均城乡收入差距水平。总体来看，玉树州、果洛州、黄南州城乡居民收入差距水平显著高于西宁市、海东市、海西州等城市化地区。

表7-4　　　　　　青海省各地区城乡居民收入比

年份	青海省	西宁市	海东市	海北州	黄南州	海南州	玉树州	果洛州	海西州
2002	3.62	/	/	/	4.23	/	/	/	/
2003	3.71	/	/	/	4.30	/	/	/	/
2004	3.65	/	/	/	4.06	/	/	/	/
2005	3.72	3.24	3.51	3.74	4.08	2.80	4.81	4.36	3.78
2006	3.82	3.16	3.48	3.97	4.32	2.95	5.09	4.58	3.75

续表

年份	青海省	西宁市	海东市	海北州	黄南州	海南州	玉树州	果洛州	海西州
2007	3.82	3.13	3.39	3.97	4.27	3.13	5.29	4.67	3.78
2008	3.80	3.02	3.31	3.70	4.57	3.24	5.52	4.84	3.63
2009	3.79	2.75	3.13	3.51	5.04	3.00	5.58	5.05	3.32
2010	3.58	3.43	3.35	3.20	5.07	2.97	4.03	5.42	2.93
2011	3.39	3.18	3.16	2.87	4.54	2.98	5.93	5.35	2.75
2012	3.27	3.01	3.07	2.70	4.34	2.87	4.89	4.87	2.55
2013	3.15	2.88	2.92	2.56	4.15	2.79	4.68	4.77	2.42
2014	3.06	2.81	2.83	2.47	4.01	2.72	4.55	4.64	2.35
2015	3.09	2.85	2.85	2.50	3.58	2.75	4.61	4.71	2.40
2016	3.09	2.85	2.85	2.50	3.56	2.75	4.53	4.67	2.40
2017	3.08	2.85	2.85	2.50	3.55	2.74	4.46	4.63	2.40
2018	3.03	/	/	/	3.47	/	/	/	/

注：/表示数据缺失。

资料来源：根据《青海统计年鉴（2018）》相关数据计算。

四　推进青海省以人为核心的新型城镇化战略思路

青海省素有"江河之源""中华水塔"之誉，境内有三江源、青海湖、可可西里等11个国家级和省级自然保护区，占全省国土总面积的30.2%。其生态环境状况不仅关系到青海省的可持续发展，也关系到江河中下游地区的生态安全和可持续发展。

以人为本，以人口—生态—经济协调发展推进新型城镇化进程，有利于扩展第三产业发展空间，加快农牧区富余劳动力的转移，增加农牧民收入，缩小城乡差距；有利于优化资源配置，提高效率，增强全省整体竞争力；有利于保护资源和生态环境，促进经济社会可持续发展；有利于提高人民生活质量和人口素质，促进社会文明进步。

1. 青海省以人为核心的新型城镇化建设应遵循的原则

按照青海省省委十三届六次全会提出加快新型城镇化建设的要求，结合地区实际，紧紧抓住人的城镇化这个核心和提高品质这个关键，在人口承载力提升、人居环境改善、社会保障增强、生活方式改变等方面深化改革，更好解决人的城市化问题。把握人口集聚大趋势，坚持省市区三级共建，持续深化户籍制度改革，落实进城安置转户优惠政策，增强教育、医疗、市政等公共服务供给能力，持续保障进城人口老有所养、病有所医、学有所教，不断提升支撑和吸纳人口转移能力。构架"一群两区多点"的发展新格局，努力走出一条具有青海特色的新型城镇化发展道路。

第一，要重视经济社会发展与生态环境保护相结合，按照主体功能区来引导经济布局和人口分布，使城镇化与资源环境承载力相适应。

第二，青海省新型城镇化是以人为核心的城镇化，既要对重点区域进行重点开发，提高城镇化建设成效，增加城镇就业岗位，又要将城镇化与农村现代化建设相结合，使农村居民也可以不同程度享受到现代城市的物质文明和精神文明的成果。

第三，青海省是多民族聚居区，在青海省民族地区城镇化进程中要重视经济发展与文化发展相结合。在充分挖掘各民族立足于传统民族文化形成的经济结构、产业体系的基础上，结合可持续发展的客观要求进行改造和产业升级，推动多样化发展，使城镇化有持久的产业支撑，独具文化特色与活力。

第四，青海省最大的价值在生态，最大的责任也在生态。青海省以人为核心的新型城镇化是一项系统工程，必须以区域可持续发展为统领，严格实施在生态环境保护的基础上，在绿水青山中寻找金山银山。充分评估资源环境系统的承载力的基础上，规划经济发展，促进人口、生态、经济协调发展和社会可持续发展，实现新型城镇化。青海省人口—生态—经济协调发展的新型城镇化系统构架如图7-8所示。

2. 青海省以人为核心的新型城镇化建设的前提条件

第一，营造良好的社会环境。主要包括五个方面：一是社会稳定。这是区域经济发展的必要前提条件。如果社会不稳定，则不但不能吸引外资，本地资本也会大量外流，经济也难以持续发展。二是政府管理经济的能力与效率。这取决于地区政府人事制度与管理体制的完善程度、各级领导班子能力的强弱及其办事效率的高低。三是地区法规的完善程度。如市场管理、社会安全、地方性法规的完善程度及投资软环境。四是区域内社

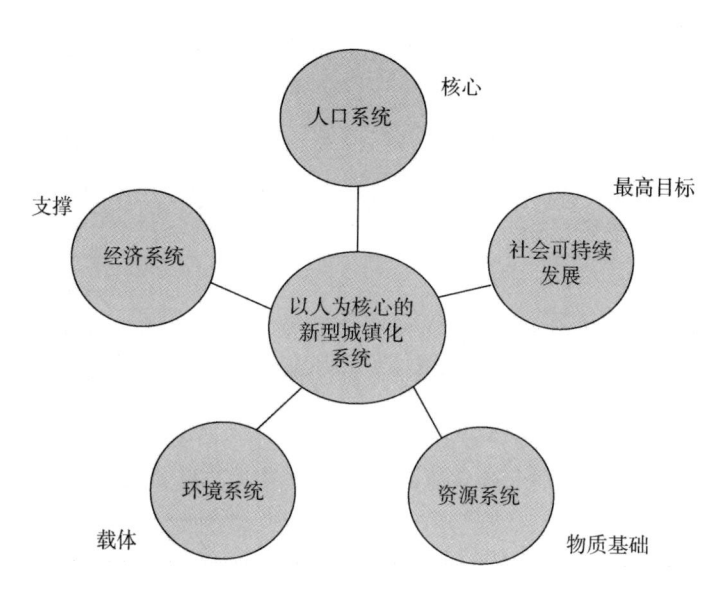

第七章 基于人口资源环境承载力的青海省区域经济发展战略研究

图7-8 青海省人口—生态—经济协调发展的新型城镇化系统构架

会各阶层、各民族、各社会团体的协作与团结，区域与相邻区域的关系是否和睦。五是地区财政收入大小及分配使用的政策是否合理，是否有利于地区经济的发展。

第二，做强区域经济基础。主要包括五个方面：一是区域经济发展的实力及各产业部门的运作效率；区域现状产业结构的发展水平及其与区域内外经济协作与联系的完备程度。二是区域的市场条件。表现为区域生产资料与生活资料的需求状况、购买力水平、消费结构、区域市场容量、区域商品输出与输入情况。三是区域资源的供应条件。包括区域内生产的农矿原料的种类、数量、质量、成本及其向区内外供销的情况；从区内外输入原料的可能性；区域能源消费结构及其产供销平衡状况；区际能源供求关系等。四是区域劳动力供应条件。这取决于区域人口中劳动力所占比重，区域劳动力数量及其年龄结构、知识与科学技术结构，劳动力的身体素质与劳动态度、劳动效率与工资水平等。五是城市建设和基础设施条件。这包括区域城市化水平，城市基础设施质量，城市在区域中的分布以及大、中、小城市相结合、城乡结合的状况。

第三，重视科学技术发展。主要包括区域科学技术发展水平、技术结构；主要技术的地位；科技人员队伍的素质、规模；区域创新能力，技术转化效率，技术市场的发育水平等。

第四，始终坚持保护生态环境。自然环境和自然资源条件主要包括矿产资源、动植物、森林、水资源、水产、自然动力、土壤、气候、地形、地理位置等。

第五，遵循经济发展规律，不急于求成。我国学者陆大道（1991），安虎森、季任钧（1997）提出将区域空间的地域结构演化分为四个阶段，依次是：均质——低水平均衡发展阶段、聚集——二元结构形成阶段、扩散——三元结构形成阶段和区域空间一体化阶段。根据该理论，区域空间一体化阶段对应的是整个社会进入工业化后期或后工业化阶段。该阶段的社会经济特征有：由于产业结构趋于高度化，再加上人口增长趋缓，社会收入和福利水平大为提高；形成发达的、现代化的交通和通信网络；欠发达和不发达地区都得到较快发展，区域不平衡缩小。该阶段的区域空间特征为：一是形成完善的"点—轴"空间结构系统；二是扩散效应越来越显著，各种城市规模等级差异减小，空间结构的各组成部分融合为有机整体，相互作用，相互依赖；三是以区域城市体系为核心和骨架，实现地域结构的均衡一体化。

根据青海省区域经济整体发展阶段特征，目前仍处在工业化中期阶段，因此，不必要急于实现形式上的城乡一体化，更重要的是完善"点—轴"空间结构系统，发展壮大各级节点城市和城镇，优化城镇体系，改善城乡交通基础设施条件。

五 青海省以人为核心的新型城镇化战略实施路径

1. 合理规划，优化城镇体系结构

（1）围绕"一群两区多点"，重点提升中心城市竞争力

以人为核心的新型城镇化强调区域均衡发展，但绝不能理解为平均发展。如果不考虑区域经济发展的实际，过分追求均衡发展，就会降低经济效率。并且，由于各地区的差异，在经济发展中非均衡是常态，不可能达到理想中的均衡发展。正如恩格斯所讲的："在国和国、省和省、甚至地方和地方之间总会有生活条件方面的某种不平等存在，这种不平等可以减

少到最低限度，但是永远不可能完全消除"（中共中央马克思恩格斯列宁斯大林著作编译局，1972）。

　　青海省目前虽然有 2 个地级市，但是城市规模仍然小，辐射带动能力弱，竞争力也不强。因此，需要把握兰州—西宁城市群建设的契机，增强西宁市、海东市的分工与合作，推进青海省东部城市群建设。围绕"一群两区多点"空间规划，重点提高城市群发展质量。把青海省东部城市群作为城镇化的主要人口载体，并不断推进东部城市群、西宁市与海东市各区、东部其他具有发展优势的城镇三个不同层次相邻城市（镇）间的区域经济合作。这样，一方面有助于提升青海省中心城市竞争力，另一方面符合全国主体功能区规划对青海省的要求。根据前面分析可知，目前需要加强省会西宁市的学校和公共图书馆建设，解决小学生师比过高问题。

　　（2）壮大集体经济，促进就近就地城镇化，巩固脱贫成果

　　城镇化实质上是追求集聚经济效益，将人口和经济活动集中在少数发展极上。根据城镇化过程中的人口流动规律可以发现，有竞争力的人口（年龄、学历、技能、冒险精神）往往会迁移到发达区域和大中城市。农牧区竞争优势较弱的人口就会滞留在小城镇或乡村，就业途径比较窄，收入水平较低，甚至陷入贫困恶性循环。对这一部分人来说，就近就地城镇化，进入比较熟悉的小城镇，从事相对熟悉的职业，是摆脱贫困、实现稳定发展的最佳选择。

　　就地城镇化有助于实现产业结构、就业结构非农转化；就地城镇化有助于农牧民收入水平提高，从根本上减轻经济活动对生态环境的压力，实现生态经济良性循环；就地城镇化有助于避免人口远距离迁移给地区经济社会带来严重负面影响（例如空心村、留守儿童、留守老人问题等）；就地城镇化有利于提高美丽乡村建设形成的农村基础设施和公共服务设施的利用效果，节省不必要的投资；就地城镇化有利于保持和传承乡土文化、地区文化，使城镇化呈现多元空间状态，既有中心城市的高楼林立、高密度开发的城镇空间，同时也有农牧区小城镇边缘地区民族文化浓郁、低密度开发的乡村型城镇空间。

　　具体做法是在有条件的地区，结合乡村集体经济发展和美丽乡村建

设，积极推进就地城镇化。青海省农牧区小城镇大多因为区域市场规模小，经济区位相对处于劣势，对外招商引资也不具备较强的吸引力，产业发展薄弱，创造就业岗位不足。壮大村集体经济，将村集体经济的发展与小城镇结合起来，以小城镇作为载体，承载村集体经济发展，通过就近合理开发和利用资源，发展村集体产业，有助于农牧民就近就地城镇化，更有助于巩固脱贫成果。

2. 保护生态的前提下做强产业，促进就业与增收

（1）依托六次产业发展，促进农牧民就业和收入提升

青海省广大农牧区资源优势突出，特色明显。综合考虑地区人口、经济、生态环境等因素，尊重主体功能区规划的要求和地区实际情况，应将城镇化与特色经济发展相结合，提高城镇规模经济效益和集聚经济效益。

结合区域资源禀赋和产业发展潜力来看，青海省农牧区应当积极发展特色种植业、草地畜牧业为主导的第一产业，并通过提升产业化水平增加产品附加值，提高地区收入水平，增加非农就业岗位。在第二产业发展方面，要改变目前以资源开采和粗加工为主的传统工业化，提高技术水平发展优势农畜产品加工业，矿产资源开发要注意生态环境保护，向新型工业化转变。在第三产业发展方面，应当结合自然人文景观和民族文化特色，大力发展体验经济和城镇服务业，促进人口就业和收入提高。总之，要突破三大产业互相割裂、脱节的现状，将第一、第二、第三产业贯通，形成六次产业链条，按照六次产业的思路推进产业、就业协调发展，提高城镇化进程中的城乡居民收入水平。

结合青海农牧区的实际，设计构建青海省农牧区生态旅游业主导的"六次产业循环经济链"，如图7-9所示。

（2）重新认识青藏高原农牧业竞争优势，发展特色农牧业

青藏高原自然条件独特，海拔高、气候冷凉，在限制农作物产量和延长畜产品成长周期的同时，天然赋予农畜产品高原绿色无污染的品质。按照以往的发展思路，一定要做大规模，降低成本，才能参与市场竞争。于是，脆弱的生态环境遭到破坏，农畜产品的品质也不能保证，这种思路是传统流水线工业产品的发展思路。事实上，青藏高原严酷的生产环境，使农畜产品天然具有稀缺性，根据市场经济规律，越是稀缺的产品价格越高。

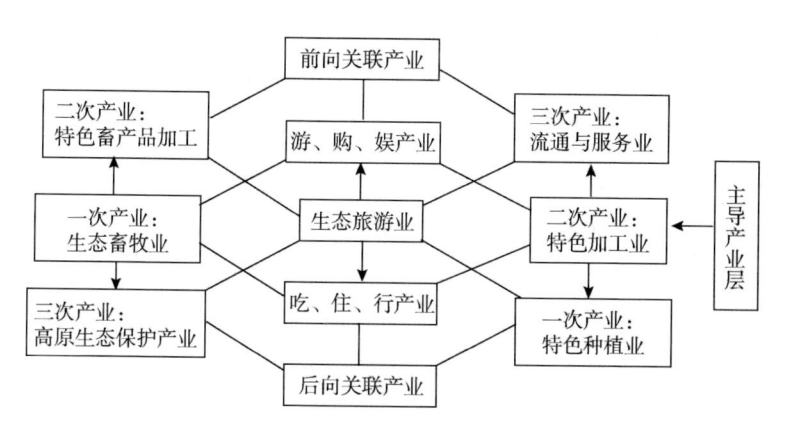

第七章 基于人口资源环境承载力的青海省区域经济发展战略研究

图 7-9　青海省农牧区生态旅游业主导的"六次产业循环经济链"

因此，我们应当充分认识并广泛宣传在青藏高原绿色无污染的条件下，在严格保护生态环境的前提下，种植和养殖农畜产品的巨大成本投入，以及产品的高品质保证。发展高端订单式农牧业，通过信息化平台建设，让用户（以及潜在用户）随时了解青藏高原高品质农畜产品生产过程，认识到产品的稀缺性，通过竞拍等形式确定即将上市的农畜产品价格。青藏高原农畜产品的竞争优势应当是稀缺性和高品质决定的，而不是通过简单扩大规模，增加生态环境压力，来降低价格。农牧民可以在传统种植养殖生产活动中，传承文化，获取收入水平提升。通过信息化渠道（比如开通直播），将青藏高原传统农牧业生产和农牧民生活与世界紧密相连，把青藏高原特色农产品作为青海省融入"一带一路"的一张生态经济名片，增强文化自信的同时，获得产业竞争优势，也让外界了解青海的特点、认识青海省的贡献，提升青海省的知名度（丁生喜，2021）。

3. 多措并举，缩小城乡发展差距

（1）多渠道推进农牧业现代化，缩小城乡经济发展差距

城镇化与青海省经济发展、生态安全和现代化建设密切相关，结合生态保护的长远要求和区域社会经济现状，最适宜的选择应是走健康城镇化与农村现代化建设相结合的新型城镇化道路（丁生喜，2012）。推进新型城镇化不能片面追求人口城镇化率，要强化城镇经济，完善城镇功能，发展城镇文明，降低入城门槛，吸引农牧民就近迁移到城镇就业和生活。

通过工业反哺农业，使信息化和电商发展，城镇化向农牧区延伸，多渠道提升农牧业现代化发展水平，提高农牧业产值和经济贡献，缩小城乡经济差距。

（2）多元化筹措建设资金，缩小城乡基础设施与公共服务差距

从前面的分析可知，青海省城镇化进程中的城乡社会发展差距不仅体现在医疗、教育、公共服务等领域，也体现在城乡居民实际获得的社会保障方面。在公共服务设施方面，一方面，政府在公共基础设施建设资金安排上，要尽量向农牧区重点城镇和小城市给予倾斜，尽快改善小城市、小城镇公共基础设施不足的现状；另一方面，要积极开展多种模式的公共基础设施建设和公共服务提供机制，在可能的条件下，引入社会资本参与该领域，以尽快推进公共服务均等化。扩大公共服务供给，供给主体多元化，使群众有更多选择；同时，推进城乡公共基础设施与公共服务标准化建设，完善公共服务体系，使城镇与乡村一样美丽、和谐，使乡村与城镇一样便捷、舒适。此外，还能够减轻政府的建设资金压力。

因此，实现新型城镇化发展目标，需要改变片面依靠强制性的政府指令的传统做法，在充分发挥资本要素市场的决定性作用的基础上，盘活存量资金和提高资金利用率，重点加大教育投入和保持适当的城乡建设资金投入比例，通过提高金融效率和开拓多层次融资渠道，支持和激励区域产业发展和升级，实现新型城镇化建设和金融支持的耦合协调发展（仇保兴，2012）。

（3）多主体参与，缩小城乡社会保障差距

城乡居民实际获得的社会保障差距，主要表现在城市居民与进城务工人员以及征地后实现农转非的居民在教育、医疗、社会保障等方面的不同待遇。对此，应强化社区、企业、学校等方面的社会服务，在社会保障、教育和卫生等领域，体现社会的全员公平。比如，晋江市率先实行的居民证制度，使外来务工人员可获得常住居民一样的社会公共服务。

以人为核心的新型城镇化如果片面追求土地城镇化，势必出现失地农民、进城务工人员无法融入城市社会等问题，城乡居民的发展机会差距越来越大，影响社会和谐，也有悖于新型城镇化的质量内涵。青海省

应当强化对失地农民、农民工和城市低收入群体的技能训练和职业教育，提供廉价、平等、便捷、丰富多样的再培训机会。从上到下建立顾及全体居民利益的平等参与的群众协会，为农民工与低收入者提供心理服务与职业生涯设计（丁生喜，2017）。对于城市棚改、农村征地涉及的相关居民，应当设计社保基金参与机制，在补偿款中拿出固定份额及时补充这部分居民的医疗保险和社会保险，既有利于补齐差距，又有助于社会稳定。

4. 制度先行，提高城乡一体化发展水平

（1）通过体制机制创新，促进生产要素城乡间流动

以人为核心的新型城镇化进程中，需要将人口要素、土地要素、资金要素的流转协调统一起来。一是建立在全省范围内可流通的社会保障体系，让劳动力带着社保流动，促进劳动力要素在城乡间优化配置。二是继续推进农村集体土地流转，提高农地产出效率。三是根据人口流动趋势，利用建设用地指标来激励市、县、区、镇政府有意愿和能力提供更高质量的基本公共服务，推进基本公共服务均等化发展，保障进城农牧民市民化方式的可接受及其预期利益的可实现，为新型城镇化持续推进和城乡融合发展提供内生动力（黄开腾，2018）。四是在建设资金方面，要完善新型城镇化的成本分担机制，地方政府作为城镇化成本承担主体和基本公共服务支出的责任主体，不再过度依赖土地财政，稳定地价与房价，使居民获得感、幸福感上升，生活成本下降。

（2）提高城市治理能力和管理水平，增强企业与居民的满意度

以人为核心的新型城镇化，必须贯彻以人民为中心的发展思想，充分发挥城镇化的经济功能、社会功能和文化功能。各级政府提高柔性化治理、精细化服务水平，让城市更加宜居，更具包容和人文关怀。要提高城市经营管理水平，合理确定城市建设规模、功能定位和保障体系。

制定和实施城镇化发展相关政策时，进行充分调研，从企业与居民的发展需求着眼，与区域经济发展和产业布局调整紧密衔接，与资源环境承载力相适应，更加注重资源集约和生态环境友好型产业项目的发展，打造生态宜居空间，走绿色、低碳城镇化之路，增强企业与居民满意度，实现人与资源环境协调发展。

5. 坚持以人为核心的价值导向，建设城市文明

（1）提升城市品质，吸引要素流入

在各级政府财力安排上，更多用于民生建设，引导推动城镇化人本价值实现。具体措施有：通过城镇基础设施的投资建设及其完善，吸引农村牧区人口的城镇创业安居；通过城镇的拆迁改造和城镇的连片开发，提升房地产的价值，实施"即征即保"，进而通过让利补偿和改善人居生态环境推动城乡人口的安居乐业，实现城镇化过程的人口集聚的良性循环（孙建业、徐静，2018）。通过城镇教育、卫生、体育、文化事业的优先发展及高级专业技术人才的引进和产城园区的建设，提升城镇的品质与产业支撑基础来吸纳各种要素向城镇流入。

（2）提高居民素质，优化社会环境

新型城镇化发展进程中，要始终坚持"人既是要素更是主体"的原则，重视人的发展和重视居民作为利益主体的各项诉求。一方面，规划、建设、调整好城镇的内在功能结构，以实现居民利益的最大化，满足居民各方面的利益追求；另一方面，注重城镇居民各方面素质的提高，尽可能推行公办高中和中职学校免学费，建立高级人才财政补贴制度，在教育、卫生、体育各方面，强化居民的规范化系统教育，鼓励人才引进和自身人才的培养，形成有利人才创新、创业和创造的良好社会环境（段浩、许思炜，2018）。

以人为核心的新型城镇化，关键是人的发展。因此要把人的发展和居民素质的提高作为统筹城乡区域协调发展的重要途径，坚持人的城镇化与工业化、信息化、农村现代化建设统筹协调发展，真正意义上实现经济发展、生态安全、生活富裕、精神文明的新型城镇化。

第二节 青海省主导产业创新发展战略

主导产业是指以优势商品和服务产品为基础，具有较大规模、较强供给力与市场竞争力以及发展后劲的优势产业或支柱产业（代明、张晓鹏，2011）。区域主导产业强大的辐射能力将会决定一定时期内区域经济整体

效率和素质的提高，在区域经济发展中，主导产业承担着重要功能。青海省依托资源优势，形成了煤化工、新能源、新材料、盐湖化工、有色金属及加工、油气化工、装备制造、特钢、特色纺织、生物十大特色优势产业为主体的主导产业群。从产业类型来看，均属于第二产业部门；从生产要素特征来看，大部分属于资源密集型产业；从经济贡献来看，2012年青海省主导产业总产值占全省工业总产值的92.12%，工业增加值占全省GDP的44.90%（青海省统计局，2013）。主导产业对青海省区域经济的贡献十分突出，在区域经济可持续发展方面有着重要的战略地位。

从前文分析可以看出，首先，青海省人口资源环境承载力的制约因素既有传统自然资源约束，也存在科技资源约束。其次，随着资源的开发和利用，青海省主导产业迎来了新的机遇和挑战。最后，依靠技术创新提高全省主导产业的技术水平和整体素质，是实现青海省产业升级优化，促进经济支撑力提升的重要途径，也是青海省提升区域科技经济竞争力，加快实现由"资源推动"向"创新推动"的经济发展方式转变的重要途径（秦真凤、丁生喜，2016）。

一 青海省主导产业创新效率 DEA 模型分析

数据包络分析是一种基于线性规划评价绩效相对有效的特殊工具，此方法广泛运用于创新能力评价（魏权龄，1988）。近年来国内学者运用DEA方法对我国不同地区的R&D投入产出效率和创新能力进行评价，并根据实际问题进行方法改进（代明、张晓鹏，2011；官建成、何颖，2005；郭亚军，2012；贺明、夏思君、刘伊雯，2010；任胜刚、彭建华，2006；王志平、陶长琪、习勤，2013；薛娜、赵曙东，2007；张根明、刘韬，2008；朱帮助、吴万水、王平，2013）。

1. 青海省主导产业技术创新效率 C^2R 模型分析

本章选择青海省主导产业群中的16个产业作为决策单元（DMU），选择4项创新投入指标（销售成本、固定资产投资额、R&D人员数、R&D经费）和4项创新产出指标（工业总产值、利税贡献率、工业增加值占GDP的比重、新产品销售收入）构成评价指标体系（原始数据略）。

(1) 构造 C^2R 评价模型

根据评价指标体系构造最优化模型，进行 Charnes – Cooper 转变，取其对偶并引入非阿基米德无穷小 ε，得到 C^2R 的对偶规划模型（叶裕民，2001），即：

$$\begin{cases} Min[\theta - \varepsilon(e^T\hat{s}^- + e^T s^+)] \\ S.t \sum_{j=1}^{n} x_j \lambda_j + s^- = \theta x_0 \\ \sum_{j=1}^{n} y_j \lambda_j - s^+ = y_0 \\ \lambda_j \geq 0, j = 1, 2, \cdots, n \\ s^- \geq 0, s^+ \geq 0 \end{cases} \quad (7-1)$$

其中，$e^T = (1, 1, \cdots, 1)$ 是元素均为 1 的 m 维向量，$\hat{e}^T = (1, 1, \cdots, 1)$ 是元素均为 1 的 p 维向量。ε 足够小，取 $\varepsilon = 10^{-6}$。该模型表示在生产可能集内，在产出保持不变的情况下，尽量保证投入量按同一比例减少；如果投入量不能按同一比例 θ 减少，即模型的求解为最优值。其中，θ 值表示 DEA 有效值，s^-、s^+ 表示投入与产出的松弛变量数值，当 $s^- > 0$ 时，表示第 j 单元中投入有 s^- 没有充分利用。当 $s^+ > 0$ 时，表示第 j 单元中产出与最大值还有 s^+ 的不足。

(2) 青海省主导产业技术创新效率 C^2R 模型分析结果

将以上模型作为产业创新相对有效的线性规划模型，以每一个主导产业为一个单独的决策单元，利用 DEAP 2.1 软件进行求解，计算出青海省 2012 年主导产业技术创新效率，结果如表 7 – 5 所示。

表 7 – 5　青海省主导产业技术创新效率 C^2R 模型分析结果

产业	指标							
	θ	s_1^-	s_2^-	s_3^-	s_4^-	s_1^+	s_2^+	s_3^+	s_4^+
煤炭开采和洗选业	1	0	0	0	0	0	0	0	0
石油和天然气开采业	1	0	0	0	0	0	0	0	0
黑色金属矿采选业	0.641	0	0	0.978	0.006	1.808	0	0	0
有色金属矿采选业	1	0	0	0	0	0	0	0	0

第七章　基于人口资源环境承载力的青海省区域经济发展战略研究

续表

产业	θ	s_1^-	s_2^-	s_3^-	s_4^-	s_1^+	s_2^+	s_3^+	s_4^+
非金属矿采选业	0.991	0	0.256	0.981	0.012	0	0	1.845	0.003
纺织业	1	0	0	0	0	0	0	0	0
石油加工、炼焦和核燃料加工业	1	0	0	0	0	0	0	0	0
化学原料和化学制品制造业	0.554	169.992	13.136	0	0	14.17	0	2.663	3.029
医药制造业	0.433	100.96	6.103	0	0	0	13.019	0	0
非金属矿物制品业	0.318	9.505	2.836	0	0	22.321	0	0.12	0.024
黑色金属冶炼和压延加工业	0.802	162.829	15.719	3.535	0	26.639	0	0.597	1.031
有色金属冶炼和压延加工业	1	0	0	0	0	0	0	0	0
金属制品业	0.505	15.065	0.517	0.03	0	1.655	0	0	0.003
通用设备制造业	0.868	66.727	3.111	0.678	0	0	58.241	0.014	0
专用设备制造业	1	0	0	0	0	0	0	0	0
电力、热力生产和供应业	1	0	0	0	0	0	0	0	0

由表7-5中θ值和松弛变量值可知，青海省煤炭开采和洗选业，石油和天然气开采业，有色金属矿采选业，纺织业，石油加工、炼焦和核燃料加工业，有色金属冶炼和压延加工业，专用设备制造业，电力、热力生产和供应业等产业为DEA有效，表明产业的创新投入都得到了充分利用。其余8个产业非DEA有效，表明创新投入与产出没有达到最佳状态。

对于表7-5的计算结果，设 $K = \frac{1}{\theta}\sum_{i=1}^{n}\lambda_i^0$，则K为 DMU_i 的规模收益，当K=1时，为规模收益不变；当K<1时，表示规模收益递增；当K>1时，表示规模收益递减。根据该公式，可以求得非DEA有效部门在保证产出不变的前提下，对投入量进行调整和改进的程度（见表7-6）。

其中 x_1、x_2、x_3、x_4 表示调整后的四个投入量，y_1、y_2、y_3、y_4 表示相应投入调整后得到的四个产出量，$\sum \lambda$ 表示投入产出的系数和；K表示各个决策单元的规模效益值。（其中DEA有效产业的投入、产出为原数据值。）

表7-6　青海省主导产业技术创新效率 C^2R 模型优化结果与规模效益

	产业	y_1	y_2	y_3	y_4	x_1	x_2	x_3	x_4	$\sum\lambda$	K
非有效决策单元的优化	煤炭开采和洗选业	189	6.322	9.250	0.104	23.83	42.175	6.255	0.008	1	1
	石油和天然气开采业	249	4.906	36.77	0.002	39.92	21.6	0.653	0.152	1	1
	黑色金属矿采选业	10.119	0.375	1.218	0.009	1.473	1.308	0.418	0.005	0.178	0.278
	有色金属矿采选业	43.182	1.511	7.670	0.033	7.95	3.315	2.309	0.026	1	1
	非金属矿采选业	17.636	0.604	1.461	0.017	1.645	2.486	0.102	0.009	0.157	0.158
	纺织业	21.292	0.222	0.203	0.317	0.94	43.469	0.103	0.161	1	1
	石油加工、炼焦和核燃料加工业	69.639	3.505	0.790	0.138	1.35	13.98	0.645	0.030	1	1
	化学原料和化学制品制造业	445.085	20.599	24.57	0.739	27.966	74.792	9.313	0.212	7.424	13.4
	医药制造业	142.745	6.993	2.43	0.257	3.612	28.466	1.285	0.064	1.988	4.59
	非金属矿物制品业	85.247	4.27	1.194	0.168	1.877	16.944	0.85	0.037	1.237	8.96
	黑色金属冶炼和压延加工业	361.901	18.214	4.105	0.718	7.016	72.649	3.352	0.156	5.197	6.48
	有色金属冶炼和压延加工业	497.193	8.48	2.58	0.375	178.13	49.597	8.545	0.148	1	1
	金属制品业	23.637	0.646	0.244	0.222	0.796	29.826	0.159	0.108	0.784	1.55
	通用设备制造业	88.974	3.199	0.951	0.589	2.518	76.862	0.682	0.267	2.322	2.675
	专用设备制造业	2.078	0.589	0.052	0.486	4.43	140.708	0.15	0.497	1	1
	电力、热力生产和供应业	304.83	6.143	12.712	0.018	237.35	22.78	0.004	0.155	1	1

由表7-6中 K 值可将青海省主导产业分为以下三类。一是规模效益不变型（$K=1$）：煤炭开采和洗选业，石油和天然气开采业，有色金属矿采选业，纺织业，石油加工、炼焦和核燃料加工业，有色金属冶炼和压延加工业，专用设备制造业，电力、热力生产和供应业8个产业。二是规模效益递减型（$K>1$）：化学原料和化学制品制造业、通用设备制造业、非金属矿物制品业、黑色金属冶炼和压延加工业、医药制造业和金属制品业。三是规模效益递增型（$K<1$）：黑色金属矿采选业和非金属矿采选业。

2. 青海省主导产业创新效率 C^2GS^2 模型评价

在 C^2R 模型评价的基础上，我们再采用规模报酬可变的、专门用来评价技术有效投入导向的 C^2GS^2 模型，如式（7-2）所示。

$$\begin{cases} Min\theta \\ S.t \sum_{j=1}^{n} x_j \lambda_j + s^- = \theta x_0 \\ \sum_{j=1}^{n} \lambda_j = 1 \\ \sum_{j=1}^{n} y_j \lambda_j - s^+ = y_0 \\ \lambda_j \geq 0, j = 1, 2, \cdots, n \\ s^- \geq 0, s^+ \geq 0 \end{cases} \qquad (7-2)$$

(1) C^2GS^2 模型评价结果

将表7-5、表7-6的数据代入 C^2GS^2 模型,并利用 DEAP 2.1 软件计算出青海省主导产业的技术创新效率结果如表7-7所示。

表7-7　　　　　　　　青海省主导产业的技术创新效率

产业（DMU）	青海省主导产业		
	整体效率	纯技术效率	规模效率
煤炭开采和洗选业	1	1	1
石油和天然气开采业	1	1	1
黑色金属矿采选业	0.641	1	0.641
有色金属矿采选业	1	1	1
非金属矿采选业	0.991	1	0.991
纺织业	1	1	1
石油加工、炼焦和核燃料加工业	1	1	1
化学原料和化学制品制造业	0.547	0.989	0.554
医药制造业	0.433	0.771	0.561
非金属矿物制品业	0.318	0.350	0.909
黑色金属冶炼和压延加工业	0.802	1	0.802
有色金属冶炼和压延加工业	1	1	1
金属制品业	0.505	0.618	0.817
通用设备制造业	0.868	1	0.868
专用设备制造业	1	1	1

续表

产业（DMU）	青海省主导产业		
	整体效率	纯技术效率	规模效率
电力、热力生产和供应业	1	1	1
均值	0.820	0.921	0.884

由表7-7中的纯技术效率值和规模效率值可将青海省非DEA有效的主导产业技术创新效率分为两类。第一类是规模效率不高引起的整体效率不高：黑色金属矿采选业、非金属矿采选业、化学原料和化学制品制造业、医药制造业、黑色金属冶炼和压延加工业、金属制品业和通用设备制造业规模效率值均小于1，这些产业部门创新效率低是由于规模效率低引起的。第二类是技术效率不高和规模效率不高共同引起的整体效率不高：金属制品业、医药制造业、化学原料和化学制品制造业、非金属矿物制品业整体效率低，是由技术无效和规模无效共同引起的，其规模效率值和纯技术效率值均小于1。

（2）青海省主导产业创新效率与全国同类产业的对比

为了揭示青海省主导产业技术创新效率差距，利用 C^2R 和 C^2GS^2 模型原理和 DEAP 2.1 软件对全国同类产业进行 DEA 分析，计算结果如图7-10所示。通过将青海省主导产业与全国同类产业 DEA 有效值对比可以看出：首先，石油和天然气开采业，非金属矿采选业，纺织业，专用设备制造业和电力、热力生产和供应业5个产业在青海省主导产业中和全国产业中均为 DEA 有效；其次，煤炭开采和洗选业，石油加工、炼焦和核燃料加工业，有色金属冶炼和压延加工业，通用设备制造业4个产业，青海省的创新效率略高于全国同行业平均水平。再次，黑色金属矿采选业、化学原料和化学制品制造业、医药制造业、非金属矿采选业、黑色金属冶炼和压延加工业、金属制品业等6个产业青海省的创新有效性低于全国平均水平（见图7-10）。

二 青海省主导产业创新能力存在的问题

1. 主导产业主要集中在资源开采和初加工领域，创新作用力小

根据工业结构高度化规律，工业化发展过程中将出现重工业化、高加

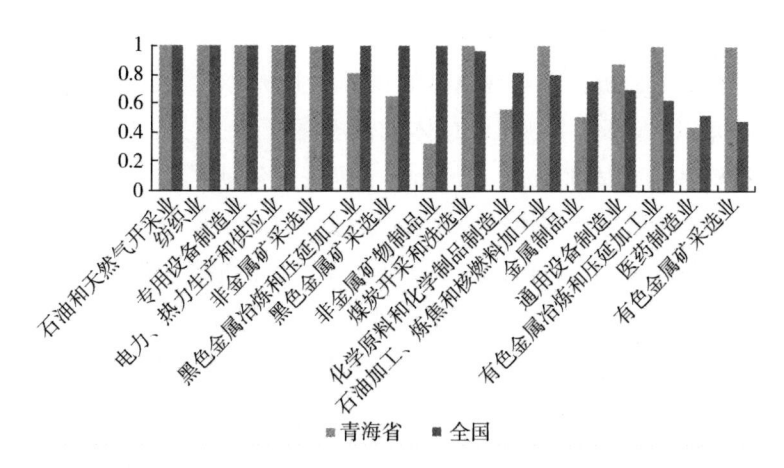

第七章 基于人口资源环境承载力的青海省区域经济发展战略研究

图 7-10 青海省主导产业技术创新效率 DEA 有效性与全国同类产业对比

工度化和技术集约化的总体趋势（丁生喜等，2012）。我国整体处于工业化中期阶段，《国务院关于加快培育和发展战略性新兴产业的决定》明确了我国现阶段重点培育和发展的战略性新兴产业包括节能环保、生物、高端装备制造、新一代信息技术、新能源、新材料、新能源汽车七大产业，这些产业部门都以高加工度化和技术集约化为特征。青海省产业结构总体表现出重工业化，但是主导产业主要集中在资源型产业领域，例如石油和天然气开采业，煤炭开采和洗选业，有色金属矿采选业，石油加工、炼焦和核燃料加工业，有色金属冶炼和压延加工业等都属于资源型或资源加工型重工业。这些产业总体附加值低、技术含量低，对技术进步敏感度低，技术创新驱动力不足；产业关联度低，产业链短，辐射带动力弱，产业间协作困难，技术创新扩散受到极大限制，因此技术创新绩效不显著。

2. 主导产业规模和组织结构影响创新效率

由表 7-6 可知，青海省主导产业中化学原料和化学制品制造业、通用设备制造业、非金属矿物制品业、黑色金属冶炼和压延加工业、医药制造业和金属制品业、黑色金属矿采选业和非金属矿采选业等产业部门技术创新投入的规模报酬不合理，创新效率低。尤其是化学原料和化学制品制造业、医药制造业的规模效率值分别仅为 0.554 和 0.561，技术创新整体效率分别仅达 0.547 和 0.433。造成这种现状的原因，一方面是产业规模的影响，另一方面是产业组织结构的影响。

从规模方面分析，企业规模与创新基本上同比例线性变动（周黎安、罗凯，2005）。青海省主导产业总体经营规模较小，在支付研发活动需要的巨额投资和承担固定成本、沉没成本等技术创新风险方面，都处于劣势，因而企业内部创新规模经济效益比较低。加之产业链短，空间布局比较分散，区域经济实力较弱，区域产业集聚产生的创新外部规模经济也不明显。从产业组织方面分析，利益是创新的根本驱动力，青海省主导产业一方面是以资源型企业为主，有一定的垄断性，企业创新的紧迫性不强；另一方面青海省主导产业部门以国有企业为主，而国有企业的创新投资主要来源于财政拨款，容易造成创新投入资源浪费，创新效率低。

3. 创新投入结构不合理

由表7-5可知，由于创新要素投入结构不合理，主导产业投入冗余与产出不足并存，青海省的主导产业创新效率低。化学原料和化学制品制造业成本投入与固定资产投资冗余高达169.992和13.136，产值贡献却有14.17的不足；医药制造业成本投入、固定资产投资冗余分别为100.96和6.103，利税贡献有13.019的缺口；黑色金属冶炼和压延加工业成本投入和固定资产投资冗余分别为162.829和15.719，产值贡献存在26.639的不足；通用设备制造业成本投入冗余66.727，利税贡献存在58.241的不足。

青海省经济发展水平低，地方财政对科技创新投入比重较低，并且地处西部，条件艰苦，主导产业发展所需创新型人才匮乏，而这些正是区域创新效率提高的重要制约因素。另外，青海省创新投入仍然存在盲目性，以引进技术设备为主要模式，消化吸收和自主创新能力不足，这也是青海省主导产业固定资产和成本投入冗余而创新产出效率低的重要原因。

4. 创新环境不完善

创新环境包括硬环境和软环境，硬环境主要包括区域基础设施和公共配套设施水平，如铁路、公路、民航基础设施、综合交通、信息网络体系等；软环境主要包括区域政务与法制环境、市场环境、融资环境等。通过对西宁国家级经济技术开发区的生物产业园区企业进行创新环境调查可知，青海省主导产业创新环境不完善。如表7-8所示，虽然对创新环境总体评价极不满意为0，比较满意占31%，一般占到59%，但是不满意率达到10%。其中创新环境各因素中满意度最低的是市场环境，而满意度最高的是基础设施条件。主要是因为青海省在市场经济建设中还存在法律、法规不完善，信息不够公开，在企业经营各项审批程序方面政务办公效率和服务方式不尽合理，公平竞争和鼓励创新的市场经济环境还需要不断完善。

表7-8　　　　　　　青海省创新环境问卷调查结果

创新环境指标	调查结果比例（%）				
	极不满意	不满意	一般	比较满意	很满意
政务及法制环境	0	0	80	20	0
市场环境	0	20	37	43	0
基础设施环境	0	9	60	31	0
金融环境	0	10	60	30	0
创新环境总体评价	0	10	59	31	0

三　青海省主导产业创新发展战略思路

主导产业是区域经济中的支柱产业和优势产业，主导产业创新效率的提升，可以提高区域科技进步对经济增长的贡献率，并对关联产业和基础产业部门产生技术进步带动和技术创新示范效果。青海省要实现经济发展方式转变，实现区域经济可持续发展，在区域竞争中取得战略主动地位，就要从以下几个方面提升青海省主导产业的创新效率。

1. 重视主导产业优化升级，推进新型工业化发展

根据产业结构演变规律，技术进步对不同产业部门的贡献不同，高加工度的产业技术进步潜力大。青海省目前主导产业以资源型和资源加工型工业为主，未来应该积极主动利用国家政策，实施主导产业优化升级，推进新型工业化发展。

一方面，在目前主导产业体系中，分别建立技术创新中心，有重点地进行产业链延伸和技术突破。大力发展有色金属下游精深加工产品和高附加值产品，积极推进煤炭深加工，利用盐湖资源发展循环经济，均衡发展下游加工产业；充分利用柴达木地区油气资源优势，加快油气化工产业基地建设，与盐湖化工产业相融合，着力构建循环经济产业链，大力发展下

游相关产业和深加工、精细加工产品。加大科技创新力度，推进共伴生资源综合利用。另一方面，积极扶持"潜导产业"，尤其是结合国家战略性新兴产业发展的思路和青海省的特色和优势，以创新为主要驱动力，加快培育和发展新能源、新材料、高端装备制造以及节能环保等战略性新兴产业；提升青海省主导产业层次、推动传统产业升级，建设高技术水平的现代主导产业体系。通过主导产业结构调整→促进技术创新效率提高→发展更有科技含量和竞争力的新产业与新产品→产业结构优化→区域技术创新能力进一步提高，形成技术进步与产业升级的良性循环。

2. 打造大企业集团，提升产业经济规模，改善产业组织形式

大企业具有参与市场竞争所需的研发要素投入和抗风险能力，有实力开展产品和工艺创新，并获得竞争力的提升，因而大企业是更有利于技术创新的组织形式。青海省主导产业部门的规模经济效益不佳，严重制约技术创新效率提高。应当根据规模经济原则，加大对优势企业和重点项目的扶持力度，对主导产业内部的产品发展方向进行引导，通过重组培育一批大企业集团和优势商品，提高产业集中度和技术创新能力。同时加强作为产业集群载体的园区规划建设，明确各园区的功能定位，强化分工协作。促进关联企业向园区集聚，提高集约发展水平，不但为企业带来成本节约，更为区域带来资源节约的集聚经济效益。

由于非国有企业经济活动对外依存度更高，随着规模扩大进行技术创新的动力比国有企业更大。因此青海省应当结合产业结构调整，在主导产业领域积极鼓励非公有制经济发展，培养有创新意识和魄力的企业家群体，增强企业间、区域间竞争与合作，以逐步改善国有经济比重过大产生的区域技术创新动力不足的问题，提高区域技术创新效果。最终形成以资源深度加工综合利用为特点的不同规模企业共存，国有经济与非国有经济共同发展的产业组织形式，形成主导产业规模扩张与技术创新互相促进的良性运行机制，从而使区域资源优势转化为产品优势、技术优势和市场竞争优势。

3. 优化创新要素投入与产出结构，提高创新效率

从表7-5分析可以看出，青海省主导产业创新要素冗余主要是成本和固定资产投资，但R&D人员和R&D经费要素基本没有冗余，创新产出不

足则主要表现在新产品销售收入和利税贡献率低。所以总体而言，青海省应当重视人才引进与培养，为主导产业技术创新提供充足的科研、技能和综合型后备人才队伍。企业要适应市场竞争的变化，进行有效的人力资本管理，通过在岗培训、继续学习等形式提高员工素质；建立激励制度调动员工创新积极性，既要避免核心知识型员工流失，又要不断引进科技创新人才，使企业始终保持技术创新的活跃。同时多层次、多渠道地加大科技创新投入，除了政府继续增加财政直接投入之外，要规范科技创新投入的使用，严格评估科技创新绩效，并采用税收优惠、增加科技奖励等多种方式，引导企业和社会增加科技投入。

另外，对于不同的主导产业部门还应当加强创新资源投入管理，减少创新投入的盲目性。针对技术创新效率存在规模效益递减的主导产业，不再以增加投入量为主，而应在现有投入规模下，提高企业的创新意识，加强投入资源的管理，合理调整创新资源投资方向，提高创新资源配置效率；对于技术创新效率存在规模效益递增的主导产业而言，这些产业技术创新效率非 DEA 有效与投入不足有必然的关系，因此应当加大急缺创新资源的投入量，以提高投入产出的效率。

4. 建立促进创新的政策机制，完善创新环境

为了有效地促进青海省主导产业技术创新能力提升和技术创新绩效实现，迫切需要制定与时俱进、科学合理的技术创新政策，完善区域创新环境。政府应当在政策和体制上不断为青海省的主导产业创造有利于技术创新的人才和资金环境，建立高科技风险投资机构，对中小企业和高技术企业的研发活动给予税收优惠、资金扶持等。加大知识产权保护的执法监督力度，完善科技成果利益共享机制，充分保证创新主体的创新收益，促进科技成果产业化。营造优质高效的政务环境，简化审批手续，提高办事效率，改善服务方式，创造规范有序的法制环境。要推进金融、物流等服务业的现代化发展，以产业园区为中心，大力发展生产性服务业，为创新提供优质高效的服务支持，降低企业运营成本，提高创新绩效。

此外，要建立和完善有利于科技进步和创新的市场环境。党的十八届三中全会报告中指出，要深化经济体制改革，加快完善现代市场体系，使市场在资源配置中起决定性作用。作为欠发达地区，青海省更要重视市场

机制建设和完善。首先，要增加市场的活跃度，进一步打破资源型企业的垄断局面，允许民企外企等进入，形成公平竞争、创新发展的局面。其次，政府搭建信息平台鼓励企业加强与其他创新主体（如高校和科研机构）进行合作创新，分散创新风险，共享创新成果，提高创新效率。再次，继续开展与发达地区的经济技术合作，促进创新资源要素流动，建立区域间技术合作框架和协调机制。最后，最终形成以企业为主体、市场为导向、产学研紧密结合，技术创新中心作为企业研发重要载体的区域创新体系，推动青海省建成国家重要的太阳能光伏、新材料、盐湖化工和大型钾肥基地，建成区域性有色金属、油气化工、新型煤化能源、特钢和特色生物产业基地，建成国际性藏毯基地，着力打造具有青海特点的循环经济品牌，建成全国循环经济发展的先行区，使区域经济更有效率、更加公平、更可持续发展。

第三节 青海省绿色经济发展战略

21 世纪以来，全球经济正在绿色经济的引领下逐步转型。发达国家普遍由传统经济转向绿色经济，并从这一结构性转型中实现经济增长。而一些处于工业化和城市化快速发展阶段的发展中国家正面临着传统经济向绿色经济过渡的艰巨任务（喻清卿，2012）。习近平总书记在 2016 年视察青海时指出：青海省作为国家生态安全的屏障，具有极其重要而特殊的生态地位，必须要承担起保护"中华水塔"和三江源的重任。要从实际出发，坚持保护优先、坚持以节能减排和环境整治为导向，全面推进生态建设、美丽城乡建设以及自然保护区建设，加强生态保护、沙漠化防治和退牧退耕、还林还草，扎扎实实推进生态环境建设，确保"一江春水向东流"。习近平总书记的讲话为青海省更好地处理好经济发展与环境保护的关系，指明了新方向（赵静，2015；任海静、丁生喜、王霞，2018），对青海省绿色经济发展开展了主题评价。

我国学者在绿色经济方面进行了较为广泛的探讨。部分学者对绿色经济作了理论方面的研究：唐啸（2014）通过对国外已有的关于绿色经济理论的分析，得出在不同时期，绿色经济随着社会经济的发展变化有着不同的含义，具体可分为单一的生态系统目标阶段、经济—生态系统目标阶段和经济—生态—社会复合系统阶段（孙建业、徐静，2018）；丁刚、陈奇玲（2014）通过梳理绿色经济的五种内涵，重新界定了绿色经济的含义，认为绿色经济是经济发展、资源节约、保护环境三者相结合的经济（丁刚、陈奇玲，2014）。更多的学者对区域绿色经济发展进行了评价分析：何新安（2014）借鉴赵彦云等的研究（赵彦云、林寅、陈昊，2011），构建了由综合发展度、资源承载力、环境容量组成的三维度指标体系，并用熵值法对广东省河源市 2005—2011 年的绿色经济发展状况进行综合评价（何新安，2014）；纪山山、徐天祥（2016）从规模性指标、激励性指标、约束性指标、保障性指标等构建了四个大项、十九个小项的评价指标体系，并采用熵值法和聚类分析法对江苏省的绿色经济发展水平进行了实证分析（纪山山、徐天祥，2016）；蔡绍洪、魏媛等（2017）建立了绿色经济评价指标体系，运用计量方法和 GIS 法对 2014 年西部地区绿色发展水平及空间分析进行研究（蔡绍洪、魏退媛、刘显明，2017）。

青海省位于中国西北部，处于"世界屋脊"青藏高原的东北部，作为长江、黄河、澜沧江的发源地，承担着保护"中华水塔"的重任，因此，本节运用主成分分析法对青海省绿色经济发展进行动态评价，分析青海省绿色发展的制约因素，提出青海省绿色发展的战略对策措施。

一　青海省绿色经济评价指标体系和数据来源

一般而言，经济发展水平评价指标体系设计应遵循全面性、动态性、科学性、可比性、可行性、结构层次性等基本原则。但是，绿色经济发展的目的是发展环境友好型产业、发展循环经济和低碳经济、使社会经济发展与自然环境相协调。因此，本书除了遵循上述基本原则外，还以科学发展观和可持续发展为依据，以注重人民的生活质量、注重经济增长水平和环境效益相结合、注重教育与科技水平以及注重政府政策支持为指导思路，借鉴学术界已有的研究成果，构建了青海省绿色经济评价指标体系（见表 7-9）。

表7-9   青海省绿色经济评价指标体系

目标	一级指标	二级指标	三级指标
绿色经济发展	综合发展度	经济指标	人均GDP（元/人）X_1
			第三产业增加值占GDP比重（%）X_2
			城镇居民人均可支配收入（元/人）X_3
		社会指标	登记失业率（%）X_4
			每万人拥有医院床位数（张/万人）X_5
			每万人普通高等教育在校学生人数（人/万人）X_6
		人口指标	人口自然增长率（‰）X_7
			城市化率（%）X_8
	资源承载力	资源丰裕度	人均耕地面积（亩/人）X_9
			人均能源占有量（吨标准煤/人）X_{10}
			人均水资源占有量（立方米/人）X_{11}
			森林覆盖率（%）X_{12}
			人均公共绿地面积（平方米/人）X_{13}
		环境承载力	单位GDP能耗（吨标准煤/万元）X_{14}
			单位GDP电耗（吨标准煤/万元）X_{15}
			单位GDP二氧化硫排放量（吨/万元）X_{16}
	政府政策支持度	环境治理指标	环保支出占财政支出比重（%）X_{17}
			环境污染治理投资占GDP比重（%）X_{18}
			科技支出占财政支出比重（%）X_{19}
		基础设施指标	城市生活垃圾无害化处理率（%）X_{20}
			城市燃气普及率（%）X_{21}
			城市污水集中处理率（%）X_{22}

资料来源：相关原始数据主要来源于相关年份《青海统计年鉴》。

二　青海省绿色经济发展水平实证分析

1. 提取主成分并命名

主成分分析是一种降维分析，在数据信息损失最小的情况下，将多个维度的数据简化降维，浓缩指标信息，突出主要成分，将复杂的问题简单化，从而使问题分析更加直观有效（甘佩娟、丁生喜、霍海勇，2014）。

第七章 基于人口资源环境承载力的青海省区域经济发展战略研究

首先对 4 个逆向指标进行正向化处理并对原始数据进行标准化处理，运用 SPSS 18.0 软件的分析，根据特征值 > 1 且累积方差贡献率大于 85% 的原则选取 3 个主成分，前三个主成分的累计贡献率已达到 91.492%，即用这三个主成分就能反映 22 个原始变量 91.492% 的信息，分别称为主成分 F_1、主成分 F_2、主成分 F_3（见表 7 - 10）。

表 7 - 10　　　　　　　　　解释的总方差

成分	初始特征值 合计	初始特征值 方差百分比	初始特征值 累积百分比	提取平方和载入 合计	提取平方和载入 方差百分比	提取平方和载入 累积百分比	旋转平方和载入 合计	旋转平方和载入 方差百分比	旋转平方和载入 累积百分比
F_1	14.857	64.988	64.988	14.857	64.988	64.988	13.414	53.88	53.88
F_2	6.487	18.848	83.836	6.487	18.848	83.836	8.082	26.098	79.978
F_3	2.464	7.656	91.492	2.464	7.656	91.492	3.313	11.513	91.492

从表 7 - 11 的数据可以看出，和第一主成分 F_1 密切相关的是 X_1、X_3、X_5、X_6、X_8、X_{20}、X_{21}、X_{22}、X_{10}、X_{11}、X_{12}、X_{13}，这些指标与经济规模、基础设施和环境资源有关，因此 F_1 命名为经济总量因子；和第二主成分 F_2 密切相关的是 X_2、X_4、X_7、X_9、X_{14}、X_{15}、X_{16}，这些与地区产业结构有关，因此 F_2 命名为产业结构因子；和第三主成分 F_3 密切相关的是 X_{17}、X_{18}、X_{19}，这些指标与政府对绿色经济的投资有关，因此 F_3 命名为政府政策支持因子。

表 7 - 11　　　　　　　　　成分矩阵表

指标（X_i）	F_1	F_2	F_3
X_1	0.956	0.278	-0.044
X_2	-0.622	0.56	0.237
X_3	0.937	0.328	0.026
X_4	-0.036	0.719	0.232
X_5	0.812	0.555	-0.017
X_6	0.968	-0.144	0.028
X_7	-0.88	0.424	0.088

续表

指标（X_i）	成分		
	F_1	F_2	F_3
X_8	0.956	0.244	-0.109
X_9	-0.824	0.494	0.112
X_{10}	0.88	-0.167	-0.189
X_{11}	0.138	-0.535	-0.191
X_{12}	0.985	0.059	-0.009
X_{13}	0.984	-0.025	0.026
X_{14}	0.323	0.924	-0.064
X_{15}	0.354	0.916	0.065
X_{16}	0.679	0.686	0.094
X_{17}	0.665	-0.475	0.405
X_{18}	0.303	-0.304	0.656
X_{19}	0.252	-0.19	0.786
X_{20}	0.772	-0.254	-0.107
X_{21}	0.875	-0.445	0.023
X_{22}	0.931	0.289	-0.061

2. 构造综合评价模型

用三个新变量 F_1、F_2、F_3 代替原来的 22 个指标。根据表 7-11，可以得到线性组合：

$F_1 = 0.956X_1 - 0.622X_2 + 0.937X_3 - 0.036X_4 + 0.812X_5 + 0.968X_6 - 0.88X_7 + 0.956X_8 - 0.824X_9 + 0.88X_{10} + 0.138X_{11} + 0.985X_{12} + 0.984X_{13} + 0.323X_{14} + 0.254X_{15} + 0.679X_{16} + 0.665X_{17} + 0.303X_{18} + 0.252X_{19} + 0.772X_{20} + 0.875X_{21} + 0.931X_{22}$

$F_2 = 0.278X_1 + 0.56X_2 + 0.328X_3 + 0.719X_4 + 0.555X_5 - 0.144X_6 + 0.424X_7 + 0.244X_8 + 0.494X_9 - 0.167X_{10} - 0.535X_{11} + 0.059X_{12} - 0.025X_{13} + 0.924X_{14} + 0.916X_{15} + 0.686X_{16} - 0.475X_{17} - 0.304X_{18} - 0.19X_{19} - 0.254X_{20} - 0.445X_{21} + 0.289X_{22}$

$F_3 = -0.044X_1 + 0.237X_2 + 0.026X_3 + 0.232X_4 - 0.017X_5 + 0.028X_6 + 0.088X_7 - 0.109X_8 + 0.112X_9 - 0.189X_{10} - 0.191X_{11} - 0.009X_{12} + 0.026X_{13} -$

$0.064X_{14}+0.065X_{15}+0.094X_{16}+0.405X_{17}+0.656X_{18}+0.786X_{19}-0.107X_{20}+0.0203X_{21}-0.061X_{22}$

根据以上数据，三个主成分的权重＝方差贡献率/累计贡献率，构造综合评价模型，即：

$$F=0.71F_1+0.206F_2+0.084F_3$$

3. 评价结果

根据以上评价模型，得出评价值（见表7-12）。

表7-12　　　　　　　　　　综合评价值

年份	F_1	F_2	F_3	F
2000	-0.78878	-2.1789	0.14296	-0.9732
2001	-0.95502	-1.44201	-0.10172	-0.9785
2002	-0.66789	-1.05158	-1.11122	-0.7734
2003	-0.81131	-0.35124	-0.80739	-0.7257
2004	-0.80559	-0.08978	-0.42927	-0.6441
2005	-1.03118	0.91612	-0.47989	-0.6279
2006	-0.64015	0.74586	-1.00563	-0.4122
2007	-0.70409	0.80451	1.25992	-0.2718
2008	-0.42024	0.52653	2.05644	-0.0519
2009	-0.52525	0.73995	1.76724	0.1124
2010	0.0031	0.81803	0.21126	0.1701
2011	0.50348	1.04836	-0.69998	0.5078
2012	0.91402	1.1529	-1.49766	0.7701
2013	1.11696	0.26414	-0.16627	0.8327
2014	1.30146	-0.00267	-0.37043	0.9298
2015	1.5327	-0.73151	0.52559	1.0352
2016	1.97779	-1.16869	0.70605	1.2965

为更好地反映青海省绿色经济发展水平，根据表7-12绘制出青海省绿色经济发展水平时间序列图（如图7-11所示）。其直观反映出自2000年国家实施西部大开发以来，青海省绿色经济总体发展处于平稳上升的状态。绿色经济发展综合得分从2000的-0.9732提高到2016年的1.2965,

整个发展水平呈现出逐年上升的趋势。尤其是 2009 年以后，青海省的绿色经济发展综合得分由负值转向了正值，且增长幅度较大，充分体现出在政府政策的支持下，调整优化工业结构、加快加速基础设施建设等一系列的政策措施，对青海省绿色经济发展起到了关键性的推动作用；充分体现了青海省进一步深入贯彻落实科学发展观，坚持走保民生、保增长、保稳定的"三保"路线，积极应对国际金融危机，并取得了经济回升、社会稳定、人民生活改善的新成绩。

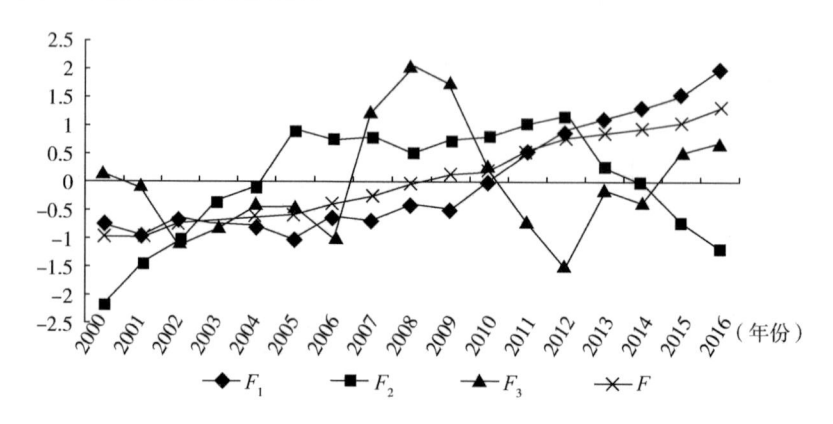

图 7-11　2000—2016 年青海省绿色经济发展水平

同时可以看出，经济总量因子 F_1 在 2000—2009 年发展规模较小且波动较小，从 2010 年呈上升趋势，这与青海省绿色经济发展总趋势基本吻合，说明经济总量因子对绿色经济发展起决定性作用，而经济总量提高的主要因素是经济规模扩大、基础设施不断完善和资源环境问题得到改善，人均 GDP 和城镇居民人均可支配收入的增加、城市化率和森林覆盖率的提高、单位 GDP 能耗和电耗的降低都对经济总量的提高有很大的促进作用。其他 2 个主因子的贡献要小得多，主要是因为经济总量的发展速度超出产业结构优化速度及政府对绿色投资的力度。在 2012 年之后，在国家"五位一体"总体布局思想的指导下，政府加大对绿色经济的投资力度，政府政策支持因子 F_3 得分迅速提高，说明绿色经济发展离不开政府宏观调控。

此外，虽然青海省绿色经济综合发展呈现较快的发展趋势，但产业结构不合理，政府对绿色经济发展的投资力度较小等因素依然制约着绿色经济的发展。说明未来青海省的绿色经济发展要在政府政策的支持下，由过去的依靠总量规模增加转向依靠产业结构调整来实现。

三 青海省各州市绿色经济发展水平评价分析

1. 提取主成分并命名

对原始数据进行标准化处理，运用 SPSS 18.0 软件的分析，根据特征值 >1 且累积方差贡献率大于 85% 的原则选取 4 个主成分，前四个主成分的累计贡献率已达到 89.518%，即用这四个主成分就能反映 22 个原始变量 89.518% 的信息，分别称为主成分 P_1、P_2、P_3、P_4（见表 7-13）。

表 7-13　　　　　　　　　　解释的总方差表

成分	初始特征值			提取平方和载入		
	总计	方差百分比	累计百分比	总计	方差百分比	累计百分比
P_1	7.607	34.578	34.578	7.607	34.578	34.578
P_2	5.774	26.245	60.823	5.774	26.245	60.823
P_3	3.601	16.367	77.19	3.601	16.367	77.19
P_4	2.712	12.327	89.518	2.712	12.327	89.518

从表 7-14 可以看出，和第一主成分 P_1 密切相关的是 X_1、X_3、X_8、X_{21}、X_{22}，这些指标与经济规模有关，因此 P_1 命名为经济规模因子；和第二主成分 P_2 密切相关的是 X_5、X_6、X_{12}、X_{13}、X_{20}，这些指标与社会基础设施建设有关，因此 P_2 命名为基础设施因子；和第三主成分密切相关的是 X_{17}、X_{18}、X_{19}，这些指标与政府对绿色经济的投资有关，因此 P_3 命名为政府政策支持因子；与第四主成分 P_4 密切相关的是 X_{14}、X_{15}、X_{16}，这些指标反映的是区域能源消耗和环境污染情况，因此 P_4 命名为环境压力因子。

表 7-14　　　　　　　　　　成分矩阵表

指标（X_i）	成分			
	P_1	P_2	P_3	P_4
X_1	0.818	0.320	0.280	-0.361

续表

指标（X_i）	成分			
	P_1	P_2	P_3	P_4
X_2	-0.531	0.555	0.496	0.118
X_3	0.837	0.442	0.228	-0.073
X_4	0.607	-0.367	-0.122	0.594
X_5	0.195	0.636	0.198	0.028
X_6	0.364	0.722	0.148	0.489
X_7	-0.723	0.212	0.191	-0.615
X_8	0.845	0.398	0.034	0.085
X_9	0.103	0.516	-0.528	-0.579
X_{10}	0.804	-0.004	0.334	-0.444
X_{11}	-0.024	-0.868	0.294	-0.061
X_{12}	-0.473	0.69	0.254	0.347
X_{13}	-0.543	0.781	0.205	0.167
X_{14}	-0.493	0.511	-0.279	0.36
X_{15}	-0.709	0.349	-0.328	0.494
X_{16}	0.064	-0.466	0.371	0.4
X_{17}	-0.451	-0.168	0.85	0.074
X_{18}	-0.616	-0.063	0.749	0.021
X_{19}	-0.536	0.344	-0.377	-0.452
X_{20}	0.253	0.7	0.55	-0.343
X_{21}	0.751	0.534	-0.045	0.172
X_{22}	0.565	0.523	-0.618	0.091

2. 构建综合评价模型

用四个新的变量 P_1、P_2、P_3、P_4 代替原来的 22 个指标，根据表 7-14 可以得到线性组合，即：

$P_1 = 0.818X_1 - 0.531X_2 + 0.837X_3 + 0.607X_4 + 0.195X_5 + 0.364X_6 - 0.723X_7 + 0.845X_8 + 0.103X_9 + 0.804X_{10} - 0.024X_{11} - 0.473X_{12} - 0.543X_{13} - 0.493X_{14} - 0.709X_{15} + 0.064X_{16} - 0.451X_{17} - 0.616X_{18} - 0.536X_{19} + 0.253X_{20} + 0.751X_{21} + 0.565X_{22}$

$P_2 = 0.320X_1 + 0.555X_2 + 0.442X_3 - 0.367X_4 + 0.636X_5 + 0.722X_6 + 0.212X_7 + 0.398X_8 + 0.516X_9 - 0.004X_{10} - 0.868X_{11} + 0.690X_{12} + 0.781X_{13} + 0.511X_{14} + 0.349X_{15} - 0.466X_{16} - 0.168X_{17} - 0.063X_{18} + 0.344X_{19} + 0.700X_{20} + 0.534X_{21} + 0.523X_{22}$

$P_3 = 0.280X_1 + 0.496X_2 + 0.228X_3 - 0.122X_4 + 0.198X_5 + 0.148X_6 + 0.191X_7 + 0.034X_8 - 0.528X_9 + 0.334X_{10} + 0.294X_{11} + 0.254X_{12} + 0.205X_{13} - 0.279X_{14} - 0.328X_{15} + 0.371X_{16} + 0.850X_{17} + 0.749X_{18} - 0.377X_{19} + 0.550X_{20} - 0.045X_{21} - 0.618X_{22}$

$P_4 = -0.361X_1 + 0.118X_2 - 0.073X_3 + 0.594X_4 + 0.028X_5 + 0.489X_6 - 0.615X_7 + 0.085X_8 - 0.579X_9 - 0.444X_{10} - 0.061X_{11} + 0.347X_{12} + 0.167X_{13} + 0.360X_{14} + 0.494X_{15} + 0.400X_{16} + 0.074X_{17} + 0.021X_{18} - 0.452X_{19} - 0.343X_{20} + 0.172X_{21} - 0.091X_{22}$

根据权重＝方差贡献率/累计贡献率，构造综合评价模型，即：

$$P = 0.386P_1 + 0.293P_2 + 0.183P_3 + 0.138P_4$$

3. 评价结果

根据以上评价模型，得出青海省各州市评价值（如表7-15所示）。在青海省8个州市中，绿色经济发展水平综合得分（P）西宁市排名第一，其他排名依次为海西州、海东市、海北州、黄南州、海南州、果洛州、玉树州。其中，经济规模因子（P_1）海西州排名第一，基础设施因子（P_2）和环境压力因子（P）西宁市排名第一，政府政策支持度因子（P_4）果洛州排名第一。

从表7-15可以看出，青海省绿色经济发展存在严重的区域差异，但经济规模起决定性作用，这和青海省绿色经济发展的总趋势基本吻合。经济规模因子（P_1）海西州表现最为突出，主要是因为青海省大部分资源型工业都集中在海西州，工业的发展带动经济规模的增长；基础设施因子（P_2）表现最为突出的是西宁市，西宁市凭借"省会城市"优势，在医疗、教育、绿化等方面的发展水平都比较高；政府政策支持因子（P_3）表现最为突出的是果洛州，近几年国家和省内出台的许多政策措施都倾向于果洛州；环境压力因子（P_4）表现最为突出的是西宁市、其次是海西州，这两个地区经济规模因子都比较突出，说明经济增长方式不当是造成环境问题的重要原因。

表7-15 青海省各州市评价值

地区	P_1	排名	P_2	排名	P_3	排名	P_4	排名	P	排名
西宁市	0.585	2	1.518	1	0.689	3	1.478	1	2.287	1
海东市	-0.150	4	0.407	3	-0.362	4	0.547	3	1.266	3
海北州	-0.563	6	0.609	2	-0.761	6	-0.782	7	0.996	4
黄南州	-0.702	7	0.156	5	-0.510	5	-0.043	4	0.816	5
海南州	-0.303	5	0.276	4	-0.711	7	-1.065	5	0.473	6
果洛州	-1.289	8	-0.862	7	1.901	1	-0.122	6	0.439	7
玉树州	0.479	3	-1.800	8	-0.943	8	1.178	2	0.298	8
海西州	1.968	1	-0.280	6	0.728	2	-1.163	8	1.846	2

四 青海省绿色发展的战略措施

由以上分析可以看出，自西部大开发以来，青海省绿色发展水平平稳上升，主要是因为经济总量的上升，而产业结构和政府对绿色经济的支持度对绿色经济的贡献率不大，区域间各因素发展不平衡，这些因素制约着绿色经济的发展。为了进一步提高青海省绿色发展水平，同时平衡区域间的发展，提出以下对策建议。

1. 充分发挥政府的宏观调控能力

首先，国家要给予制度和政策支持，为青海省各地区制定有针对性的、倾斜的政策，通过转移支付帮助完善公共基础设施，给予技术和资金援助，为青海省绿色经济发展提供优越的发展环境。其次，发挥政府的调节作用，推进形成主体功能区，明确不同区域的主体功能，实行"区域限批"项目。加大对环保科技的投入比重，大力支持节能产品、环保产品、绿色食品等绿色产品的研发和生产，调动企业和社会各阶层发展绿色经济的积极性。对未按规定完成节能减排和降耗去污的企业依法进行处罚，如吊销生产许可证、吊销排污许可证等。尽快完善税收、财政、信贷等配套设施的建设。最后，政府应建立专项基金，开展绿色经济发展试点。

2. 加快产业结构优化升级，发展绿色产业

调整传统产业结构。通过高新技术和先进实用技术对传统产业进行升级改造。推动石油、电力、有色金属和盐化工等四大支柱产业在升级改造中实现新一轮扩张。加强对支柱产业在研发、生产过程中薄弱环节的扶持力度，提高生产效率，促进传统产业的绿色改造。发展壮大龙头企业，促进产业集群发展，提升市场占有率。

培育发展新型绿色产业。一是依托资源优势，发展新能源、新材料等节能环保产业，建立高效的绿色循环工业体系。二是发展特色旅游业，青海省拥有涉及自然、地理、民族、宗教、历史等众多邻域的世界极品旅游资源，吸引着海内外众多旅游者。这些都是青海省发展旅游业的优势，只要青海的旅游设施得到改善，宣传促销得力，这些需求就会变成现实的消费市场。三是大力发展绿色农牧业，构建集约型绿色生态农牧业体系。加快绿色农牧产业基地建设，建立示范园区，健全绿色农牧业推广体系，做好农牧业技术推广工作。

3. 建立绿色科技创新体系

科学技术是第一生产力，发展绿色经济，科技和人才是关键。加大绿色科技研发的财政投入力度和政府政策倾斜力度，积极与青海省各大高校联合，为发展绿色经济培育高科技人才。积极建立以企业为主体、以市场为导向、产学研相结合的创新体系，加快对新能源、环保节能等绿色产业的投资、培养力度。把青海高新科技开发区作为发展绿色经济的创新示范区，培育新能源、新材料等节能环保产业，提高资源利用率。鼓励企业自主创新，对能自主研发新技术的企业，国家要给予政策支持和实物奖励。

第四节　青海省信息化与区域经济协调发展战略

信息化是在计算机科学技术、通信工程技术和生物工程技术等先进技术基础上产生的，代表着当今社会最先进的生产力。信息化是促进经济发展的重要依托，对一个区域的经济发展具有巨大的推进作用。信息化能促进区域内经济的全面进步，推动区域经济结构的优化升级。信息化可以加

快区域内知识积累的速度,为经济发展营造创新空间(李燚、丁生喜、任海静,2017)。

我国地广人多,受资源和国家发展政策的影响,经济区域性特点比较明显。近几年中央对信息化建设也尤为重视,因此国内不少专家、学者对此进行了深入探讨和研究(高新才、王晓鸥,2012;李玲、王立平,2015;梅林,2013;孟远,2010;王玲杰,2014)。青海省地处青藏高原,经济发展相对落后。从青海省的工业化和信息化特点看,信息化发展滞后已成为制约青海省经济结构调整、人民增收和经济发展的瓶颈问题,进而也会制约人口资源环境承载力提升。但是,在西部大开发背景下对青海省信息化与经济发展的实证研究极其缺乏。因此,本节以青海省信息化与经济发展的关系为研究对象,选择信息化与区域经济发展相关评价指标,并运用灰色关联动态分析法进行实证分析,然后提出青海省信息化与区域经济协调发展战略。

一 评价指标体系的建立

相关理论已经证实,信息化与区域经济发展有着相互促进、相互协调的作用,为了能更好地理解它们之间的关系,本节建立了青海省信息化与区域经济发展的指标体系,并对它们之间的关联度做了分析。

1. 信息化水平指标体系的建立

2001年7月下旬,信息产业部在国家信息化的指标会议上正式公布了详细的国家信息化指标构成方案,该方案具体由20个指标构成。为定量分析我国的区域和农村的信息化水平提供了很好的支持,在这个体系中分别建立了电子商务、企业信息化、政府信息化、信息资源等具体的模块。2006年,国家统计局国际统计信息中心为了侧重于信息化应用水平的评价,在以前研究的基础上,设计了第二套信息化水平评价总指数,其中包含6个一级指标和23个二级指标(《中国信息化水平评价研究》课题组,2006)。本节根据青海省信息化发展的实际情况,将一些可用的指标整合,并遵循客观性、可操作性的原则剔除并引入若干新指标,最终形成文本的评价指标体系。该评价体系由信息化基础设施、信息化发展现状、信息化发展潜力3个一级指标及10个二级指标组成(见表7-16),从而全面地量化信息化水平,加强了结果的准确性和信服度。

表 7-16　　　　青海省信息化水平评价指标体系

一级指标	二级指标	单位	变量标识
信息化基础设施	百人电话数	部	X_1
	百户电视机数	台	X_2
	百户计算机数	台	X_3
	百户互联网用户数	户	X_4
信息化发展现状	人均邮电业务总量	元	X_5
	万人科技人员数	人	X_6
	科研机构数	个	X_7
信息化发展潜力	第三产业就业人口比重	%	X_8
	万人在校大学生人数	人	X_9
	人均 R&D 经费支出	元	X_{10}

2. 区域经济发展指标体系的建立

区域经济是指以客观存在的地域单元为基础，按照劳动地域分工原则建立起来的具有区域特色的地域性国民经济（赵兵、王丹，2006）。客观衡量经济发展进程的统计数据才能够准确并全面地了解一个地区的区域经济发展水平，然而衡量一个省（市）的经济发展状况，不仅要参考某一项产业的产值，还应从社会生产的各个方面去考察各项生产情况的综合效果。本节通过 5 个指标构建青海省经济发展指标体系（见表7-17）。前 4 个总量指标反映了青海省总的规模经济实力，后 1 个作为反映青海省经济发展速度的指标，也可以作为反映青海省产业结构变化的指标。

表 7-17　　　　青海省区域经济发展水平评价指标体系

指标	单位	标识变量
生产总值	亿元	Y_1
社会固定资产投资额	亿元	Y_2
社会消费品零售总额	亿元	Y_3
财政预算内收入	亿元	Y_4
第三产业增长率	%	Y_5

二 青海省信息化与区域经济发展的灰色关联动态分析

1. 分析原理与方法

灰色关联度分析，就是将研究对象和待识别对象及其影响因素的因子值分别进行量化，并根据各因素之间的发展趋势的相似或相异程度，亦即"灰色关联度"，作为衡量因素间关联程度的一种分析方法。跟一般的回归分析相比，灰色关联分析对数据的要求较低，但在具体的实践中对事物发展的预测率较高，因而在自然科学和社会科学中应用得越来越广泛，可用于因素分析、方案决策、优势分析等方面（王艳秋、白林，2017）。

灰色系统理论以"小样本、贫信息"不确定性系统为研究对象，认为任何灰色序列都能通过某种生成弱化其随机性，显现其规律性。由于青海省早期统计数据有所缺失，而且现有的数据灰度较大，部分数据还会出现比较大的波动，没有典型的分布规律。因此，本节选择灰色关联方法作为重要研究工具。

具体计算方法和步骤如下：

（1）确定反映系统行为特性的参考数列和影响系统行为的比较数列

反映系统行为特征的数据序列，称为参考数列。影响系统行为的因素组成的数据序列，称为比较数列。

（2）对参考数列和比较数列进行无量纲化处理

由于系统中各因素列中的数据意义不同，从而导致量纲也不一定相同，难以得到正确的结论。所以在进行灰色关联度的相关分析时，一般都要先进行无量纲化的数据处理，计算公式为：

$$X_i(k) = x_i(k) / x_1(k)$$

其中，$x_i(k)$ 为原始数据，$X_i(k)$ 为原始数据初值化结果。

（3）计算参考数列与比较数列的差序列，计算公式为：

$$\Delta_i(k) = |Y_i(k) - X_i(k)|$$

（4）在序列 $\Delta_i(k)$ 中找出两个极差

$$M = \max |Y_i(k) - X_i(k)|$$
$$m = |Y_i(k) - X_i(k)|$$

（5）计算关联系数，计算公式为：

# 第七章 基于人口资源环境承载力的青海省区域经济发展战略研究

$$L_i(k) = m + \delta M / \Delta_i(k) + \delta M$$

其中，δ 为分辨系数，分辨系数 δ 的取值范围为 0—1，一般取 $\delta = 0.5$。

（6）计算关联度

因为关联系数是比较数列与参考数列在各个时刻的关联程度值，所以它的数不止一个，而信息过于分散不便于进行整体性比较。因此有必要将各个时刻的关联系数集中为一个值，即求其平均值，作为比较数列与参考数列间关联程度的数量表示，关联度的计算公式如下：

$$r_i = \sum L_i(k) / n$$

2. 信息化各指标对青海省区域经济发展的灰色关联动态分析

自1999年西部大开发以来，青海省信息化与区域经济的发展过程并不是一帆风顺的，而是经历了一个曲折的发展过程。本节将这段过程分为3个阶段，分别计算和对比分析了信息化与区域经济发展之间存在的关系，并试图寻找其中的变化趋势和规律。

以青海省1999—2005年10项信息化水平指标作为比较序列 $X_i = \{X_i(t), t=1, 2, \cdots, 17\}$ $(i=1, 2, \cdots, 10)$，选取5项经济发展水平作为参考序列 $Y_i = \{Y_i(t), t=1, 2, \cdots, 17\}$ $(i=1, 2, \cdots, 5)$，建立灰色关联序列，根据上文灰色关联度的计算方法，结合 Excel 软件可以得出相应的灰色关联矩阵，如表7-18所示。

表7-18 青海省1999—2005年信息化与区域经济发展关系的灰色关联矩阵

	X_1	X_2	X_3	X_4	X_5	X_6	X_7	X_8	X_9	X_{10}
Y_1	0.9753	0.9922	0.6164	0.6135	0.9779	0.9874	0.9928	0.9903	0.9754	0.9745
Y_2	0.9818	0.9853	0.6171	0.6142	0.9822	0.9806	0.9859	0.9835	0.9819	0.9810
Y_3	0.9722	0.9956	0.6166	0.6137	0.9751	0.9908	0.9963	0.9938	0.9723	0.9714
Y_4	0.9788	0.9884	0.6164	0.6135	0.9805	0.9836	0.9890	0.9866	0.9789	0.9780
Y_5	0.9690	0.9968	0.6183	0.6154	0.9708	0.9920	0.9957	0.9950	0.9714	0.9706
关联度	4.8770	4.9582	3.0848	3.0702	4.8865	4.9342	4.9598	4.9491	4.8799	4.8757

可见，此阶段青海省信息化对区域经济发展影响的关联度排序为：X_7、X_2、X_8、X_6、X_5、X_9、X_1、X_{10}、X_3、X_4。

由此可知，1999—2005 年，青海省科研机构数对区域经济发展的影响最为显著，其次是百户电视机数和第三产业就业人口比重，再次是万人科技人员数、人均邮电业务总量、万人在校大学生人数、百人电话数、人均 R&D 经费支出、百户计算机数、百户互联网用户数。

同理，对 2006—2010 年青海省信息化与区域经济发展的关系作灰色关联分析，结果如表 7-19 所示。

表 7-19 青海省 2006—2010 年信息化与区域经济发展关系的灰色关联矩阵

	X_1	X_2	X_3	X_4	X_5	X_6	X_7	X_8	X_9	X_{10}
Y_1	0.7638	0.6288	0.6868	0.9079	0.7147	0.6377	0.6231	0.6445	0.8088	0.6735
Y_2	0.7869	0.6796	0.7310	0.8684	0.7828	0.6884	0.6816	0.6938	0.7913	0.8088
Y_3	0.8285	0.6663	0.7355	0.9129	0.6688	0.6771	0.6626	0.6847	0.8513	0.7040
Y_4	0.7119	0.6215	0.6634	0.7980	0.8512	0.6286	0.6190	0.6331	0.7419	0.7478
Y_5	0.8291	0.9450	0.9080	0.7478	0.6367	0.9247	0.8893	0.9417	0.7886	0.7166
关联度	3.9203	3.5412	3.7248	4.2351	3.6543	3.5565	3.4756	3.5978	3.9820	3.6508

此段时间内，灰色关联度排序为：

X_4、X_9、X_1、X_3、X_5、X_{10}、X_8、X_6、X_2、X_7

位于前三位的影响因素为百户互联网用户数、万人在校大学生人数和百人电话数，其次是百户计算机数、人均邮电业务总量、人均 R&D 经费支出，最后是第三产业就业人口比重、万人科技人员数、百户电视机数和科研机构数。

由上述方法得出青海省 2011—2015 年信息化与区域经济发展关系的灰色关联矩阵，结果见表 7-20。

表 7-20 青海省 2011—2015 年信息化与区域经济发展关系的灰色关联矩阵

	X_1	X_2	X_3	X_4	X_5	X_6	X_7	X_8	X_9	X_{10}
Y_1	0.7343	0.6337	0.9282	0.8690	0.7413	0.6391	0.7144	0.7074	0.7139	0.6695
Y_2	0.6213	0.5859	0.6641	0.7120	0.7760	0.5874	0.6128	0.6118	0.6128	0.5990
Y_3	0.6874	0.6094	0.8160	0.8608	0.7976	0.6140	0.6704	0.6644	0.6670	0.6386

续表

	X_1	X_2	X_3	X_4	X_5	X_6	X_7	X_8	X_9	X_{10}
Y_4	0.6957	0.6151	0.8585	0.8252	0.7381	0.6169	0.6802	0.6790	0.6874	0.6408
Y_5	0.8715	0.9019	0.7336	0.7251	0.6965	0.8954	0.8889	0.8530	0.8382	0.9009
关联度	3.6102	3.3459	4.0003	3.9921	3.7495	3.3529	3.5668	3.5156	3.5192	3.4488

其间，灰色关联度排序为：

X_3、X_4、X_5、X_1、X_7、X_9、X_8、X_{10}、X_6、X_2

由此可知，2011—2015 年对青海省区域经济影响最大的前三个要素是百户计算机数、百户互联网用户数和人均邮电业务总量，其次是百人电话数、科研机构数、万人在校大学生人数，再次是第三产业就业人口比重、人均 R&D 经费支出、万人科技人员数、百户电视机数。

为了进一步对比青海省信息化各指标在 3 个阶段内对区域经济发展影响的变化情况，将以上 3 个时期计算的灰色关联序中的前五位影响要素对比如表 7－21 所示。

表 7－21 三个不同阶段青海省信息化与区域经济发展关系的关联序比较

阶段关联序	1	2	3	4	5
1999—2005 年	X_7	X_2	X_8	X_6	X_5
2006—2010 年	X_4	X_9	X_1	X_3	X_5
2011—2015 年	X_3	X_4	X_5	X_1	X_7

3. 评价结论

从上述分析可以看出，不同区域经济发展阶段，各信息化指标对青海省区域经济发展的影响各不相同。其中，在第一阶段对区域经济发展影响最为显著的三个指标为百户电视机数、第三产业就业人口比重和万人科技人员数，在后两个阶段已经退出前五位。而百户计算机数和百户互联网用户数则从第一阶段的不甚显著到第二阶段的前五，直至最近阶段位居前一二位。说明近些年来，随着互联网的逐渐发展，互联网经济效应对青海省区域经济发展的作用越来越明显。此外，人均邮电业务总量和百人电话数也从第一阶段的第五名和第七名上升为第三阶段的第三、第四位，说明移动通信业务也逐渐对青海省的区域经济发展产生越来越显著的影响。

三 青海省信息化促进区域经济发展战略思路

通过1999—2015年的数据分析可知，随着信息全球化和经济一体化趋势的发展，一个地区的经济发展很大程度上由信息化建设水平来决定。针对青海省的具体情况，可从以下几个方面提高青海省信息化水平，从而促进青海省的区域经济发展。

1. 加强信息化基础设施建设

基础设施建设是信息化发展的前提和基础，当下正处于青海省信息化发展的黄金期，要加强信息网络基础设施的建设。根据上文青海省信息化与区域经济发展关系的灰色关联矩阵分析可知，现阶段百户计算机数和百户互联网用户数与区域经济发展有着最高的关联度。因此，政府应利用多种公共网络和多种接入手段实现信息进入各家各户，加大信息基础设施建设，尤其为一些偏远农村用户开通网络服务，普及信息化知识和信息技能，从而促进社会各阶层群体都能分享到国家的教育资源、科技资源、文化资源、医疗卫生资源和政府提供的各种公共服务。

2. 完善信息化建设人才培养

人才是经济发展的关键，信息技术主要是靠人去研究、开发、掌握和应用。由上文分析可以看出，现阶段科研机构数和万人大学生在校人数与青海省的区域经济发展也同样有着很高的关联度。因此，青海省各高校应加强信息技术应用方面的教育，各事业单位、企业也应建立本单位的信息技术职业培养体系，对员工进行信息技术职业培训，提高各单位整体的信息化应用水平。此外，还应完善培养机制，吸引高技术人才，可以通过提高待遇，营造良好的发展环境和创业环境，吸引国内外信息化高技术人才的流入，一方面可以加大本地区信息化人才的储备，另一方面有利于促进信息化知识的广泛传播，以此来进一步缩小信息化的地区差异（颜珍，2014）。

3. 推进信息化产业发展

由上文结果可知，第三产业就业比重在与青海省区域经济发展的关系度中排列第七位，对经济的发展有着明显的促进作用。因此，信息化产业的发展是青海省信息化建设的关键，应对青海省目前已有的从事信息化相关的企业给予技术支持和政策鼓励,完善财政、税收以及相关的产业政策,把信息产业作为产业发展的一个重要战略目标,鼓励、支持和引导信息产业的发展。另外,要鼓励一些非信息化企业更多地了解信息化并争取向信息化方向转型发展,针对信息化相关的创业公司,可以放宽贷款并提供一些政策性扶持,使之发展起来后能更多地吸收就业,加大第三产业就业比重,更好地推动青海省区域经济的发展。

4. 充分发挥政府在信息化建设中的指导协调职能

良好的发展环境是促进信息化发展的有效途径(阮丽华,2012),青海省是一个比较特殊的多民族地区,所以要重视政府在信息化建设方面起到的作用。在信息化建设过程中,政府应根据青海省的特殊情况制定合理的信息化建设的法规、政策。政府还应完善信息化基础设施的建设,为信息化的推动和普及提供功能强大的平台(谭拓,2010)。在做好规划和服务的基础上,政府还应尊重青海省的客观规律,充分发挥青海省的资源配置功能;通过改革投资方式,积极引入市场机制,吸引外来资金或民间资金投资信息化项目建设,充分发挥市场机制在信息化建设中的作用。

第八章 研究结论、对策建议及展望

第一节 研究结论

一 重点开发区域人口资源环境综合承载力评价结论

第一，青海省重点开发区域综合承载力平稳上升。

从青海省人口资源环境综合承载力指数预测结果可以看出，按照目前的开发态势，"十三五"时期青海省重点开发区域综合承载力平稳上升，综合承载力指数2015年为0.524，到2020年预计上升为0.813，到2025年预计上升为0.863。目前该区域占全省总人口的近70%，根据主体功能区规划，到2020年，全省重点开发区域要聚集80%的人口，也就是要增加11.3%。从预测结果来看，重点开发区域承载力能够满足未来规划发展的要求。

第二，重点开发区域人口资源环境承载力水平存在较大差距。

通过各重点开发地区综合承载力计算分级结果可以看出，1999—2015年，东部重点开发区域和柴达木重点开发区域人口经济活动支撑力指数平均值、资源供给支持力指数平均值、生态环境承载力指数平均值和人口资源环境综合承载力指数平均值均有所上升。但是，东部重点开发区域人口经济活动支撑力指数和资源供给支持力指数均低于柴达木重点开发区域，只有生态环境承载力指数高于柴达木重点开发区域。东部重点开发区域除西宁市外，其余地区综合承载力指数分值很低，尤其是同仁县、尖扎县、共和县、贵德县、贵南县、海晏县，承载力综合分值仅为地区平均水平的

1/10 左右，形势比较严峻。青海省重点开发区域人口资源环境承载力的空间演变过程也表明，东部重点开发区域中人口资源环境承载力水平较高的空间面积减少了，而柴达木重点开发区域人口资源环境承载力水平较高的空间面积有所增加，这都与东部重点开发区域人口总量和经济活动压力密切相关。

第三，重点开发区域综合承载力影响因素存在差异。

从全局主成分分析的结果看出，在青海省重点开发区域人口生态环境综合承载力系统中，从 2009 年资源供给支持力 > 生态环境承载力 > 人口经济活动支撑力，变化为 2015 年人口经济活动支撑力 > 生态环境承载力 > 资源供给支持力。影响重点开发区域人口资源环境承载力的权重较大的指标主要是人口经济活动支撑力子系统中的经济发展指标和资源承载力系统中的水资源和科技投入指标。说明青海省重点开发区域经济发展仍然受自然资源影响，同时经济发展越来越需要科技投入作支撑；此外，生态环境保护和环境污染治理工程也是提高承载力的重要动力，经济发展水平是区域人口生态环境承载力的直接影响因素。资源供给支持力指数不断下降，既表明青海省重点开发区域的自然资源对经济发展的贡献份额逐步下降，也说明作为区域重要发展动力的科技资源存在不足。

东部重点开发区域整体受自然资源制约比较明显，尤其是海东市和海南州三县；生态环境承载力除西宁市外，其余地区表现为环境污染较大而环境治理不足。柴达木重点开发区域人口压力小于东部，经济发展整体水平较高，自然资源条件总体优于东部，但是发展受到科技资源和生态环境承载力的约束。

二 非重点开发区域人口资源环境综合承载力评价结论

青海省主体功能区规划明确将全省划分为重点开发区、限制开发区和禁止开发区。[①] 果洛州整体属于限制开发区，是保障国家生态安全的重要区域，是全省生态保护建设的主战场，未来发展目标是建设成为人与自然

---

① 重点开发区域包括东部重点开发区域和柴达木重点开发区域，属国家级兰州—西宁重点开发区域。限制开发区域包括国家级三江源草原草甸湿地生态功能区、祁连山冰川与水源涵养生态功能区和省级东部农产品主产区、中部生态功能区。

和谐相处的示范区。

西部大开发以来，随着经济发展水平不断提高，青海省果洛州人口资源环境承载力也在稳步提高，其经济发展与人口资源环境承载力呈现比较协调的状态。果洛州经济发展已经从主要依托自然资源的粗放型发展转向以经济结构调整为主的集约化发展，其综合承载力明显提升。资源供给支持力不稳定，主要是由于科技资源贡献少，并且不稳定。生态环境承载力指数有所下降，主要是果洛州环境污染治理方面投入还不足，对于果洛州未来综合承载力提升将形成制约。果洛州各县人口经济活动支撑力指数表现出上升状态，但是指数差异很大。承载力水平最高的是玛沁县，其承载力水平是同期班玛县的 7.396 倍，甘德县的 7.887 倍，达日县的 5.423 倍，久治县的 11.975 倍，玛多县的 10.433 倍。位于三江源核心区的果洛州，未来人口资源环境综合承载力的提升要和高质量发展密切联系起来，以优先保护生态环境为前提，优化经济结构，提高发展质量。

第二节 青海省提升人口资源环境综合承载力的对策

一 积极融入"一带一路"倡议

丝绸之路青海道作为丝绸之路的重要辅道，曾经发挥过重要的作用。积极融入"一带一路"倡议，有助于基础设施建设推进，对外贸易结构不断优化，经贸合作水平不断提高，产业结构优化升级。为此，青海省应当根据《推动共建丝绸之路经济带和 21 世纪海上丝绸之路的愿景与行动》的要求，充分发挥政府主导作用，健全服务体系，建立完善合作交流机制和联合工作机制，积极争取国家政策、资金等方面对青海省适度倾斜，并在青海省布局相关试点，使青海省在国家战略中更好地发挥作用。要选好项目，强化项目推进，通过精品项目树立合作典型，增强企业走出去的信心。要加强平台建设，结合特色优势产业，积极拓宽合作领域。借助《兰州—西宁城市群建设规划》，推进提升青海省新型城镇化质量和水平，增强城市开放活力。进一步提升口岸服务能力，科学规划布局格尔木国际陆港建设，将海西打造成青海省开放发展的战略支点城市。大力发展通道建设，加快物流业发展，以高效便捷的现代物流服务弥补区位的不足。完善人才培养交流机制，加快专业人才队伍建设，依托省内高校的人才培养条件，积极争取与"一带一路"沿线相关国家和地区联合培养人才，交换培养人才，通过人才培养支持青海省经济开放发展，推进青海省对外开放水平的提升（孙发平、杨军，2017）。

二 坚持以人为核心的新型城镇化发展，提高人口经济承载力

一是合理规划，优化城镇体系结构。围绕"一群两区多点"，重点提升中心城市竞争力；壮大集体经济，促进就近就地城镇化，巩固脱贫成果。二是在保护生态的前提下做强产业，促进就业与增收。依托六次产业发展，促进农牧民就业和收入提升；重新认识青藏高原农牧业竞争优势，发展特色农牧业。三是多措并举，缩小城乡发展差距。多渠道推进农牧业现代化，缩小城乡经济发展差距；多元化筹措建设资金，缩小城乡基础设施与公共服务差距；多主体参与，缩小城乡社会保障差距。四是制度先行，提高城乡一体化发展水平。通过体制机制创新，促进生产要素城乡间流动；提高城市治理能力和管理水平，增强企业与居民的满意度。五是坚持以人为核心的价值导向，建设城市文明。提升城市品质，吸引要素流入；提高居民素质，优化社会环境。

三 重视人力资本和科技创新，提升科技资源支撑力

一是加强政策引导，完善创新体制机制，打造良好的创新环境。完善与创新相关的制度建设，与企业和公众形成一条监管机制，共同监督政策的落实；提高单位的办事效率，简化与创新技术有关的申报程序；增加财政科技资金的转移支付，支持和提高青海省区域创新效率与创新环境建设；有效合理利用金融市场，加快和简化创新产品的市场化过程，为企业的创新活动提供资本支持；应加大对创新主体的创新效益的保护力度，加强对知识产权的保护，保障并激励创新主体的创新活动。

二是加强创新人才吸引和培养。加大教育支出是青海省培养人才的重要措施；完善人才引进机制，吸引优秀的创新人才，加大对创新人才的奖励机制，为其创造良好的发展平台。青海省应不断培养和吸引创新型人

才，通过提高对创新型、技术型人员的福利等措施吸引人才、留住人才。

三是选择重点创新区域，带动全省创新发展。青海省应加强对西宁市等具有较强发展潜力的城市或地区的政策资金投入，以提高西宁市等地区的科技创新实力，从而带动提高周边城镇的科技创新能力。

四是加大科技投入，鼓励企业成为创新主体。鼓励支持中小企业的自主创新新机制，加大创新科技投入，为中小企业的发展提供资金支持；重视大中型企业的创新活动，让企业成为真正能够推动青海省区域创新的创新主体。

四 通过信息化提升区域经济承载力基础

一是加强信息化基础设施建设，尤其为一些偏远农牧区开通网络服务，普及信息化知识和信息技能，促使教育资源、科技资源、文化资源、医疗卫生资源和政府提供的各种公共服务能够惠及广大农牧区。二是完善信息化建设人才培养制度，青海省内各高校应加强信息技术应用方面的教育，提高各单位整体的信息化应用水平。调整产业结构，大力发展大数据、互联网、物联网等产业，通过信息高速公路的打造，发展现代服务业，提高青海省经济承载力水平。为此，要加大本地区信息化人才的储备，促进信息化知识的广泛传播，缩小信息化的地区差异。三是充分发挥政府在信息化建设中的指导协调职能，政府通过制定合理的信息化发展法规、政策，在做好规划和服务的基础上，积极引入市场机制，吸引外来资金或民间资金投资信息化项目建设，充分发挥市场机制在信息化建设中的作用。

五 保护绿水青山，发展绿色经济

习近平总书记通过长期的经济工作实践，明确提出绿水青山就是金山银山，指明了我国绿色发展的方向。青海省"一优两高"发展战略是推进生态文明建设、实现绿色发展的战略，是青海省生态脆弱区域夯实发展基础的重要途径。一是东部重点开发区域通过兰州—西宁城市群建设，以此推动全省产业升级、科技和金融创新，为区域经济社会发展提供新动能。二是积极推进区域经济合作，建设制造业产业集群、战略性新兴产业协同发展示范区等形式，提升区域竞争力水平。三是调整优化产业结构，发展现代生产性服务业，降低青藏高原地区制造成本、物流成本，从而提升全省产出能力，有效实现将资源价值转换为经济价值。四是切实保证生态保护优先，青海省自身经济实力有限，因此需要国家通过转移支付大力支持三江源区、黄河上游青海段生态环境保护和生态环保产业发展。

总之，青海省是典型的资源型区域，为了实现人口资源环境综合承载力稳定提升，实现经济高质量发展，满足全国和全省人民对美好生活和美好生态环境的追求与向往，需要青海省积极融入"一带一路"倡议，把以资源生产为主转向以输出资本带动商品销售为主；注重培养和引进高级人才，提升区域创新能力，通过信息化建设支撑经济高质量发展，坚持以人为本，牢牢守住"中华水塔"的生态安全，借助国家公园建设，建设黄河流域生态环境治理工程，打造西宁高原绿谷城市，实现区域绿色发展。

第三节 重点开发区域人口资源环境承载力提升的对策措施

提高资源环境承载力有两种途径：一是通过技术进步，提高资源的利用效率，进而提高资源环境的生产能力；二是降低对资源环境的需求能力。通过前文的分析，揭示了青海省重点开发区域近几年人口资源环境承载力的变动过程和现状水平，结合青海省主体功能区划对重点开发区域的功能定位与发展方向，提出青海省重点开发区域人口资源环境承载力提升的对策措施。

一 青海重点开发区域提高人口资源环境承载力应遵循的原则

青海省重点开发区域提高资源环境承载力的过程中必须坚持以下三个原则：

一是促进人均收入水平提高。承载力是对一定生活水平下人口的支撑能力，人均收入的提高往往带来生活水平的提高和生活方式的转变，最终会表现为资源环境承载力提高。

二是促进生态环境改善。生态环境是人类生存的基础，良好的生态环境是资源环境承载能力提升的保障。

三是促进区域协调可持续发展。经济活动和决策不仅要考虑到当代人的承载力水平，还要照顾到后代人的承载能力，要留有余地。某一区域承载力的提升不能以牺牲另外一些区域的利益为代价，要和谐统筹发展。

二　东部重点开发区域人口资源环境承载力提升对策措施

东部重点开发区域的功能定位是青藏高原的经济发展核心区域、重要增长极和综合交通枢纽，成为聚集经济和人口的重要地区，在全省率先实现新型工业化、信息化、城镇化和农业现代化。结合东部重点开发区域人口资源环境承载力特点和区域功能定位，提出东部重点开发区域人口资源环境承载力提升对策措施。

1. 积极推进新型工业化和新型城镇化，提升生态系统人口承载力

对于东部重点开发区域来说，城镇化要从片面注重城市空间规模扩张转变为以提升城市的文化、公共服务等内涵为中心，真正使各级城市（镇）成为宜居之所。坚持推进新型城镇化战略，以新型工业化为动力，以统筹兼顾为原则，推动城市现代化、集群化和生态化，全面提升东部城镇化质量和水平。要加快推进西宁市和海东市城市一体化建设，加快共和县、同仁县、大通县、湟中县、贵德县等地区城市化进程，在优势区域积极培育2—3个新兴城市。比如将共和县设为市，不但有利于加大区域城乡统筹，促进区域发展空间集约利用，还能够在青海省东西发展轴上新增一个增长极，有效增强东部与柴达木地区的经济联系，疏导东部人口和经济活动，全面提高东部地区发展能力和承载力水平。

只有积极推进城镇化建设，才能够有效促进共和县、同仁县、大通县、湟中县、贵德县、贵南县、海晏县、化隆县等地区经济活动相对集中，实现产业结构升级、促进农牧业剩余劳动力非农就业，转变生产生活方式，从根本上减轻经济活动对生态环境的压力，实现生态经济良性循环和地区人口、资源、环境、社会全面、协调、可持续发展。

2. 加快基础设施建设，节约利用土地资源

青海省东部重点开发区域肩负着承载区域绝大多数人口和经济活动、

提高区域现代化水平、提升区域经济竞争力的重任。但是联系东部重点开发区域各组成部分之间的基础设施落后、交通不便，仍是制约东部经济空间优化发展的重要因素，也是土地资源可持续利用的重大障碍。因此，要努力改善交通条件，缩短东部重点开发区域各地区之间的运行时间，提高运行效率。由于东部地区面临建设用地不足的状况，在基础设施建设过程中，必须处理好建设项目与占用土地的矛盾，提高土地资源开发利用的经济、社会、生态效益。强化节约用地意识，加强建设用地管理。促进农民居住向城镇集中，工业向工业园区集中，实行土地占补的跨地区平衡，保障经济建设用地的需要。

3. 积极调整产业结构，大力发展特色产业

东部重点开发区域中，除西宁市外，各县农牧业仍然是当地主导产业，农牧业人口多，对生态环境造成较大压力。因此，东部重点开发区域人口生态环境承载力提升方面，需要尽快调整农牧业结构，结合农牧业发展方式转变，提高集约化经营水平和综合生产能力，进而减轻农牧业用地生态足迹。同时积极发展城市第二、第三产业，重视城市产业结构优化升级，扶持现代服务业发展，提升综合效益；将产业结构调整与园区建设相结合，优化西宁国家级经济技术开发区各园区和海东工业园区的定位，促进分工合作，减少低水平恶性竞争，培育新的经济增长极。

要依靠科技进步提升产业发展能力，大力推动特色旅游业、加工业和新兴产业发展，建立适应可持续发展的产业结构，增加生态足迹多样性，实现资源优化配置和社会经济的可持续发展。要加强污染治理和环境保护工程，这是提升人口资源环境综合承载力的关键环节。同时要重视林地保护与建设，巩固和提高东部地区林地的承载能力。

4. 优化东部重点开发区域经济空间格局

从评价结果来看，东部重点开发区域人口资源环境综合承载力水平较高，但是除西宁市区之外，西宁市三县和海东市各地区承载力水平并不高；未来发展过程中，青海省东部重点开发区域的重心应沿青藏铁路向西发展，重点开发海晏县、同仁县、尖扎县、共和县、贵德县等区域，通过交通等基础设施条件的改善，引导产业和人口合理布局。促进形成以西宁市为中心，以兰青、青藏铁（公）路为主轴，以黄河沿线为副轴，大通—

西宁—平安—化隆—同仁为纵轴,其他城镇为节点的"两横一纵"空间开发格局。

东部重点开发区域中生态承载力比较弱的地区主要是西宁市三县和海东市,要加强河湟流域生态建设和环境治理。继续实施河湟沿岸绿化工程,积极开展东部干旱山区水利综合开发,巩固退耕还林成果,控制水土流失,逐步形成以祁连山东段和拉脊山为生态屏障,以河湟沿岸绿色走廊为骨架的生态网络,提高植被覆盖度,改善人居环境和生态承载力水平,重点提升资源承载力、环境承载力。

三 柴达木重点开发区域人口资源环境承载力提升对策措施

柴达木重点开发区域的功能定位是打造全国重要的资源型循环经济发展示范区和全省统筹城乡发展一体化示范区,率先实现工业化、城乡一体化,实现全面小康,成为全省向西向南开放的重要窗口,为全省跨越发展提供强有力支撑。结合柴达木重点开发区域人口资源环境承载力特点和区域功能定位,提出柴达木重点开发区域人口资源环境承载力提升的对策措施。

1. 综合利用自然资源,提高循环经济发展水平

柴达木重点开发区域自然资源极为丰富,但是仍然存在单程式经济活动,浪费严重。应当强调资源的节约利用、循环利用和综合利用,积极发展低碳经济和循环经济,合理开发和利用资源,积极推动循环能源、绿色能源和可再生资源的利用,提高资源利用效率,实现低碳高增长。

途径之一是发展循环经济。深入推进柴达木盆地矿产资源集约开发、综合利用,大力发展盐湖化工、煤炭综合利用、油气化工、金属冶金、新能源、新材料、特色生物七大主导产业链。延长产业链条,提高资源利用效率,增强竞争能力。

途径之二是发展低碳经济。低碳经济不但是未来世界经济发展结构的大方向,更已成为全球经济新的支柱之一。"低碳经济"的理想形态是充分发展"阳光经济""风能经济""生物质能经济"等。柴达木重点开发区域有着丰富的太阳能、风能和生物质能等新能源,可以因地制宜开发利用这些新能源,以降低碳排放量,促进区域生态环境保护和可持续发展。

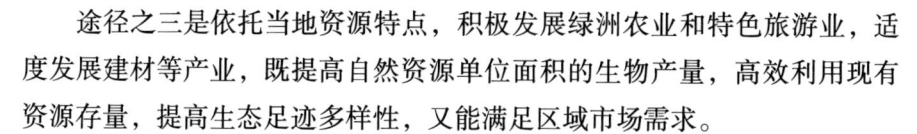

途径之三是依托当地资源特点，积极发展绿洲农业和特色旅游业，适度发展建材等产业，既提高自然资源单位面积的生物产量，高效利用现有资源存量，提高生态足迹多样性，又能满足区域市场需求。

2. 重视科技资源投入，提高柴达木重点开发区域科技水平

科学技术是第一生产力，经济社会发展已经从资源投入驱动转向依靠创新驱动。促进经济增长方式由粗放型向集约型转变，实现资源优化配置和社会经济的可持续发展，从根本上讲要靠科技进步。

根据柴达木重点开发区域实际情况，在技术创新和技术进步方面，要加大对传统产业的技术改造力度，支持园区企业技术改造和技术进步，实施以先进适用技术为主的技术进步策略；分行业制定并实施对产业发展有重大作用的关键技术研究和开发计划，提高产业的技术水平和整体素质；增强对农牧业的科技支持，提高农牧业的科技水平，提高单位面积生物生产性土地的产出率，高效利用现有土地资源存量；实行倾斜政策，建立促进技术创新和技术进步的保障制度。

3. 制定合理的资源开发与环境保护机制

柴达木重点开发区域人口资源环境综合承载力的主要制约因素是科技资源和环境污染治理，未来发展过程中要进一步发挥科技资源的重要作用，重视环境污染治理和加强环境保护工程建设，进一步发展循环经济，合理开发利用水资源与矿产资源以及太阳能、风能资源，提高区域生态承载力水平。

要加强柴达木重点开发区域环保执法，坚持"疏""堵"结合，优化重点开发区域功能定位，严把新建项目的环保准入关。对符合产业政策的基础设施项目、民生项目、绿色项目应加快审批，开辟"绿色通道"，对高污染、高耗能的项目应严格限制发展，力求从源头控制污染。严格执行污染物排放的总量控制，根据重点开发区域环境承载量，可分别制定不同行业的污染物排放限定标准。推进清洁生产和节能减排。加强资源开发利用的生态补偿制度，建立生态补偿机制，提高自然资源可持续利用能力。

柴达木重点开发区域人口生态环境综合承载力水平高于东部地区，但是生态盈余出现了明显的下降趋势。在未来开发过程中，要重视生态环境保护与综合治理，以防风固沙工程为重点，加强绿洲生态保护与建设；推

进水资源保护和节水工程建设，高效利用水资源。为了柴达木重点开发区域农牧业用地生态承载力保持稳定，需要切实调整农牧业产业结构，发展特色优势农畜产品，提高经济收益。通过合理规划与投资，提升柴达木重点开发区域各城市环境污染治理能力，减轻生产生活污染物排放，使柴达木重点开发区域综合承载力稳定上升。

除以上措施之外，青海省重点开发区域都应在不断提高人民生活水平的基础上，更新人们的消费观念，转变人们的生活消费方式，节约利用资源，建立资源节约型和环境友好型社会生产和消费体系，协调发展生态经济体系以及可持续利用的资源保障体系，推进绿色生产，引导绿色消费，实现重点开发区域承载力水平提升，促进经济社会的全面、协调、可持续发展。通过项目组对柴达木盆地政府部门、居民和企业绿色发展的问卷调查，可以反映出政府层面已经出台多项促进盆地绿色发展的政策措施，居民层面也逐渐意识到绿色消费的重要性，企业层面在绿色发展方面也开始从技术创新角度，逐渐采纳利于节能减排、循环发展的生产技术。未来应继续加强政府对居民、企业生产与消费行为的约束与引导，并在投资活动中加强对绿色技术企业在盆地的发展，提高盆地绿色发展水平，并争取成为我国成长型、资源型城市绿色发展的样板。

第四节 果洛州人口资源环境承载力提升的对策措施

提高资源环境承载力有两种途径：一是通过技术进步，提高资源的利用效率，进而提高资源环境的生产能力；二是降低对资源环境的需求能力。通过前文的分析，揭示了果洛州西部大开发以来人口资源环境承载力的变动过程和现状水平，结合青海省主体功能区划对限制开发区域的功能定位与发展方向，提出果洛州人口资源环境承载力提升的对策措施。

一 提高人口资源环境承载力应遵循的原则

青海省果洛州提高资源环境承载力的过程中必须坚持三个原则。

一是促进人均收入水平提高。承载力是对一定生活水平下人口的支撑能力，人均收入的提高往往带来生活水平的提高和生活方式的转变，最终会表现为资源环境承载力提高。

二是保障三江源生态环境安全。生态环境是人类生存的基础，良好的生态环境是资源环境承载力提升的保障。果洛州承担着三江源核心区生态保护的重任，其首要任务就是确保三江源生态安全。

三是促进区域协调可持续发展。经济活动和决策不仅要考虑到当代人的承载力水平，还要照顾到后代人的承载能力，要留有余地。某一区域承载力的提升不能以牺牲另外一些区域的利益为代价，要和谐统筹发展。

二 果洛州人口资源环境承载力提升对策措施

1. 中央和省级地方政府加大资金支持力度

三江源国家自然保护区和国家公园建设的生态补偿，对果洛州人口资源环境承载力提升起到积极的支持作用。三江源自然保护区生态补偿实施以来，虽然取得了明显成效，但也存在一些值得改进的方面：一是用于基本公共服务的补偿偏低，公共服务设施供给成本高昂。二是移民搬迁的后续发展问题突出，缺乏持续稳定的补偿长效机制。三是由于三江源自然条件恶劣，气候变化影响及水源涵养效果需要较长时间才能显现，像冰川融化、冻土层、湖泊湿地面积变化具有周期性和不确定性，水环境变化及生态影响需要长期监测才能看出效果。所以，三江源生态保护是一项具有长期性、艰巨性、综合性和复杂性的系统工程，需要持续加大资金投入，使其得到进一步改进和完善（高立洪，2014）。

三江源生态环境的保护和建设不仅关系到青海省的发展，还关系到全国的可持续发展和中华民族的长远利益，甚至关系到全球的生态安全。青海省社科院开展了三江源区生态系统服务功能价值评估的研究工作，初步测算三江源区生态系统服务功能的总价值量达到11.55万亿元。其中，直接使用价值为56711.48亿元；间接使用价值为45432.70亿元；非使用价值总值为4530617.70万元（孙发平，2014）。

三江源地区是一个完整的生态体系区域，其在自然条件、地理环境、经济发展、社会文化、地理区位等方面是一个不可分割的有机统一体，不仅涉及生态环境问题，还涉及地区经济可持续发展、社会进步、民族团结、社会稳定等诸多因素。提高该区域人口资源环境综合承载力需要从以下几方面进行努力。

一是建立和完善严格的源头保护制度和生态修复制度。二是建立健全生态补偿制度，形成以增加牧民生活补偿、完善社会公共服务、扶持牧民创业为主的，长期的、全方位的补偿投入机制。三是高度关注和解决民生问题，提高农牧民收入，建立健全社会保障体系。四是加快城镇综合服务体系建设，支持生态移民集中聚居的小城镇和集镇的发展，实现政府服务功能的均等化，增强其自我发展的能力。五是大力发展生态畜牧业，打造高原绿色有机农畜产品优质品牌，实现牧业增效、牧民增收的目标。六是建立生态监测的评价、预警系统，持续开展生态状况评价。

2. 州政府切实承担生态保护和经济发展的重要职责

第一，加大生态环境保护力度。要加强草原管护，实现草畜平衡，控制鼠虫草害，提高防灾减灾能力，优化牧区人口布局，全面推进生态环境保护和建设取得新的突破和新的成效，筑牢生态安全屏障。

第二，加快转变经济发展方式。要进一步夯实农牧业发展基础，以转变农牧业发展方式和发展生态型非农产业为着力点，促进生态保护和建设，实现保护与发展的双赢。

第三，增强基础设施支撑能力。要完善水利设施，建立综合交通运输体系，保障能源供应，推进城镇发展，为三江源地区经济社会和生态的可持续发展注入新的活力。

第四，改善农牧民生产生活条件。要加快推进游牧民定居和农村危房改造，加强农牧区基础设施建设，加快事业发展，提高社会保障水平，加大扶贫开发力度，使三江源地区各族群众都能过上幸福和谐的美好生活（吴海昆，2014）。

第五，完善配套政策，积极争取国家战略支持。一方面，要始终坚持发展与保护并重，保护蓝天白云、绿水青山；另一方面，保护好生态环境是中国乃至世界生态安全的需要，但青海的平衡发展需要来自全社会的认同和投入，建立以国家主导推动、地方政府组织实施和全社会广泛参与的生态建设补偿政策体系，为构筑生态安全屏障提供支撑。通过生态环境保护这把钥匙，打开加快转变发展方式、改善民生的大门（胡维忠、苏海红，

2014)。

按照"三区"建设要求,始终把建设生态文明、保护生态环境放在突出位置。要切实履行主体责任,细化目标任务,严守生态保护红线,处理好保护与发展的关系,坚定不移地把这项造福子孙的德政工程、民生工程抓好抓实,为保护好三江源生态环境,筑牢祖国生态安全屏障,加快建设美丽中国做出新的贡献。

3. 完善生态补偿机制和牧民社会保障体系

完善草地生态系统的生态补偿机制,强化草地生态系统保护措施,重保护、强预防,加强对牧民关于草地保护的宣传和培训,通过生态移民和游牧工程促进缩减单位草地的放牧人口,降低草地承载压力;对于牧业分流人员,在给予基本社会保障的同时,还必须提供转产转业和发展的资金,确保牧民转产转业后能正常生活,保证果洛州经济、社会的发展和稳定。严格制定以草定畜和划区轮牧制度,因为建立健全草原畜牧业防灾减灾体系必须坚持以草定畜和划区轮牧的制度(罗玉珠,2013)。

4. 加大污染治理和生态安全工程建设

加大环境污染防治力度,严格控制生产排放和生活垃圾污染,形成绿色生产方式和生活消费方式。

果洛州境内河流众多,黄河从北端的玛多县向南流经达日、甘德、久治、玛沁五县,境内包括黄河干流、长江二级支流等36条较大河流在哺育这片土地上的所有生灵的同时,也给河流沿岸人民的生命财产安全和城镇基础设施带来了严重的防洪压力。果洛州环境保护水利局副局长樊万兆介绍说:"目前果洛州已实施了7项中小河流治理项目,完成投资5.3亿元。"在大武镇格曲河、班玛县玛尔曲、久治县沙曲河、玛多县查玛浪曲等重点河道都进行了治理,集生态堤防、人行通道、花岗岩护栏为一体的防洪工程已经在构筑起了一道道防洪安全网,在保护人民群众生命财产安全、消除防洪安全隐患的同时,业已成为果洛州中小城镇建设中一抹亮丽的景观。

5. 科技创新支撑果洛州人口资源环境承载力提升

青海省在三江源积极开展生态系统演替机理、退化土地修复治理、生态环境监测、畜牧业优化升级等关键技术的攻关、集成和示范,研发了不同类型的退化草地恢复治理技术模式，查清了"黑土滩"的面积，并分类研究开发了相关的治理技术，在520万亩"黑土滩"治理中得到了应用，彻底破解了三江源地区"黑土滩"治理难题。筛选繁育出了多个三江源生态治理适宜栽培的草种，为40万亩退化草地治理、人工种草提供了优质草种（马悍德，2014）。

在未来发展过程中，果洛州应当更加重视科技投入，通过科技支撑产业发展，支撑生态保护，提升人民生活质量。实施节能减排科技行动计划，在工业余热利用、建筑节能、矿产资源加工提高回收率及废渣再利用、工业废水、粉尘利用等领域研究和推广资源能源高效利用和治污减排的关键技术；围绕重点行业节能降耗，开发低运行成本的设备和装置；建设清洁能源利用与节能建筑科技示范点，为全面实现节能减排目标发挥重要的科技支撑作用。

总之，果洛州应坚持生态文明建设目标，以低碳、生态、绿色为发展方向，按照保护优先、综合治理、因地制宜的原则，提高果洛州人口资源环境综合承载能力，实现生态保护和经济发展双赢。

根据《青海三江源国家生态保护综合试验区总体方案》，到2020年，三江源地区植被平均覆盖度提高25—30个百分点，生态系统步入良性循环，从根本上遏制三江源地区生态功能退化的趋势；城乡居民收入接近或达到青海省平均水平，基本公共服务能力接近或达到全国平均水平，全面实现全面建成小康社会目标。由此可以看出，随着《青海三江源国家生态保护综合试验区总体方案》和三江源国家公园的实施，区域人口资源环境综合承载力水平稳定提升，未来的三江源地区必将是一个碧水蓝天、生态优美、社会发展、民族团结、人与自然和谐相处的高原生态安全屏障，为全国生态文明建设做出更大贡献。

第五节 研究不足与展望

本书立足于对青海省不同功能区域的人口资源环境进行动态综合评价，用多种方法进行综合研究，以客观反映西部大开发以来青海省不同区

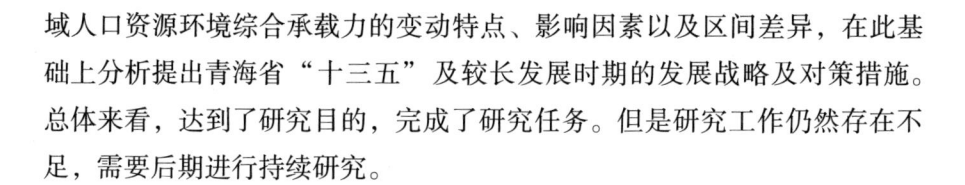

域人口资源环境综合承载力的变动特点、影响因素以及区间差异，在此基础上分析提出青海省"十三五"及较长发展时期的发展战略及对策措施。总体来看，达到了研究目的，完成了研究任务。但是研究工作仍然存在不足，需要后期进行持续研究。

一 研究工作存在的不足

一是数据分析的时效性方面。本书进行了区县级单元的人口资源环境综合承载力的对比研究，其中资源类指标的计算需要国土资源调查资料，而截至研究完成时国土资源三调数据尚未公开发布，因此，本书对于青海省重点开发区域和果洛州区县级的单元评价截至2015年。但是，由于已经进行了1999—2015年共16年的动态数据测算，因此，这也不影响对发展趋势的总体判断以及预测。

二是在研究区域选择上，由于研究需要采集大量国土资源数据，但是经过申请只能获得部分区域数据。因此，在分区研究上选择了青海省主体功能区规划中的东部重点开发区域和柴达木重点开发区域，以及三江源区域中的果洛州，未对全省各区县进行全面测度。

三是在发展战略实证研究上，密切结合国家战略和青海省的省情特点，重点开展了青海省以人为核心的新型城镇化战略、科技创新战略、绿色发展战略、信息化发展战略等影响青海省"十三五"时期及以后较长发展阶段的重要战略和相关对策措施进行专题研究，并未对其他问题进行专项战略研究，因此，提出的对策措施可能存在不全面、不完善的情况。

二 研究工作展望

首先，密切关注国土资源调查的最新结果，课题组将持续关注并测算青海省重点开发区域"十三五"时期人口资源环境综合承载力水平及变动情况，并与本书中的预测数据进行对比，分析预测的准确度以及影响因素。其次，将青海省全部区县作为单元，进行人口资源环境综合承载力的全面动态测度。最后，开展《基于人口资源环境综合承载力评价的青海省"十四五"区域发展空间优化问题研究》，为青海省"一优两高"发展战略实施提供数据资料支持。

参考文献

一 著作类

陈一筠：《城市化与城市社会学》，光明日报出版社1986年版。

丁生喜：《环青海湖少数民族地区特色城镇化研究》，中国经济出版社2012年版。

丁生喜：《区域经济学》，青海人民出版社2012年版。

丁生喜：《青藏高原资源型区域新型城镇化研究——以柴达木地区为例》，中国经济出版社2017年版。

方创琳：《区域发展战略论》，科学出版社2005年版。

高佩义：《中外城市化比较研究》，南开大学出版社1991年版。

郝寿义、安虎森：《区域经济学》，经济科学出版社2004年版。

江曼琦：《少数民族经济发展与城市化问题研究》，经济科学出版社2009年版。

联合国人居署编：《和谐城市：世界城市状况报告（2008/2009）》，中国建筑工业出版社2008年版。

刘同德：《青藏高原区域可持续发展研究》，中国经济出版社2010年版。

聂华林、高新才：《区域发展战略学》，中国社会科学出版社2006年版。

牛文元：《中国可持续发展总论》，科学出版社2007年版。

牛文元、毛志峰：《可持续发展理论的系统解析》，湖北科学技术出版社1998年版。

王晓鹏、曹广超：《基于多元统计和GIS的环境质量评价研究》，科学出版社2013年版。

魏权龄:《评价相对有效性的 DEA 方法》,中国人民大学出版社 1988年版。

杨时民:《中国生态安全系统评价》,中国林业出版社 2011 年版。

于同审:《发展经济学》第三版,中国人民大学出版社 2009 年版。

张敦富主编:《中国区域城市化道路研究》,中国轻工业出版社 2008年版。

张尧庭、方开泰:《多元统计分析引论》,科学出版社 1979 年版。

赵桂慎等:《生态经济学》,化学工业出版社 2009 年版。

中共中央马克思恩格斯列宁斯大林著作编译局编:《马克思恩格斯选集》第三卷,人民出版社 1972 年版。

二 期刊类

巴明德:《加快农牧业发展 增加农牧民收入——海西州农牧业发展综述》,《柴达木开发研究》2013 年第 5 期。

蔡绍洪、魏媛、刘显明:《西部地区绿色发展水平测度及空间分异研究》,《管理世界》2017 年第 6 期。

陈佳贵、钟宏武:《西部地区工业化进程的综合评价和阶段性特征》,《开发研究》2007 年第 1 期。

陈建红:《青海省工业水平评价指标研究》,《青海师范大学学报》2005年第 4 期。

陈南祥、申瑜:《基于熵权属性识别模型的地下水资源承载能力评价》,《灌溉排水学报》2008 年第 4 期。

程国平、薛昇旗、邱映贵:《煤炭生产与环境资源承载力的关系模式研究》,《科技进步与对策》2009 年第 24 期。

程莉、汪德爩:《苏州市水资源承载力研究》,《水文》2010 年第 1 期。

仇保兴:《新型城镇化:从概念到行动》,《行政管理改革》2012 年第11 期。

代明、张晓鹏:《基于 DEA 的中国创新型城市创新绩效分析》,《科技管理研究》2011 年第 6 期。

邓琳:《海西州生态畜牧业发展浅议》,《柴达木开发研究》2013 年第

7期。

丁刚、陈奇玲：《绿色经济的涵义及评价指标体系的构建》，《太原理工大学学报》（社会科学报）2014年第1期。

丁生喜：《环青海湖区域生态足迹的动态测度与分析》，《生态经济》2011年第1期。

丁生喜：《基于重力模型的环青海湖区域规划与开发战略分析》，《开发研究》2010年第6期。

丁生喜、王晓鹏：《环青海湖少数民族地区城镇化的生态经济效应分析》，《青海民族大学学报》2010年第2期。

丁生喜、王晓鹏：《环青海湖少数民族地区城镇化开发战略研究》，《兰州大学学报》（社会科学版）2013年第1期。

丁生喜、王晓鹏：《环青海湖少数民族地区城镇化开发战略研究》，《兰州大学学报》（社会科学版）2013年第2期。

丁生喜、王晓鹏：《青藏高原少数民族地区特色城镇化动力机制分析——以环青海湖地区为例》，《地域研究与开发》2012年第1期。

丁生喜等：《基于人口—经济—生态协调发展的青海省新型城镇化研究》，《生态经济》2015年第3期。

董红杰：《企业规模与技术创新分布的相关性研究》，《商业时代》2012年第6期。

董文、张新、池天河：《我国省级主体功能区划的资源环境承载力指标体系与评价方法》，《地球信息科学学报》2011年第1期。

董小君：《主体功能区建设的"公平"缺失与生态补偿机制》，《国家行政学院学报》2009年第1期。

段浩、许偲炜：《新型城镇化中的"人地钱"挂钩制度：回应、困境与完善》，《农村经济》2018年第10期。

范恒山：《促进区域协调发展：基本方向与重点任务》，《经济研究参考》2014年第13期。

冯云廷：《从城镇化到城市化：农村城镇化模式的转换》，《中国农村经济》2006年第4期。

甘佩娟等：《柴达木盆地经济可持续发展综合评价》，《中国农业资源与区划》2014 年第 3 期。

高立洪：《建立水生态补偿机制推进水生态文明建设》，《中国水利报》2014 年 10 月 23 日第 5 版。

高新才、李佳：《资源型省份经济增长与生态足迹的关系研究——来自甘肃省的实证分析》，《社科纵横》2012 年第 4 期。

高新才、毛生武：《西北民族省区城镇化战略模式选择与制度创新》，《民族研究》2002 年第 6 期。

高新才、王晓鸥：《区域信息化与区域经济发展关系研究——基于甘肃省的实证分析》，《兰州大学学报》（社会科学版）2012 年第 6 期。

苟延农等：《基于经济文化强省建设目标的山东综合人口承载力预测》，《中国人口·资源与环境》2012 年第 9 期。

官建成、何颖：《基于 DEA 方法的区域创新系统的评价》，《科学学研究》2005 年第 2 期。

郭亚军：《基于三阶段 DEA 模型的工业生产效率研究》，《科研管理》2012 年第 11 期。

海西州可持续发展重大问题研究课题组：《"海西州可持续发展重大问题研究"课题在北京通过国家验收》，《青海科技》2001 年第 3 期。

韩延玲、高志刚：《新疆可持续发展动态分析与评价》，《干旱区地理》2007 年第 2 期。

贺明、夏恩君、刘伊雯：《基于 DEA 方法的中关村科技园区创新能力评价分析》，《科技进步与对策》2010 年第 5 期。

何新安：《粤东北山区绿色经济发展实证分析》，《南方农村》2014 年第 3 期。

胡萍：《青海省龙羊峡库区可持续发展能力实证研究》，《经济研究导刊》2010 年第 3 期。

黄开腾：《新型城镇化推进精准扶贫：内在逻辑及实现途径》，《西部论坛》2018 年第 1 期。

纪山山、徐天祥：《江苏省绿色经济发展水平评价》，《中国环境管理干部学院学报》2016 年第 5 期。

姜爱林：《新中国成立以来城镇化发展的历史特点》，《经济研究参考》

2002 年第 87 期。

蒋辉、罗国云：《可持续发展视角下的资源环境承载力：内涵、特点与功能》，《资源开发与市场》2011 年第 3 期。

李芬等：《冬虫夏草采集对三江源区农牧民收入的贡献研究》，《中国人口·资源与环境》2013 年第 11 期。

李皓：《民族地区工业化内涵及其路径》，《云南民族大学学报》（哲学社会科学版）2005 年第 1 期。

李华姣、安海忠：《国内外资源环境承载力模型和评价方法综述》，《中国国土资源经济》2013 年第 8 期。

李丽萍、廖家军、徐建华：《增长极理论与远西地区经济发展探讨》，《开发研究》2003 年第 2 期。

李玲、王立平：《安徽省区域信息化与区域经济的相关关系探析》，《皖西学院学报》2015 年第 3 期。

李玲琴、沙占江：《论海西州自然资源开发战略》，《盐湖研究》2004 年第 3 期。

李燚、丁生喜、任海静：《基于灰色关联分析法的青海省信息化与区域经济发展分析》，《价值工程》2017 年第 10 期。

李勇等：《青海城镇化中人口与资源环境承载能力研究》，《攀登》2013 年第 2 期。

刘小楠、崔巍：《主成分分析法在汾河水质评价中的应用》，《中国给水排水》2009 年第 18 期。

刘晓鹰、杨建翠：《欠发达地区旅游推进新型城镇化对增长极理论的贡献——民族地区候鸟型"飞地"性旅游推进型城镇化模式探究》，《西南民族大学学报》（人文社会科学版）2005 年第 4 期。

陆大道：《地理学的发展与区域开发研究》，《地理科学》1991 年第 3 期。

陆大道：《科学的可持续发展要有新思维》，《中国人口·资源与环境》2006 年第 3 期。

罗玉珠：《果洛州生态畜牧业建设的实践与思考》，《青海畜牧兽医杂志》2013 年第 6 期。

绿色经济编辑：《绿色经济》，《吉林经济》2012 年第 3 期。

马维胜：《青藏高原生态城市化模式研究》，《青海民族研究》2002 年第 4 期。

梅林：《山西省区域信息化与区域经济发展关系的实证研究》，《今日中国论坛》2013 年第 21 期。

那小红：《青海省新型工业化模式研究》，《青海师范大学学报》（哲学社会科学版）2008 年第 4 期。

牛文元：《中国社会发展的战略构想》，《中国人口·资源与环境》1994 年第 4 期。

秦成等：《资源环境承载力评价指标研究》，《中国人口·资源与环境》2011 年第 12 期。

秦真凤、丁生喜：《青海省主导产业创新效率评价研究》，《数学的实践与认识》2016 年第 8 期。

秦真凤、丁生喜、诸宁扬：《丝绸之路经济带区域创新能力评价研究》，《青海师范大学学报》（哲学社会科学版）2014 年第 5 期。

任保平：《东部地区工业化的综合评价及其新型工业化的政策取向》，《南京市行政学院学报》2004 年第 6 期。

任海静、丁生喜、王霞：《青海省绿色经济发展研究》，《价值工程》2018 年第 30 期。

任胜刚、彭建华：《基于 DEA 模型的中部区域创新绩效评价与比较研究》，《求索》2006 年第 10 期。

阮丽华：《信息化对湖北区域经济发展的影响实证研究》，《湖北大学成人教育学院学报》2012 年第 4 期。

沈正平：《优化产业结构与提升城镇化质量的互动机制及实现途径》，《城市发展研究》2013 年第 5 期。

苏海红、德青措：《依托园区构建青海特色城镇化发展研究》，《青海社会科学》2013 年第 4 期。

苏海红、马生林：《加快青海全国生态文明先行区建设的实现路径及对策建议》，《青海社会科学》2013 年第 6 期。

孙斌栋、郑燕：《我国区域发展战略的回顾、评价与启示》，《人文地理》2014 年第 5 期。

孙发平、李军海、刘成明：《青海湖区生态足迹评价及对可持续发展的启示》，《青海社会科学》2008 年第 1 期。

孙发平、杨军：《青海深度融入"一带一路"国家战略研究》，《青海社会科学》2017 年第 2 期。

孙建业、徐静：《以人为本的新型城镇化发展路径研究——基于沧州市 16 个区县市的调查》，《山西农经》2018 年第 4 期。

孙智军、周滢：《中国新型工业化理论研究：回顾与展望》，《学习与实践》2012 年第 3 期。

唐啸：《绿色经济理论最新发展评述》，《国外理论动态》2014 年第 1 期。

陶忠：《果洛州建政以来经济社会发展综述》，《青海统计》2014 年第 6 期。

滕丽等：《信息化对中国区域经济的影响》，《人文地理》2006 年第 1 期。

王玲杰：《新时期推进新型城镇化的路径及难点辨析》，《生态经济》2014 年第 5 期。

王先锋：《"飞地"型城镇研究：一个新的理论框架》，《农业经济问题》2003 年第 12 期。

王晓鹏等：《基于多元统计的可持续发展动态评价模型及应用》，《数理统计与管理》2011 年第 1 期。

王晓鹏、丁生喜：《基于生态足迹的青海省社会经济可持续发展研究》，《中国人口·资源与环境》2011 年第 12 期。

王晓鹏、丁生喜：《青海省重点开发区人口资源环境承载力评价研究》，《数学的实践与认识》2016 年第 6 期。

王晓鹏、丁生喜：《青海藏区社会经济发展水平动态评价研究》，《数学的实践与认识》2012 年第 6 期。

王晓鹏等：《基于多元统计的可持续发展动态评价模型及应用》，《数理统计与管理》2011 年第 1 期。

王晓鹏等：《基于多元统计和 AHP 青藏高原牧区可持续发展评价模型》，《系统工程理论与实践》2005 年第 6 期。

王艳秋、白林:《安徽省新型城镇化发展影响因素的灰色关联度分析》,《价值工程》2017年第8期。

王志平、陶长琪、习勤:《基于四阶段 DEA 的区域技术效率分析》,《数学的实践与认识》2013年第17期。

魏龙:《中国工业化发展道路的思考与借鉴》,《经济思想史评论》2010年第6期。

吴颖婕:《中国生态城市评价指标体系研究》,《生态经济》2012年第12期。

徐建华等:《区域可持续发展水平综合评价排序计算模型研究——以三西地区为例》,《干旱区地理》2002年第1期。

薛娜、赵曙东:《基于 DEA 的高技术产业创新效率评价》,《南京社会学》2007年第5期。

严琼、张卫东、吴卫红:《青海省新型工业化量度指标探析》,《青海师范大学学报》2006年第4期。

叶得明、杨婕妤:《石羊河流域农业经济和生态环境协调发展研究》,《干旱区地理》2013年第1期。

叶裕民:《中国城镇化质量研究》,《中国软科学》2001年第7期。

曾浩、邱烨、李小帆:《基于动态因子法和 ESDA 的资源环境承载力时空差异研究——以武汉城市圈为例》,《宁夏大学学报》(人文社会科学版) 2015年第1期。

张根明、刘韬:《基于 DEA 模型的高新区主导产业选择分析》,《技术经济与管理研究》2008年第2期。

张海峰、刘峰贵、王小梅:《海西州工业循环经济发展战略研究》,《工业技术经济》2009年第9期。

张卓元:《中国经济转型:从追求数量粗放扩张转变为追求质量提高效率》,《当代经济研究》2013年第7期。

张彦英、樊笑英:《生态文明建设与资源环境承载力》,《中国国土资源经济》2011年第4期。

张占斌:《新型城镇化的战略意义和改革难题》,《国家行政学院学报》2013年第1期。

张占斌：《我国新发展阶段的城镇化建设》，《经济研究参考》2013年第1期。

赵兵、王丹：《加快西部地区特色经济发展的区域优势分析》，《电子科技大学学报》（社会科学版）2006年第3期。

赵彦云、林寅、陈昊：《发达国家建立绿色经济发展测度体系的经验及借鉴》，《经济纵横》2011年第1期。

《中国信息化水平评价研究》课题组：《中国信息化水平评价研究报告》，《统计研究》2006年第2期。

朱帮助、吴万水、王平：《基于超效率DEA的中国省际能源效率评价》，《数学的实践与认识》2013年第5期。

Price, "Carrying Capacity Reconsidered", *Population and Environment*, Vol. 21, No. 1, 1999.

三　报纸类

达叶：《我州草原奖补机制促牧民增收》，《果洛报》2014年7月25日第2版。

胡维忠、苏海红：《保护生态就是改善民生》，《青海日报》2014年11月3日第7版。

贾明：《自主创新+技术引进——科技引领青海建设全国生态文明先行区》，《青海日报》2014年11月14日第1版。

马悍德：《科技创新支撑青海生态保护》，《科技日报》2014年11月27日第3版。

孙发平：《建设大美青海建设美丽中国——推进三江源综合试验区构筑高原生态安全》，《青海日报》2014年1月12日第T2版。

吴海昆：《建设大美青海建设美丽中国，新机遇新引擎新希望——青海三江源国家生态保护综合试验区总体方案解读》，《青海日报》2014年1月12日第T4版。

赵鹏：《果洛九成以上游牧民实现定居》，《果洛报》2014年8月25日第2版。

果洛州政府办：《我州以六项措施认真贯彻落实习近平总书记重要批示

精神》,《果洛报》2014年11月15日第1版。

中共青海省委、青海省人民政府:《青海省人民政府关于印发〈青海省新型城镇化规划(2014—2020年)〉的通知》,《青海日报》2014年5月12日第5—8版。

四 论文类

毕明:《京津冀城市群资源环境承载力评价研究》,硕士学位论文,中国地质大学(北京),2011年。

茶娜:《基于循环经济思维的内蒙古牧业旗县地区工业化成长模式研究》,博士学位论文,内蒙古大学,2007年。

陈廉:《我国农业企业化发展问题研究》,博士学位论文,中共中央党校,2013年。

陈文林:《中国区域工业化差异研究》,硕士学位论文,陕西师范大学,2006年。

韩博:《县域资源环境承载力评价研究》,硕士学位论文,云南大学,2010年。

李成英:《基于生态足迹模型的西宁市土地利用可持续性研究》,硕士学位论文,兰州大学,2010年。

李晓:《农业信息化对我国农业经济增长影响研究》,硕士学位论文,湖南科技大学,2012年。

李叶:《关天经济区生态环境承载力研究》,硕士学位论文,西安理工大学,2012年。

刘超:《安徽省新型工业化道路研究》,硕士学位论文,合肥工业大学,2006年。

刘京敏:《西宁市城市生态安全评价》,硕士学位论文,青海师范大学,2009年。

马进:《基于能值分析的西宁市2001—2011年生态足迹研究》,硕士学位论文,青海师范大学,2013年。

孟远:《信息化环境下区域经济发展研究》,硕士学位论文,安徽大学,2010年。

阮幸：《陕西环境承载力的分析及研究》，硕士学位论文，西安建筑科技大学，2012年。

宋正：《中国工业化历史经验研究》，博士学位论文，东北财经大学，2010年。

谭拓：《信息化对中国区域经济的影响研究》，硕士学位论文，湖南师范大学，2010年。

王颖：《区域工业化理论与实证研究》，博士学位论文，吉林大学，2005年。

吴红卫：《青海柴达木实验区循环经济发展研究》，硕士学位论文，兰州大学，2008年。

吴珠：《长株潭城市群资源与环境承载力研究》，硕士学位论文，湖南师范大学，2011年。

夏薇：《柴达木盆地植被覆盖的动态变化研究》，硕士学位论文，中国地质大学（北京），2013年。

辛肖杰：《基于GIS的青海省海西州生态环境质量评价研究》，硕士学位论文，青海师范大学，2013年。

颜珍：《信息化对区域经济增长的影响——基于空间计量模型的实证分析》，硕士学位论文，湖南大学，2014年。

张贵凯：《人本思想指导下推进新型城镇化研究——以陕西省为例》，博士学位论文，西北大学，2013年。

张娟娟：《基于生态足迹模型的青海省主体功能区划研究》，硕士学位论文，青海师范大学，2009年。

张兆义：《可持续发展框架下的工业化模式研究》，博士学位论文，吉林大学，2008年。

赵鑫霈：《长三角城市群核心区域资源环境承载力研究》，硕士学位论文，中国地质大学（北京），2011年。

赵宏海：《安徽省城镇化与农业现代化协调发展研究》，博士学位论文，安徽大学，2013年。

周维富：《中国工业化与城市化协调发展》，博士学位论文，中国社会科学院研究生院，2002年。

朱崇琳：《青海省区域可持续发展指标体系及其评估》，硕士学位论文，西北民族大学，2007年。

朱世桂：《中国农业科技体制百年变迁研究》，博士学位论文，南京农业大学，2012年。

五　网络文献类

国务院：《国务院关于调整城市规模划分标准的通知》，http：//www.gov.cn/zhengce/content/2014－11/20/content_9225.htm，2014年11月20日。

罗连军：《2014省政府召开美丽城镇建设专题会议》，http：//www.qhnews.com/2013zt/system/2014/08/11/011478628.shtml，2014年8月11日。

人民网：《胡锦涛在中国共产党第十八次全国代表大会上的报告》，http：//politics.people.com.cn/n/2012/1118/c1001－19612670.html，2012年11月8日。

新华社：《国家新型城镇化规划（2014—2020年）》，http：//www.gov.cn/zhengce/2014－03/16/content_2640075.htm，2014年3月16日。

新华社：《青海将打造80个"美丽城镇"》，http：//www.gov.cn/xinwen/2014－05/13/content_2678653.htm，2014年5月13日。

解丽娜：《〈青海省主体功能区规划正式发布〉》，http：//www.gov.cn/xinwen/2014－04/17/content_2660999.htm，2014年4月17日。

解丽娜：《青海省人民政府关于修订青海省主体功能区规划部分内容的通知》，http：//www.guoluo.gov.cn/html/33/283879.html，2018年7月17日。

赵静：《青海省"十三五"规划建议：生态文明获得突出》，http：//finance.jrj.com.cn/2015/11/24115020125067.shtml，2015年11月24日。

中国网络电视台：《2012年联合国可持续发展大会中方立场文件》，http：//news.cntv.cn/china/20120614/101790.shtml，2012年6月14日。

六　研究报告类

丁生喜：《青海省以人为核心的新型城镇化建设实现路径研究》，青海省智库项目 ZK19009，青海省社科规划办公室，2021 年。

魏一鸣：《中国可持续发展动态分析模型与应用》，中国科学院科技政策与管理科学研究所，2005 年。

附表　发表阶段成果论文统计表

作者	论文题目	发表期刊名称	发表时间	备注
王晓鹏、丁生喜	1.《三江源地区人口资源环境承载力动态评价研究——以青海省果洛州为例》	《生态经济》	2015.11	核心期刊
丁生喜、王晓鹏	2.《柴达木盆地农业现代化与新型城镇化发展的协调度分析》	《江苏农业科学》	2016.3	核心期刊
王晓鹏、丁生喜	3.《青海省重点开发区人口资源环境承载力评价研究》	《数学的实践与认识》	2016.6	核心期刊
秦真凤、丁生喜	4.《青海省主导产业创新效率评价研究》	《数学的实践与认识》	2016.1	核心期刊
丁生喜等	5.《基于人口资源环境承载力评价的青海省重点开发区域新型城镇化问题》	《江苏农业科学》	2017.1	核心期刊
丁生喜等	6.《基于灰色关联分析法的青海省信息化与区域经济发展分析》	《价值工程》	2017.10	公开
丁生喜等	7.《基于多模型的青海省经济增长与环境质量耦合研究》	《生态经济》	2017.9	核心期刊
丁生喜等	8.《青海省绿色经济发展研究》	《价值工程》	2018.30	公开
丁生喜等	9.《基于主成分分析法的海东市农业现代化发展水平评价研究》	《中国农业资源与区划》	2018.9	核心期刊
丁生喜等	10.《海东市绿色经济发展评价研究》	《特区经济》	2019.1	公开

续表

作者	论文题目	发表期刊名称	发表时间	备注
丁生喜等	11.《青海省城镇化与工业化协调度测定》	《特区经济》	2019.10	公开
丁生喜	12.《青海省以人为核心的新型城镇化建设实现路径研究》	《智库研究报告（ZK19009)》	2019.12	省级领导批示